中国人工智能法治发展报告

1978—2019

Report on Artificial Intelligence and
Rule of Law in China
1978—2019

郑 飞◎主 编 马国洋◎副主编

知识产权出版社
全国百佳图书出版单位
—北京—

图书在版编目（CIP）数据

中国人工智能法治发展报告：1978—2019/郑飞主编. —北京：知识产权出版社，2020.6

ISBN 978 - 7 - 5130 - 7117 - 8

Ⅰ.①中… Ⅱ.①郑… Ⅲ.①人工智能—科学技术管理法规—研究报告—中国—1978 - 2019 Ⅳ.①D922.174

中国版本图书馆 CIP 数据核字（2020）第 152173 号

责任编辑：武　晋　　　　　　　　责任校对：王　岩

封面设计：博华创意·张　冀　　　责任印制：刘译文

中国人工智能法治发展报告1978—2019

郑　飞　主　编

出版发行：	知识产权出版社有限责任公司	网　址：	http：//www.ipph.cn
社　址：	北京市海淀区气象路 50 号院	邮　编：	100081
责编电话：	010-82000860 转 8772	责编邮箱：	windy436@126.com
发行电话：	010-82000860 转 8101/8102	发行传真：	010-82000893/82005070/82000270
印　刷：	三河市国英印务有限公司	经　销：	各大网上书店、新华书店及相关专业书店
开　本：	720mm×1000mm　1/16	印　张：	20.75
版　次：	2020 年 6 月第 1 版	印　次：	2020 年 6 月第 1 次印刷
字　数：	319 千字	定　价：	98.00 元

ISBN 978 - 7 - 5130 - 7117 - 8

本书编写组成员

郑　飞　郑应伟　陆　洋　　曹　佳　陈晓慧

郑卓奇　马国洋　聂真璇子　李思言　钱玉仙

郭嘉豪

前言：新技术法学的使命

2019 年 12 月 4 日，一群对新技术法律问题有着相同兴趣的小伙伴，共同发起成立了"新技术法学"研究小组。可能有朋友要问，到底什么是"新技术法学"？我们暂且简要解释一番。所谓新技术，是指包括互联网、大数据、人工智能、物联网、区块链和生物技术等对人类社会有重大影响的新兴技术。那么，"新技术法学"是不是囊括了所有新技术的"大箩筐"法学呢？是，也不是。

说它是，是因为"新技术法学"确实关注各种新技术的法律规制，包括新技术在法律事务中的应用，这是工具意义上的新技术法学，如大数据预测侦查、人工智能辅助审判、司法区块链存证等；也包括新技术领域自身的法学问题，这实际上是内容意义上的新技术法学，如区块链和人工智能应用的法律监管、生物技术和大数据应用的法律伦理等。

说它不是，是因为"新技术法学"更关注新技术应用背后的一般法理，更关注各种新技术对人的权利尤其是基本权利的影响，更关注新技术给国家法治带来的深刻变革。尤其是在当前国家越来越重视新技术的大背景之下，互联网、人工智能、大数据等新技术词汇在《中共中央关于坚持和完善中国特色社会主义制度推进国家治理体系和治理能力现代化若干重大问题的决定》中被多次提及；在党的十九大之后的中共中央政治局 19 次集体学习中，有 3 次学习的主题涉及大数据、人工智能和区块链等新技术。

我们始终认为，各种新技术应用背后应该有某些共通性的法理亟须深入探讨，如新技术的发展如何让人们从隐私权跨越到个人信息权、数据权利，如何让人们从信任个人权威、制度权威跨越到信任可能的数据权威……因此，"新技术法学"将始终秉持"究新技术法理，铸未来法基石"的基本理念，从未来法角度试图"驯化"各类新技术，使其造福于人类，而不是为祸人间。

初期，"新技术法学"将秉持学术传承的立场，以立法、司法、行政监管与法学研究综述及知识梳理为基本任务，出版"中国新技术法治发展报告系列"，包括《中国人工智能法治发展报告（1978—2019）》《中国区块链法治发展报告（2009—2019）》《中国互联网法院法治发展报告（2017—2019）》等。该皮书系列与市面上以"决策咨询"为首要目的的众多蓝皮书不同，其编写遵循的是张保生教授开创的以"理论综述"为主、"决策咨询"为辅的蓝皮书范式，是新技术法学领域研究者必备的一套工具书。

未来，"新技术法学"研究小组将一直秉持以问题为中心的交叉学科或者领域的法学研究范式，为不同学科的法学研究以及法学研究的理论与实践提供一个有效的交流平台，让具有不同背景的人进行充分、理性的对话，共同推动新技术法学的进步。

总之，"新技术法学"研究小组将主要以各类自媒体、正式出版物、学术工作坊、研究项目、案件代理等形式开展新技术法学理论与实践活动。欢迎各位感兴趣的朋友关注我们的微信公众号：NTLaw2019，同时更欢迎有志于新技术法学研究的各位朋友加入"新技术法学"研究小组。

序言：中国人工智能法治发展的历程（1978—2019）

近年来，人工智能与法治发展的结合愈发紧密，这主要得益于强化依法治国战略与人工智能技术近期的突破性进展。但追根溯源，我国人工智能与法治的结合并非始于最近，早在 20 世纪七八十年代就有相关的研究。因此，本报告尝试对 1978—2019 年人工智能法治的发展状况进行全面梳理，对不同领域人工智能的法学研究与实践状况作简要概括与评述。本报告主要分为三篇。

第一篇　人工智能立法进展与司法实践，主要涉及立法、司法和应用监管的问题。

第一，目前我国人工智能立法仍然处于尝试阶段。一方面，人工智能立法方兴未艾。从宏观上看，2016 年《中华人民共和国国民经济和社会发展第十三个五年规划纲要》已将人工智能作为国家的重点建设内容，2017年《国务院关于印发新一代人工智能发展规划的通知》也从战略态势、总体要求、重点任务、资源配置、保障措施、组织实施等六个方面对我国新一代人工智能发展进行了规划。从微观上看，人工智能立法涉及领域十分广泛，具体包括行政监管、金融、经济、工业信息、商业物流、交通、教育与人才培养、体育产业、社会信用、医疗服务、传媒、科技文化发展、社会建设、农村农业、知识产权保护等诸多领域。另一方面，目前的立法多是宏观指导性立法，缺乏具有可操作性的规定。

第二，人工智能在司法领域已经得到初步应用。其中，人工智能的司法解释方面基本做到从宏观到微观对人工智能司法发展方向的设计。而在具体实践中，目前"人工智能 + 司法"的应用主要有两个面向。一方面，人工智能可以辅助司法人员更好地进行司法活动；另一方面，人工智能可以帮助民众更好地进行诉讼，推动司法便民工作。

第三，人工智能在应用监管领域的立法主要涉及三个领域，即智能投资顾问、无人驾驶汽车和无人机。其中，以关于无人机的立法居多。

第二篇　人工智能法学研究进展，主要涉及不同部门法学者对人工智能法学问题的多角度研究。

第一，在人工智能法学基本理论问题研究方面，学者们主要就人工智能的主体问题、权利问题和责任问题阐释了不同的观点。关于人工智能主体问题，主要有肯定说、有限人格说和否定说三种观点；而关于人工智能体是否具有权利，该问题同样存在肯定说和否定说；在法律责任问题上，人工智能可能涉及的法律责任包括刑法责任、民法责任、行政法责任等。

第二，对于人工智能的法律规制实际上涉及三个大问题——大数据法律规制、算法法律规制和人工智能法律规制。目前，有关大数据法律规制的讨论主要围绕两个方面展开：一是数据权属问题；二是数据流转问题。关于算法规制问题的讨论主要涉及四个层面，包括：算法规制的宏观视角，即权力视角、治理视角和法律视角；算法中所内含的双重危险，即算法黑箱和算法偏见；在司法场景下算法应用的规制问题；其他一些具体应用场景中的算法规制问题。人工智能的法律规制则是一个更为综合性的问题，学者们的讨论一般涉及两类问题：人工智能法律规制的价值基础或价值选择；规制路径问题。

第三，关于人工智能对刑法的影响和挑战，主要讨论了四个问题，包括：人工智能发展对现有刑法体系的冲击；对人工智能进行刑法规制是否必要和合理；是否应该赋予人工智能体刑事责任主体地位；规制人工智能犯罪的刑法路径。

第四，人工智能对民法的挑战主要涉及两个问题。一是人工智能体的民事主体地位。这一问题在民法领域划分得较为精细，主要有客体说（否定说）、主体说、电子奴隶说、代理说、电子人格说、拟制主体说、有限拟制说、双轨制的主体构造、社会经济基础论、有限人格说、电子人说、电子法人说、法律行为论等观点。二是人工智能对于侵权责任法的挑战。这一问题主要涉及归责原则、构成要件、最终责任主体、侵权免责事由及责任保险和赔偿基金等问题。

第五，人工智能的发展对于行政法的最大影响是电子政务的出现和繁荣。就电子政务而言，学者一般将其归入特别行政法的范畴。目前人工智能在行政法领域的立法主要表现为软法多、硬法少，学术研究方面呈现出行政管理学研究多、法学研究少的特征。总体而言，人工智能与行政法的问题研究主要涉及两个问题，包括：自动化行政的有关问题；人工智能技术对行政法基本原理的影响。

第六，人工智能在立法领域的应用研究主要有两个面向。一方面是法律如何对人工智能进行规制，这主要关涉因人工智能出现导致的法律风险、法律问题以及如何进行有效规制；另一方面是人工智能的立法应用问题，即人工智能如何更好地辅助立法活动有效进行。

第七，现有人工智能司法研究主要包括三个问题。一是人工智能司法应用现状。该问题主要有应用状况概述和融合困境探讨两条进路。二是司法论证的框架构建。人工智能与司法的结合是指将法律推理和论证交给计算机系统进行处理，以明确司法实践中的论证结构能否直接应用于人工智能。三是司法人工智能的规范适用。该问题主要涉及人工智能应用的规制问题。

第八，人工智能对知识产权领域的主要挑战是人工智能生成物对于著作权法的挑战，以及人工智能生成的技术方案对于专利法的挑战。其中，人工智能对著作权的挑战主要涉及三个方面，包括：人工智能生成物的法律问题；著作权权利行使与权利限制；人工智能创作的侵权问题。在人工智能与专利法的问题上，同样存在三个主要讨论的问题，包括：人工智能生成技术方案的专利保护；人工智能生成技术方案的专利判断标准；人工智能生成技术方案的权利归属。

第九，在具体应用监管研究方面，目前学界对人工智能应用监管的研究主要涉及三个领域，即无人驾驶汽车、无人机及智能投资顾问。

第三篇　人工智能法学教育进展，主要涉及研究机构、学科建设、课程和教材建设。

第一，研究机构建设方面，目前我国人工智能法学研究机构和研究会不断涌现。2019 年《人工智能法治研究联盟协定》的签署，进一步增强了我国人工智能法学的研究力量。

第二，学科建设方面，《国务院关于印发新一代人工智能发展规划的通知》为人工智能法学学科建设和人才培养指明了方向。2018 年，西南政法大学创建了国内首个人工智能法学院，开设了我国首个本硕博贯通培养的人工智能法学二级学科。此外，上海政法学院也于 2019 年成立了人工智能法学院，并已开始招收法学（人工智能法学方向）方向的本科生。

第三，课程和教材建设方面，西南政法大学、上海政法学院、清华大学以及中国人民大学均开设了相关的课程。尽管部分高校已经开设相关的人工智能法学课程，西南政法大学人工智能法学院也正在推出"人工智能法学系列教材"，但截至目前，人工智能法学教材仍未正式出版。

总体而言，目前人工智能法学的各项工作尚处于起步阶段，一些基础性、原理性的问题尚未梳理清楚，这也是各个学科中存在关于人工智能法治争议的根本原因。此外，这一问题也可能导致大规模地开展人工智能实践应用存在一定风险。但从积极的角度看，人工智能技术作为未来社会的重要内容，对其提前进行研究可以有效规避一些可能的法律和社会风险。但无论如何，人工智能技术只应主要起到辅助的作用，"以人为本"应该是未来人工智能法治发展的基本原则。

缩略语词表

全　称	简　称
《中华人民共和国民法总则》	《民法总则》
《中华人民共和国刑法》	《刑法》
《中华人民共和国侵权责任法》	《侵权责任法》
《中华人民共和国合同法》	《合同法》
《中华人民共和国民事诉讼法》	《民事诉讼法》
《中华人民共和国行政诉讼法》	《行政诉讼法》
《中华人民共和国刑事诉讼法》	《刑事诉讼法》
《中华人民共和国电子商务法》	《电子商务法》
《中华人民共和国网络安全法》	《网络安全法》
《中华人民共和国著作权法》	《著作权法》
《中华人民共和国著作权法实施条例》	《著作权法实施条例》
《中华人民共和国反不正当竞争法》	《反不正当竞争法》
《中华人民共和国行政复议法》	《行政复议法》
《中华人民共和国消费者权益保护法》	《消费者权益保护法》
《中华人民共和国食品安全法》	《食品安全法》
《中华人民共和国证券法》	《证券法》
《中华人民共和国电信条例》	《电信条例》
《最高人民法院关于适用〈中华人民共和国民事诉讼法〉的解释》	《民事诉讼法解释》
《最高人民法院关于适用〈中华人民共和国刑事诉讼法〉的解释》	《刑事诉讼法解释》

全　称	简　称
《最高人民法院关于审理不正当竞争民事案件应用法律若干问题的解释》	《不正当竞争案件解释》
《最高人民法院关于审理著作权民事纠纷案件适用法律若干问题的解释》	《著作权民事纠纷解释》
《最高人民法院关于审理名誉权案件若干问题的解释》	《名誉权案件解释》
《最高人民法院关于确定民事侵权精神损害赔偿责任若干问题的解释》	《民事侵权精神损害赔偿责任解释》

目　录

第一篇

人工智能立法进展与司法实践

一、人工智能立法进展综述

（一）法律

1. 《中华人民共和国中小企业促进法》

2017 年 9 月 1 日修订的《中华人民共和国中小企业促进法》第三十三条规定，"国家支持中小企业在研发设计、生产制造、运营管理等环节应用互联网、云计算、大数据、人工智能等现代技术手段，创新生产方式，提高生产经营效率"。

2. 《中华人民共和国基本医疗卫生与健康促进法》

2019 年 12 月 28 日通过的《中华人民共和国基本医疗卫生与健康促进法》第四十九条明确规定，"国家推进全民健康信息化，推动健康医疗大数据、人工智能等的应用发展，加快医疗卫生信息基础设施建设，制定健康医疗数据采集、存储、分析和应用的技术标准，运用信息技术促进优质医疗卫生资源的普及与共享"。

3. 国民经济与社会发展规划中的人工智能

1982 年 12 月 10 日第五届全国人民代表大会第五次会议批准的《中华人民共和国国民经济和社会发展第六个五年计划（1981—1985）》，将"人工智能理论与方法的研究"纳入"六五"期间以及以后的一段时间内重点基础科学的研究。

2016 年 3 月 16 日全国人大批准的《中华人民共和国国民经济和社会发展第十三个五年规划纲要》提出，要"重点突破大数据和云计算关键技术、自主可控操作系统、高端工业和大型管理软件、新兴领域人工智能技术"。

（二）行政法规

1. 国务院相关发展规划中的人工智能

（1）《国务院关于积极推进"互联网＋"行动的指导意见》

2015 年 7 月 1 日发布的《国务院关于积极推进"互联网＋"行动的指导意见》（国发〔2015〕40 号）专门提到"互联网＋"人工智能的发展规划：依托互联网平台提供人工智能公共创新服务，加快人工智能核心技术突破，促进人工智能在智能家居、智能终端、智能汽车、机器人等领域的推广应用，培育若干引领全球人工智能发展的骨干企业和创新团队，形成创新活跃、开放合作、协同发展的产业生态。

（2）《"十三五"国家信息化规划》

2016 年 12 月 15 日发布的《国务院关于印发"十三五"国家信息化规划的通知》（国发〔2016〕73 号），指出物联网、云计算、大数据、人工智能、机器深度学习、区块链、生物基因工程等新技术驱动网络空间从人人互联向万物互联演进，数字化、网络化、智能化服务将无处不在。强调要正确认识网络新技术、新应用、新产品可能带来的挑战，提前应对工业机器人、人工智能等对传统工作岗位的冲击，加快提升国民信息技能，促进社会就业结构调整平滑过渡。加强量子通信、未来网络、类脑计算、人工智能、全息显示、虚拟现实、大数据认知分析、新型非易失性存储、无人驾驶交通工具、区块链、基因编辑等新技术基础研发和前沿布局，构筑新赛场先发主导优势。推动健康医疗相关的人工智能、生物三维打印、医用机器人、可穿戴设备以及相关微型传感器等技术和产品在疾病预防、卫生应急、健康保健、日常护理中的应用，推动由医疗救治向健康服务转变。

（3）《"十三五"国家科技创新规划》

2016 年 7 月 28 日发布的《国务院关于印发"十三五"国家科技创新规划的通知》（国发〔2016〕43 号），要求重点发展各种新一代信息技术。其中在人工智能方面，重点发展大数据驱动的类人智能技术方法；突破以人为中心的人机物融合理论方法和关键技术，研制相关设备、工具和平台；在基于大数据分析的类人智能方向取得重要突破，实现类人视觉、类人听觉、类人语言和类人思维，支撑智能产业的发展。在先进高效生物技术方面，加快推进脑科学与人工智能等生命科学前沿关键技术突破。在颠覆性技术方面，重点开发人工智能等技术，推动智能机器人、无人驾驶汽车等技术的发展，发挥智能技术等对新材料产业发展的引领作用。

（4）《"十三五"国家战略性新兴产业发展规划》

2016 年 11 月 29 日发布的《国务院关于印发"十三五"国家战略性新兴产业发展规划的通知》（国发〔2016〕67 号）强调，信息革命进程持续快速演进，物联网、云计算、大数据、人工智能等技术广泛渗透于经济社会各个领域，信息经济繁荣程度成为国家实力的重要标志。我国应实施网络强国战略，加快建设"数字中国"，推动物联网、云计算和人工智能等技术向各行业全面融合渗透，构建万物互联、融合创新、智能协同、安全可控的新一代信息技术产业体系。该规划还要求重点发展人工智能，培育人工智能产业生态，促进人工智能在经济社会重点领域推广应用，打造国际领先的技术体系。

（5）《新一代人工智能发展规划》

2017 年 7 月 8 日发布的《国务院关于印发新一代人工智能发展规划的通知》（简称《规划》，国发〔2017〕35 号），从战略态势、总体要求、重点任务、资源配置、保障措施、组织实施等六个方面对我国新一代人工智能发展进行了规划。其中有关法律方面的内容主要包括：

第一，在战略态势方面，认为人工智能发展的不确定性带来了新挑战。人工智能是影响面广的颠覆性技术，可能带来改变就业结构、冲击法律与社会伦理、侵犯个人隐私、挑战国际关系准则等问题，将对政府管理、经济安全和社会稳定乃至全球治理产生深远影响。

第二，《规划》的战略目标分三步走。第一步，到 2020 年人工智能总体技术和应用与世界先进水平同步，部分领域的人工智能伦理规范和政策法规初步建立；第二步，到 2025 年人工智能基础理论实现重大突破，部分技术与应用达到世界领先水平，初步建立人工智能法律法规、伦理规范和政策体系，形成人工智能安全评估和管控能力；第三步，到 2030 年人工智能理论、技术与应用总体达到世界领先水平，成为世界主要人工智能创新中心，形成一批全球领先的人工智能科技创新和人才培养基地，建成更加完善的人工智能法律法规、伦理规范和政策体系。

第三，从重点任务上看，《规划》强调：①要重视人工智能法律伦理的基础理论问题研究。②要重视复合型人才培养，重点培养掌握"人工智能＋"经济、社会、管理、标准、法律等的横向复合型人才。③建设人工智能学科。④支持人工智能企业加强专利布局，牵头或参与国际标准制定。⑤开展人工智能创新应用试点示范。⑥开发智能政务。开发适于政府服务与决策的人工智能平台，研制面向开放环境的决策引擎，在复杂社会问题研判、政策评估、风险预警、应急处置等重大战略决策方面推广应用。⑦建设智慧法庭。建设集审判、人员、数据应用、司法公开和动态监控于一体的智慧法庭数据平台，促进人工智能在证据收集、案例分析、法律文件阅读与分析中的应用，实现法院审判体系和审判能力智能化。⑧利用人工智能提升公共安全保障能力。

第四，在资源配置方面，《规划》鼓励国内人工智能企业"走出去"，为有实力的人工智能企业开展海外并购、股权投资、创业投资和建立海外研发中心等提供便利和服务。

第五，在保障措施方面，《规划》认为应围绕推动我国人工智能健康快速发展的现实要求，妥善应对人工智能可能带来的挑战，形成适应人工智能发展的制度安排，构建开放包容的国际化环境，夯实人工智能发展的社会基础。①制定促进人工智能发展的法律法规和伦理规范。加强人工智能相关法律、伦理和社会问题研究，建立保障人工智能健康发展的法律法规和伦理道德框架。开展与人工智能应用相关的民事与刑事责任确认、隐私和产权保护、信息安全利用等法律问题研究，建立追溯和问责制度，明确人工智能法律主体以及相关权利、义务和责任等。重点围绕自动驾驶、服务机器人等应用基础较好的细分领域，加快研究制定相关安全管理法规，为新技术的快速应用奠定法律基础。积极参与人工智能全球治理，加强机器人异化和安全监管等人工智能重大国际共性问题研究，深化在人工智能法律法规、国际规则等方面的国际合作，共同应对全球性挑战。②完善支持人工智能发展的重点政策。落实对人工智能中小企业和初创企业的财税优惠政策，通过高新技术企业税收优惠和研发费用加计扣除等政策支持人工智能企业发展。③建立人工智能技术标准和知识产权体系。加强人工智能标准框架体系研究。坚持安全性、可用性、互操作性、可追溯性原则，逐步建立并完善人工智能基础共性、互联互通、行业应用、网络安全、隐私保护等技术标准。④建立人工智能安全监管和评估体系。加强人工智能对国家安全和保密领域影响的研究与评估，完善人、技、物、管配套的安全防护体系，构建人工智能安全监测预警机制。

第六，在组织实施方面，《规划》强调，由国家科技体制改革和创新体系建设领导小组牵头统筹协调，审议重大任务、重大政策、重大问题和重点工作安排，推动人工智能相关法律法规建设，指导、协调和督促有关部门做好规划任务的部署实施。

2. 人工智能与行政监管

2017 年 9 月 21 日，中共中央办公厅、国务院办公厅印发的《关于深化环境监测改革提高环境监测数据质量的意见》，要求"加强大数据、人工智能、卫星遥感等高新技术在环境监测和质量管理中的应用，通过对环境监测活动全程监控，实现对异常数据的智能识别、自动报警"。

2018 年 5 月中共中央办公厅、国务院办公厅印发的《关于深入推进审批服务便民化的指导意见》，要求"强化互联网思维，推动政府管理创新与互联网、物联网、大数据、云计算、人工智能等信息技术深度融合，推进审批服务扁平化、便捷化、智能化，让数据多跑路、群众少跑腿"。

2018 年 6 月 10 日发布的《国务院办公厅关于印发进一步深化"互联网＋政务服务"推进政务服务"一网、一门、一次"改革实施方案的通知》（国办发〔2018〕45 号），要求运用互联网、大数据、人工智能等信息技术，通过技术创新和流程再造，增强综合服务能力，进一步提升政务服务效能。

2018 年 7 月 25 日发布的《国务院关于加快推进全国一体化在线政务服务平台建设的指导意见》（国发〔2018〕27 号），要求"建设国家政务服务平台数据资源中心，汇聚各地区和国务院有关部门政务服务数据，积极运用大数据、人工智能等新技术，开展全国政务服务态势分析，为提升政务服务质量提供大数据支撑"。

2018 年 12 月 5 日发布的《国务院办公厅关于全面推行行政执法公示制度执法全过程记录制度重大执法决定法制审核制度的指导意见》（国办发〔2018〕118 号），强调"要积极推进人工智能技术在行政执法实践中的运用，研究开发行政执法裁量智能辅助信息系统，利用语音识别、文本分析等技术对行政执法信息数据资源进行分析挖掘，发挥人工智能在证据收集、案例分析、法律文件阅读与分析中的作用，聚焦争议焦点，向执法人员精准推送办案规范、法律法规规定、相似案例等信息，提出处理意见建议，生成执法决定文书，有效约束规范行政自由裁量权，确保执法尺度统一"。

2019 年 5 月 9 日发布的《中共中央、国务院关于深化改革加强食品安全工作的意见》，提出"建立基于大数据分析的食品安全信息平台，推进大数据、云计算、物联网、人工智能、区块链等技术在食品安全监管领域的应用，实施智慧监管，逐步实现食品安全违法犯罪线索网上排查汇聚和案件网上移送、网上受理、网上监督，提升监管工作信息化水平"。

2019 年 8 月 1 日发布的《国务院办公厅关于印发全国深化"放管服"改革优化营商环境电视电话会议重点任务分工方案的通知》，要求依托国家"互联网＋监管"等系统，有效整合公共信用信息、市场信用信息、投诉举报信息和互联网及第三方相关信息，充分运用大数据、人工智能等新一代信息技术，加快实现信用监管数据可比对、过程可追溯、问题可监测。

2019 年 9 月 6 日发布的《国务院关于加强和规范事中事后监管的指导意见》（国发〔2019〕18 号），要求"充分发挥现代科技手段在事中事后监管中的作用，依托互联网、大数据、物联网、云计算、人工智能、区块链等新技术推动监管创新，努力做到监管效能最大化、监管成本最优化、对市场主体干扰最小化"。

2019 年 10 月 31 日发布的《中共中央关于坚持和完善中国特色社会主义制度推进国家治理体系和治理能力现代化若干重大问题的决定》强调：第一，建立健全运用互联网、大数据、人工智能等技术手段进行行政管理的制度规则；推进数字政府建设，加强数据有序共享，依法保护个人信息。第二，发挥网络教育和人工智能优势，创新教育和学习方式，加快发展面向每个人、适合每个人、更加开放灵活的教育体系，建设学习型社会。

3. 人工智能与金融

2018 年 3 月 22 日国务院办公厅转发证监会《关于开展创新企业境内发行股票或存托凭证试点若干意见的通知》（国办发〔2018〕21 号）提出，试点企业应当是符合国家战略、掌握核心技术、市场认可度高，属于互联网、大数据、云计算、人工智能、软件和集成电路、高端装备制造、生物医药等高新技术产业和战略性新兴产业，且达到相当规模的创新企业。

4. 人工智能与经济

2017 年 10 月 18 日《决胜全面建成小康社会 夺取新时代中国特色社会主义伟大胜利——在中国共产党第十九次全国代表大会上的报告》，要求"加快建设制造强国，加快发展先进制造业，推动互联网、大数据、人工智能和实体经济深度融合，在中高端消费、创新引领、绿色低碳、共享经济、现代供应链、人力资本服务等领域培育新增长点、形成新动能"。

2018 年 4 月 1 日发布的《国务院关于落实〈政府工作报告〉重点工作部门分工的意见（2018）》（国发〔2018〕9 号），要求"做大做强新兴产业集群，实施大数据发展行动，加强新一代人工智能研发应用，在医疗、养老、教育、文化、体育等多领域推进'互联网＋'"。

2018 年 4 月 11 日发布的《中共中央、国务院关于支持海南全面深化改革开放的指导意见》，要求海南统筹实施网络强国战略、大数据战略、"互联网＋"行动，大力推进新一代信息技术产业发展，推动互联网、物联网、大数据、卫星导航、人工智能和实体经济深度融合。围绕行政管理、司法管理、城市管理、环境保护等社会治理的热点难点问题，促进人工智能技术应用，提高社会治理智能化水平。

2018 年 4 月 14 日发布的《中共中央、国务院关于对〈河北雄安新区规划纲要〉的批复》，要求雄安新区集聚一批互联网、大数据、人工智能、前沿信息技术、生物技术、现代金融、总部经济等创新型、示范性重点项目，发挥引领带动作用；围绕建设数字城市，重点发展下一代通信网络、物联网、大数据、云计算、人工智能、工业互联网、网络安全等信息技术产业；搭建国家新一代人工智能开放创新平台，重点实现无人系统智能技术的突破，建设开放式智能网联车示范区，支撑无人系统应用和产业发展。

2018年5月4日发布的《国务院关于印发进一步深化中国（天津）自由贸易试验区改革开放方案的通知》（国发〔2018〕14号），要求"建设人工智能产业研发、制造、检测、应用中心，探索设立人工智能产业领域社会组织，开展人工智能重大问题研究、标准研制、试点示范、产业推进和国际合作"。

2018年9月24日发布的《国务院关于印发中国（海南）自由贸易试验区总体方案的通知》（国发〔2018〕34号），要求海南"围绕行政管理、司法管理、城市管理、环境保护等社会治理的热点难点问题，促进人工智能技术应用，提高社会治理智能化水平"。

2019年2月18日中共中央、国务院印发的《粤港澳大湾区发展规划纲要》，要求粤港澳"推动互联网、大数据、人工智能和实体经济深度融合，大力推进制造业转型升级和优化发展，加强产业分工协作，促进产业链上下游深度合作，建设具有国际竞争力的先进制造业基地。强化粤港澳联合科技创新，共同将广州南沙打造为华南科技创新成果转化高地，积极布局新一代信息技术、人工智能、生命健康、海洋科技、新材料等科技前沿领域，培育发展平台经济、共享经济、体验经济等新业态"。

2019年3月29日发布的《国务院关于落实〈政府工作报告〉重点工作部门分工的意见（2019）》（国发〔2019〕8号），要求"深化大数据、人工智能等研发应用，培育新一代信息技术、高端装备、生物医药、新能源汽车、新材料等新兴产业集群，壮大数字经济"。

2019年7月27日发布的《国务院关于印发中国（上海）自由贸易试验区临港新片区总体方案的通知》要求：第一，支持新片区聚焦集成电路、人工智能、生物医药、总部经济等关键领域；第二，对新片区内符合条件的从事集成电路、人工智能、生物医药、民用航空等关键领域核心环节生产研发的企业，自设立之日起5年内减按15%的税率征收企业所得税；第三，建设人工智能创新及应用示范区，加快应用场景开放力度。

2019 年 8 月 2 日发布的《国务院关于印发 6 个新设自由贸易试验区总体方案的通知》（国发〔2019〕16 号），要求"重点发展人工智能，应用人工智能技术，提高社会治理水平，推动人工智能与实体经济深度融合"。

2019 年 8 月 9 日发布的《中共中央、国务院关于支持深圳建设中国特色社会主义先行示范区的意见》，明确"支持深圳建设 5G、人工智能、网络空间科学与技术、生命信息与生物医药实验室等重大创新载体，探索建设国际科技信息中心和全新机制的医学科学院。综合应用大数据、云计算、人工智能等技术，提高社会治理智能化专业化水平"。

2019 年 12 月 1 日中共中央、国务院印发的《长江三角洲区域一体化发展规划纲要》，指出长江三角洲区域的大数据、云计算、物联网、人工智能等新技术与传统产业渗透融合优势明显。

5. 人工智能与工业信息

2014 年 9 月 12 日发布的《国务院关于依托黄金水道推动长江经济带发展的指导意见》（国发〔2014〕39 号），要求"充分利用互联网、物联网、大数据、云计算、人工智能等新一代信息技术改造提升传统产业，培育形成新兴产业，推动生产组织、企业管理、商业运营模式创新"。

2017 年 1 月中共中央办公厅、国务院办公厅印发的《关于促进移动互联网健康有序发展的意见》，提出"加紧人工智能、虚拟现实、增强现实、微机电系统等新兴移动互联网关键技术布局，尽快实现部分前沿技术、颠覆性技术在全球率先取得突破"。

2017 年 1 月 13 日发布的《国务院办公厅关于创新管理优化服务培育壮大经济发展新动能加快新旧动能接续转换的意见》（国办发〔2017〕4 号），要求"在人工智能、区块链、能源互联网、智能制造、大数据应用、基因工程、数字创意等交叉融合领域，构建若干产业创新中心和创新网络"。

2017 年 3 月 22 日发布的《国务院关于落实〈政府工作报告〉重点工作部门分工的意见（2017）》（国发〔2017〕22 号），要求"全面实施战略性新兴产业发展规划，加快新材料、新能源、人工智能、集成电路、生物制药、第五代移动通信等技术研发和转化，做大做强产业集群"。

2017 年 4 月 24 日发布的《国务院关于推进供给侧结构性改革加快制造业转型升级工作情况的报告》，要求"发挥产业政策促进竞争功能，支持新一代信息技术、新能源汽车、生物技术、新材料、虚拟现实、人工智能等发展壮大"。

2017 年 7 月 21 日发布的《国务院关于强化实施创新驱动发展战略进一步推进大众创业万众创新深入发展的意见》（国发〔2017〕37 号），要求深入实施"互联网＋""中国制造 2025"、军民融合发展、新一代人工智能等重大举措，着力加强创新创业平台建设，培育新兴业态，发展分享经济，以新技术、新业态、新模式改造传统产业，增强核心竞争力，实现新兴产业与传统产业协同发展。

2017 年 8 月 29 日发布的《国务院关于今年以来国民经济和社会发展计划执行情况的报告（2017）》，要求"组织实施生物产业倍增、人工智能创新发展、集成电路'910'等战略性新兴产业重大工程"。

2017 年 11 月 19 日发布的《国务院关于深化"互联网＋先进制造业"发展工业互联网的指导意见》，指出加快建设和发展工业互联网，推动互联网、大数据、人工智能和实体经济深度融合，发展先进制造业，支持传统产业优化升级，具有重要意义。促进边缘计算、人工智能、增强现实、虚拟现实、区块链等新兴前沿技术在工业互联网中的应用研究与探索。着力提升数据分析算法与工业知识、机理、经验的集成创新水平，形成一批面向不同工业场景的工业数据分析软件与系统以及具有深度学习等人工智能技术的工业智能软件和解决方案。

2019 年 9 月 15 日《国务院办公厅转发住房城乡建设部关于完善质量保障体系提升建筑工程品质指导意见的通知》（国办函〔2019〕92 号），要求"推进建筑信息模型（BIM）、大数据、移动互联网、云计算、物联网、人工智能等技术在设计、施工、运营维护全过程的集成应用，推广工程建设数字化成果交付与应用，提升建筑业信息化水平"。

2019 年 12 月 13 日发布的《国务院关于进一步做好稳就业工作的意见》（国发〔2019〕28 号），指出要"加强人工智能、工业互联网等领域基础设施投资和产业布局"。

6. 人工智能与商业物流

2016 年 4 月 15 日发布的《国务院办公厅关于深入实施"互联网 + 流通"行动计划的意见》(国办发〔2016〕24 号),要求"拓展智能消费领域,积极开发虚拟现实、现实增强等人工智能新技术新服务,大力推广可穿戴、生活服务机器人等智能化产品,提高智能化产品和服务的供给能力与水平"。

2016 年 9 月 6 日发布的《国务院办公厅关于印发消费品标准和质量提升规划(2016—2020 年)的通知》(国办发〔2016〕68 号),要求"针对消费类电子产品网络化、创新化的发展特点,结合云计算、大数据、物联网等新一代信息技术,推动人工智能、智能硬件、智慧家庭、虚拟现实、物联网等创新技术产品化、专利化、标准化"。

2017 年 8 月 13 日发布的《国务院关于进一步扩大和升级信息消费持续释放内需潜力的指导意见》(国发〔2017〕40 号),要求加强"互联网 +"人工智能核心技术及平台开发,推动虚拟现实、增强现实产品研发及产业化,支持可穿戴设备、消费级无人机、智能服务机器人等产品创新和产业化升级。支持利用物联网、大数据、云计算、人工智能等技术推动各类应用电子产品智能化升级,在交通、能源、市政、环保等领域开展新型应用示范。鼓励利用开源代码开发个性化软件,开展基于区块链、人工智能等新技术的试点应用。

2018 年 9 月 24 日发布的《国务院办公厅关于印发完善促进消费体制机制实施方案(2018—2020 年)的通知》(国办发〔2018〕93 号),要求"利用物联网、大数据、云计算、人工智能等技术推动各类应用电子产品智能化升级"。

2019 年 8 月 12 日发布的《国务院办公厅关于进一步激发文化和旅游消费潜力的意见》(国办发〔2019〕41 号),要求"促进文化、旅游与现代技术相互融合,发展基于 5G、超高清、增强现实、虚拟现实、人工智能等技术的新一代沉浸式体验型文化和旅游消费内容"。

2019 年 11 月 19 日发布的《中共中央、国务院关于推进贸易高质量发展的指导意见》,指出要"推动互联网、物联网、大数据、人工智能、区块链与贸易有机融合，加快培育新动能"。

7. 人工智能与交通

2019 年 9 月 19 日，中共中央、国务院印发的《交通强国建设纲要》，要求"瞄准新一代信息技术、人工智能、智能制造、新材料、新能源等世界科技前沿，加强对可能引发交通产业变革的前瞻性、颠覆性技术研究。推动大数据、互联网、人工智能、区块链、超级计算等新技术与交通行业深度融合"。

2019 年 10 月 31 日发布的《国务院办公厅关于加强水上搜救工作的通知》（国办函〔2019〕109 号），要求"推动人工智能、新一代信息技术、卫星通信等在水上搜救工作中的应用，实现'12395'水上遇险求救电话全覆盖"。

8. 人工智能教育与人才培养

2017 年 1 月 10 日发布的《国务院关于印发国家教育事业发展"十三五"规划的通知》（国发〔2017〕4 号）指出，"支持各级各类学校建设智慧校园，综合利用互联网、大数据、人工智能和虚拟现实技术探索未来教育教学新模式"。

2017 年 12 月 5 日发布的《国务院办公厅关于深化产教融合的若干意见》（国办发〔2017〕95 号），要求"大力支持集成电路、航空发动机及燃气轮机、网络安全、人工智能等事关国家战略、国家安全等学科专业建设"。

2018 年 1 月 20 日发布的《中共中央、国务院关于全面深化新时代教师队伍建设改革的意见》，要求"教师主动适应信息化、人工智能等新技术变革，积极有效开展教育教学"。

2018 年 4 月 25 日发布的《国务院办公厅关于全面加强乡村小规模学校和乡镇寄宿制学校建设的指导意见》（国办发〔2018〕27 号），要求"研究探索运用大数据、云计算、人工智能等技术，科学分析和监测两类学校教育教学情况，基于精确数据，有针对性地指导学生学习和改进学校教育教学管理"。

2018 年 6 月 18 日发布的《中央宣传部、中国残联、教育部等关于推广国家通用手语和国家通用盲文的通知》，"鼓励利用人工智能、语音识别、手语识别等先进技术研究各类国家通用手语信息化产品"。

2018 年 11 月 1 日中共中央印发的《2018—2022 年全国干部教育培训规划》，要求"开展互联网、大数据、云计算、人工智能等新知识新技能学习培训，帮助干部完善履行岗位职责必备的基本知识体系，提高科学人文素养"。

2019 年 2 月中共中央办公厅、国务院办公厅印发的《加快推进教育现代化实施方案（2018—2022 年）》，要求"加快推进智慧教育创新发展，设立'智慧教育示范区'，开展国家虚拟仿真实验教学项目等建设，实施人工智能助推教师队伍建设行动"。

2019 年 5 月 18 日发布的《国务院办公厅关于印发职业技能提升行动方案（2019—2021 年）的通知》，要求"加大人工智能、云计算、大数据等新职业新技能培训力度"。

2019 年 12 月 25 日，中共中央办公厅、国务院办公厅印发的《关于促进劳动力和人才社会性流动体制机制改革的意见》，要求"研究机器人、人工智能等技术对就业影响的应对办法"。

9. 人工智能与体育产业

2018 年 12 月 11 日发布的《国务院办公厅关于加快发展体育竞赛表演产业的指导意见》（国办发〔2018〕121 号），要求体育总局、教育部"重视和鼓励新型转播技术、安全监控技术、人工智能等高新技术在体育竞赛表演产业中的应用"。

2019 年 8 月 10 日发布的《国务院办公厅关于印发体育强国建设纲要的通知》（国办发〔2019〕40 号），要求"加快推动互联网、大数据、人工智能与体育实体经济深度融合，创新生产方式、服务方式和商业模式，促进体育制造业转型升级、体育服务业提质增效"。

2019 年 9 月 4 日发布的《国务院办公厅关于促进全民健身和体育消费推动体育产业高质量发展的意见》（国办发〔2019〕43 号），要求"推动智能制造、大数据、人工智能等新兴技术在体育制造领域应用"。

10. 人工智能与社会信用

2017 年 10 月 5 日发布的《国务院办公厅关于积极推进供应链创新与应用的指导意见》（国办发〔2017〕84 号），要求"研究利用区块链、人工智能等新兴技术，建立基于供应链的信用评价机制"。

2019 年 7 月 9 日发布的《国务院办公厅关于加快推进社会信用体系建设构建以信用为基础的新型监管机制的指导意见》（国办发〔2019〕35 号），要求"依托国家'互联网＋监管'等系统，有效整合公共信用信息、市场信用信息、投诉举报信息和互联网及第三方相关信息，充分运用大数据、人工智能等新一代信息技术，实现信用监管数据可比对、过程可追溯、问题可监测"。

11. 人工智能与医疗服务

2016 年 6 月 21 日发布的《国务院办公厅关于促进和规范健康医疗大数据应用发展的指导意见》（国办发〔2016〕47 号），要求"支持研发健康医疗相关的人工智能技术、生物三维（3D）打印技术、医用机器人、大型医疗设备、健康和康复辅助器械、可穿戴设备以及相关微型传感器件"。

2016 年 10 月 23 日发布的《国务院关于加快发展康复辅助器具产业的若干意见》（国发〔2016〕60 号），提出"支持人工智能、脑机接口、虚拟现实等新技术在康复辅助器具产品中的集成应用，支持外骨骼机器人、照护和康复机器人、仿生假肢、虚拟现实康复训练设备等产品研发，形成一批高智能、高科技、高品质的康复辅助器具产品"。

2018 年 4 月 25 日发布的《国务院办公厅关于促进"互联网＋医疗健康"发展的意见》（国办发〔2018〕26 号），"鼓励医疗联合体内上级医疗机构借助人工智能等技术手段，面向基层提供远程会诊、远程心电诊断、远程影像诊断等服务，促进医疗联合体内医疗机构间检查检验结果实时查阅、互认共享"。该意见还明确要求推进"互联网＋"人工智能在医疗健康领域的应用服务。

2019 年 4 月 17 日发布的《国务院办公厅关于促进 3 岁以下婴幼儿照护服务发展的指导意见》（国办发〔2019〕15 号），要求"充分利用互联网、大数据、物联网、人工智能等技术，结合婴幼儿照护服务实际，研发应用婴幼儿照护服务信息管理系统，实现线上线下结合，在优化服务、加强管理、统计监测等方面发挥积极作用"。

12. 人工智能与传媒

2017 年 5 月 15 日发布的《国务院办公厅关于印发政府网站发展指引的通知》（国办发〔2017〕47 号），要求"坚持开放融合、创新驱动，充分利用大数据、云计算、人工智能等技术，探索构建可灵活扩展的网站架构，创新服务模式，打造智慧型政府网站"。

2018 年 10 月 27 日发布的《国务院办公厅关于印发〈政府网站集约化试点工作方案〉的通知》（国办函〔2018〕71 号），要求"坚持创新驱动，积极运用大数据、云计算、人工智能等技术，探索构建互联融通的平台架构，支撑新技术、新应用、新功能的无缝对接，能够随技术发展变化持续升级和灵活扩展"。

2018 年 12 月 7 日发布的《国务院办公厅关于推进政务新媒体健康有序发展的意见》（国办发〔2018〕123 号），要求"遵循移动互联网发展规律，创新工作理念、方法手段和制度机制，积极运用大数据、云计算、人工智能等新技术新应用，提升政务新媒体智能化水平。要善于运用大数据、云计算、人工智能等技术，分析研判社情民意，为政府决策提供精准服务"。

13. 人工智能与科技文化发展

1988 年 4 月 20 日发布的《国务院办公厅关于印发信息技术发展政策要点和生物技术发展政策要点的通知》（国办发〔1988〕18 号），要求"在具有重要意义和潜在市场的若干领域里，开展面向未来的中、长期研究开发活动。这些领域包括：超大规模集成电路和超高速集成电路技术、综合业务数字网络技术、软件自动化技术、柔性生产技术、人工智能和智能计算机系统等"。

1992 年 3 月 8 日发布的《国务院关于下达〈国家中长期科学技术发展纲领〉的通知》（国发〔1992〕18 号），指出"要研究新一代计算机技术，发展中文信息处理技术、人机界面技术和人工智能技术"。

2015 年 8 月 31 日发布的《国务院关于印发促进大数据发展行动纲要的通知》（国发〔2015〕50 号），要求"支持自然语言理解、机器学习、深度学习等人工智能技术创新，提升数据分析处理能力、知识发现能力和辅助决策能力"。

2016 年 4 月 12 日发布的《国务院关于印发上海系统推进全面创新改革试验加快建设具有全球影响力科技创新中心方案的通知》（国发〔2016〕23 号），要求"在量子通信、拟态安全、脑科学及人工智能、干细胞与再生医学、国际人类表型组、材料基因组、高端材料、深海科学等方向布局一批重大科学基础工程"。

2017 年中共中央办公厅、国务院办公厅印发的《推进互联网协议第六版（IPv6）规模部署行动计划》，指出大力发展基于 IPv6 的下一代互联网，有助于提升我国网络信息技术自主创新能力和产业高端发展水平，高效支撑移动互联网、物联网、工业互联网、云计算、大数据、人工智能等新兴领域快速发展，不断催生新技术新业态，促进网络应用进一步繁荣，打造先进开放的下一代互联网技术产业生态。

2017 年 5 月中共中央办公厅、国务院办公厅印发的《国家"十三五"时期文化发展改革规划纲要》，要求"运用云计算、人工智能、物联网等科技成果，催生新型文化业态"。

14. 人工智能与社会建设

2018 年 2 月 13 日发布的《国务院关于同意深圳市建设国家可持续发展议程创新示范区的批复》（国函〔2018〕32 号），要求按照《中国落实2030 年可持续发展议程创新示范区建设方案》要求，重点针对资源环境承载力和社会治理支撑力相对不足等问题，集成应用污水处理、废弃物综合利用、生态修复、人工智能等技术，实施资源高效利用、生态环境治理、健康深圳建设和社会治理现代化等工程，统筹各类创新资源，深化体制机制改革，探索适用技术路线和系统解决方案，形成可操作、可复制、可推广的有效模式，对超大型城市可持续发展发挥示范效应，为落实 2030 年可持续发展议程提供实践经验。

2019 年 4 月 16 日发布的《国务院办公厅关于推进养老服务发展的意见》（国办发〔2019〕5 号），要求"促进人工智能、物联网、云计算、大数据等新一代信息技术和智能硬件等产品在养老服务领域深度应用"。

2019 年 6 月 26 日发布的《国务院关于文化产业发展工作情况的报告（2019）》，要求"鼓励和支持培育基于大数据、云计算、物联网、人工智能等新技术的新型文化业态，发展数字创意、智慧广电、网络视听、数字出版、动漫游戏、绿色印刷等新兴文化产业，推动与相关新兴产业相互融合"。

15. 人工智能与农村农业

2019 年 5 月 16 日，中共中央办公厅、国务院办公厅印发的《数字乡村发展战略纲要》，明确"支持深圳建设 5G、人工智能、网络空间科学与技术、生命信息与生物医药实验室等重大创新载体，探索建设国际科技信息中心和全新机制的医学科学院。综合应用大数据、云计算、人工智能等技术，提高社会治理智能化专业化水平"。

2019 年 2 月，中共中央办公厅、国务院办公厅印发的《关于促进小农户和现代农业发展有机衔接的意见》，要求"推动互联网、大数据、人工智能和实体经济深度融合，大力推进制造业转型升级和优化发展，加强产业分工协作，促进产业链上下游深度合作，建设具有国际竞争力的先进制造业基地"。

16. 人工智能的知识产权保护

2016 年 4 月 21 日发布的《国务院办公厅关于印发促进科技成果转移转化行动方案的通知》（国办发〔2016〕28 号），要求实施"互联网＋"融合重点领域专利导航项目，引导"互联网＋"协同制造、现代农业、智慧能源、绿色生态、人工智能等融合领域的知识产权战略布局，提升产业创新发展能力。

2017 年 9 月 15 日发布的《国务院关于印发国家技术转移体系建设方案的通知》（国发〔2017〕44 号），要求"瞄准人工智能等覆盖面大、经济效益明显的重点领域，加强关键共性技术推广应用，促进产业转型升级"。

（三）司法解释

1. 人工智能的司法应用

（1）人工智能与智慧法院建设

2017年4月12日发布的《最高人民法院关于加快建设智慧法院的意见》（法发〔2017〕12号），要求"探索建立面向立案、审理、裁判、执行等法院业务的知识图谱，构建面向各类用户的人工智能感知交互体系和以知识为中心的人工智能辅助决策体系。运用大数据和人工智能技术，按需提供精准智能服务"。其涉及人工智能的主要内容包括：第一，支持办案人员，最大限度减轻非审判性事务负担；第二，为人民群众提供更加智能的诉讼和普法服务；第三，支持管理者，确保审判权力正当有序运行；第四，支持法院管理者，提高司法决策科学性；第五，支持党和政府部门，促进国家治理体系和治理能力现代化。

2018年8月9日发布的《最高人民法院印发〈关于增设北京互联网法院、广州互联网法院的方案〉的通知》（法〔2018〕216号），要求互联网法院"依托互联网、大数据、人工智能和区块链等技术，实现身份认证、诉讼代理、在线送达、电子存证取证、证据保全效力认定等诉讼行为实时共享、全程留痕、不可更改，促进诉讼流程再造、诉讼质效提升、诉讼法律完善"。

2019年7月22日发布的《最高人民法院办公厅关于做好2019年智慧法院建设工作的通知》（法办〔2019〕243号）提出，最高人民法院主导构建司法人工智能和知识服务平台，推动形成知识生成、管理与应用机制，面向诉讼、审判、执行、管理等业务方向，集成测评通用化的人工智能处理服务和知识服务，发布服务名录。

（2）人工智能的审判应用

2017年8月31日发布的《最高人民法院印发〈关于进一步保护和规范当事人依法行使行政诉权的若干意见〉的通知》（法发〔2017〕25号），提出要进一步提高诉讼服务能力，充分利用"大数据""互联网+""人工智能"等现代技术，继续推进诉讼服务大厅、诉讼服务网络、12368热线、智能服务平台等建设，不断创新工作理念，完善服务举措，为人民群众递交材料、办理手续、领取文书以及立案指导、咨询解答、信息查询等提供一站式、立体化服务，为人民群众依法行使诉权提供优质、便捷、高效的诉讼引导和服务。

2017 年 11 月 1 日发布的《最高人民法院关于人民法院全面深化司法改革情况的报告》提出：第一，运用司法人工智能，推动改革创新。依托大数据、云计算和人工智能，建设各类智能化平台，提升办案质效。第二，进一步加强科技融合。加快推进智慧法院建设，加强信息化、大数据、人工智能与司法改革的深度融合，找准技术与制度的契合点。更加充分利用司法大数据，科学分析法院人员、案件情况，促进科学决策。

2017 年 12 月 23 日发布的《最高人民法院、最高人民检察院关于在部分地区开展刑事案件认罪认罚从宽制度试点工作情况的中期报告》，要求"加快推进智慧法院、智慧检务建设，加强大数据、云计算、人工智能与改革试点的深度融合、深度应用，不断完善智能辅助办案系统，提升审判、检察质效"。

2018 年 2 月 8 日发布的《最高人民法院关于印发〈2018 年人民法院工作要点〉的通知》（法发〔2018〕3 号），要求"全面推动工具重塑，完善智能辅助办案系统，拓展深化大数据、人工智能在司法领域的系统运用"。

2018 年 3 月 8 日发布的《最高人民法院、中华全国归国华侨联合会关于在部分地区开展涉侨纠纷多元化解试点工作的意见》（法〔2018〕69 号），提出"各级侨联组织应当积极应用移动互联网、人工智能等现代科技，便利归侨侨眷和海外侨胞参与纠纷解决"。

2019 年 1 月 24 日发布的《最高人民法院关于印发〈2019 年人民法院工作要点〉的通知》（法发〔2019〕7 号），要求推动大数据、人工智能等科技创新成果同司法工作深度融合，以电子卷宗为基础全面推进智能化辅助办案工作，努力攻克以智慧法院人工智能技术为标志的一批关键技术，大力推动"智审、智执、智服、智管"建设。

2019 年 2 月 27 日发布的《最高人民法院关于印发〈最高人民法院关于深化人民法院司法体制综合配套改革的意见——人民法院第五个五年改革纲

要（2019—2023）〉的通知》（法发〔2019〕8号），要求"牢牢把握新一轮科技革命历史机遇，充分运用大数据、云计算、人工智能等现代科技手段破解改革难题、提升司法效能，推动人民法院司法改革与智能化、信息化建设两翼发力，为促进审判体系和审判能力现代化提供有力科技支撑"。

2019年7月31日发布的《最高人民法院关于建设一站式多元解纷机制 一站式诉讼服务中心的意见》（法发〔2019〕19号），要求打造依托大数据、云计算、人工智能、物联网等信息技术，贯通大厅、热线、网络、移动端，通办诉讼全程业务的"智慧诉讼服务"新模式。

2019年9月13日发布的《最高人民法院关于印发〈2019—2023年全国法院教育培训规划〉的通知》（法〔2019〕205号），要求"着眼提升法院干警科技应用能力，结合推进智慧法院建设，以提高信息化建设和应用能力为重点，广泛开展互联网、大数据、云计算、人工智能等新知识新技能学习培训"。

2019年9月26日发布的《最高人民法院关于为河北雄安新区规划建设提供司法服务和保障的意见》（法发〔2019〕22号），要求"在全面深化智慧法院建设上主动作为、先行一步，适度超前布局智能基础设施，加快提升信息基础设施配置水平、法院专网性能和网络安全防御能力，推动大数据、人工智能、5G等科技创新成果同司法工作深度融合，促进审判体系和审判能力现代化，使司法服务保障能力与雄安新区创建数字智能之城要求相匹配"。

2019年11月4日发布的《最高人民法院关于认真学习贯彻党的十九届四中全会精神的通知》（法〔2019〕244号），提出"要积极推进互联网、人工智能、大数据、云计算、区块链、5G等现代科技在司法领域深度应用，努力把智慧法院建设提升到新水平，推动真正实现司法审判质量变革、效率变革、动力变革"。

（3）人工智能与司法公开

2016年11月5日发布的《最高人民法院关于深化司法公开、促进司法公正情况的报告》，提出要坚持问题导向，进一步增强除"要素式"以外裁判文书的说理性，充分运用司法大数据、人工智能促进统一裁判尺度。

2018 年 11 月 20 日发布的《最高人民法院关于进一步深化司法公开的意见》（法发〔2018〕20 号），要求"探索大数据、云计算、人工智能、区块链等现代信息技术在司法公开中的深度应用，推动实现司法信息自动生成、智能分析、全程留痕、永久可追溯等功能，进一步提高司法公开自动化信息化智能化水平"。

（4）人工智能与司法执行

2018 年 10 月 24 日发布的《最高人民法院关于人民法院解决"执行难"工作情况的报告》，提出要"加强大数据、云计算、人工智能、区块链等在执行工作中的运用，优化升级各类执行信息化系统平台，让现代信息技术更好服务保障执行工作"。

2019 年 4 月 21 日发布的《最高人民法院关于研究处理对解决执行难工作情况报告审议意见的报告》，提出要"进一步加强执行信息化建设，完善网络查控系统，推动实现各类财产全覆盖，加强大数据、云计算、人工智能、区块链等技术在执行工作中的运用，让现代信息技术更好服务保障执行工作"。

2019 年 6 月 3 日发布的《最高人民法院关于深化执行改革健全解决执行难长效机制的意见——人民法院执行工作纲要（2019—2023）》（法发〔2019〕16 号），要求"利用人工智能对反馈结果作深度发掘，形成条目完备、结构简明、方便适用的查控财产反馈清单和财产线索图，便于执行法官确定财产查控方向和措施"。

2019 年 9 月 3 日发布的《最高人民法院关于印发〈最高人民法院平安建设考评办法（执行难综合治理及源头治理部分）〉的通知》（法〔2019〕196 号）第二十四条规定，"大力加强信息化建设，不断完善'1+2+N'执行信息化系统，实现执行管理'专网+互联网'全覆盖，或运用大数据、云计算、人工智能、区块链、5G 等新技术，建成移动 App、微信小程序等平台实现执行移动办公的，加 0.1 至 0.2 分"。

2. 人工智能的检察应用

2016 年 9 月 1 日发布的《"十三五"时期检察工作发展规划纲要》，提出要"参与国家'互联网+'重大工程和大数据发展行动，重视云计算、大数据、移动互联网、物联网、人工智能、虚拟现实等新技术的应用，打造数据驱动的智慧检务"。

2017年11月1日发布的《最高人民检察院关于人民检察院全面深化司法改革情况的报告》提出：第一，要推动大数据和人工智能在检察工作中的深度应用；第二，要善于运用互联网技术和信息化手段助推司法改革。

2018年12月27日发布的《最高人民检察院关于印发〈2018—2022年检察改革工作规划〉的通知》（高检发〔2018〕14号），要求"依托人工智能、大数据等技术，统筹研发运用智能辅助办案和管理系统，完善类案分析、结果比对、办案瑕疵提示、超期预警等功能，促进法律统一适用"。

2019年10月23日发布的《最高人民检察院关于开展公益诉讼检察工作情况的报告》显示，"不少地方检察机关还将卫星遥感、大数据分析、无人机取证等科技手段运用到办案实践中，提升公益诉讼线索发现和调查取证能力"。

3. 人工智能的知识产权保护

2019年10月24日发布的《最高人民法院关于为推动经济高质量发展提供司法服务和保障的意见》（法发〔2019〕26号），要求"加强对互联网、大数据、人工智能、区块链、操作系统、集成电路、清洁能源等核心技术和前沿领域技术成果的保护，加强对关键共性技术、前沿引领技术、现代工程技术、颠覆性技术创新等创新程度高的科技成果的保护，加强对制造业领域关键核心技术知识产权的保护"。

2019年12月9日发布的《最高人民法院关于人民法院进一步为"一带一路"建设提供司法服务和保障的意见》（法发〔2019〕29号），要求"依法支持信息技术发展，关注第四次工业革命发展趋势，及时完善电子商务、区块链、人工智能、5G信息网络建设等领域的司法政策，依法鼓励数字化、网络化、智能化带来的新技术、新业态、新模式创新，提升网络互联互通，促进数字丝绸之路建设"。

（四）部门规章

1. 人工智能与行政监管

2017 年 4 月 24 日发布的《科技部关于印发〈"十三五"公共安全科技创新专项规划〉的通知》（国科发社〔2017〕102 号）提出：研究多重价值维度下完善司法过程的经济与社会理论；研究法检司统一信息资源体系，基于知识库和深度学习的智能化案情分析等人工智能及信息安全应用技术。

2017 年 8 月 21 日发布的《司法部关于印发〈12348 中国法网（中国公共法律服务网）建设指南〉的通知》提出，"利用成熟的人工智能技术，整合法律服务领域相关政策法规、办事指南、常见法律问题等信息，向社会公众提供多渠道的智能咨询、查询、引导等服务，实现'人工智能 + 法律服务'的全新服务体验，提高服务效率"。

2017 年 9 月 17 日发布的《国家粮食局办公室关于印发〈国家粮食局关于加快推进粮食行业信息化建设的意见〉的通知》（国粮办发〔2017〕244 号）提出，"运用云计算、大数据、人工智能等技术手段，规范业务工作程序，增强业务协同能力，提升业务工作效率，提高粮食调控和决策的科学性、精准性和时效性"。

2017 年 9 月 18 日发布的《中国保监会关于印发〈偿二代二期工程建设方案〉的通知》（保监发〔2017〕67 号）提出，"跟踪云计算、大数据、人工智能、区块链等金融科技的发展趋势，开展监管科技的应用研究，积极探索新科技条件下新型的保险业审慎监管"。

2017 年 11 月 14 日发布的《工商总局关于深化商标注册便利化改革切实提高商标注册效率的意见》（工商标字〔2017〕213 号）提出，"探索图形商标智能化检索技术，研究通过图像识别、机器学习、人工智能技术优化商标审查检索结果，提升商标图形检索质量和效能"。

2018 年 3 月 9 日发布的《国家发展改革委关于实施 2018 年推进新型城镇化建设重点任务的通知》，提出"分级分类推进新型智慧城市建设，以新型智慧城市评价工作为抓手，引导各地区利用互联网、大数据、人工智能推进城市治理和公共服务智慧化，建设城市空间基础地理信息数据库，力争所有市县整合形成数字化城市管理平台"。

2018年4月23日发布的《工业和信息化部、财政部关于印发国家新材料产业资源共享平台建设方案的通知》（工信部联原〔2018〕78号）提出，"结合互联网、大数据、人工智能、云计算等技术建立垂直化、专业化资源共享平台，采用线上线下相结合的方式，开展政务信息、产业信息、科技成果、技术装备、研发设计、生产制造、经营管理、采购销售、测试评价、质量认证、学术、标准、知识产权、金融、法律、人才等方面资源的共享服务。强化对大数据、云计算、人工智能等先进信息技术及基础软件、硬件设施的集成开发与应用，提升资源共享平台的技术支撑能力。基于大数据和人工智能技术，开发多元异构数据管理工具和数据资源分类、叙词表、知识图谱等知识组织工具，构建丰富权威的新材料产业资源元数据海"。

2018年5月10日发布的《国家机关事务管理局关于推进新时代机关事务工作的指导意见》（国管办〔2018〕116号）提出，"增强运用互联网、大数据、云计算、人工智能等新技术能力，推进'互联网＋'深度融入机关事务工作，理顺优化职责体系和业务流程"。

2018年9月发布的《司法部关于深入推进公共法律服务平台建设的指导意见》提出，"利用信息化手段汇聚实体、热线、网络平台的法律服务需求、法律知识资源和智力成果，整合法律服务领域相关政策法规、办事指南、常见法律问题等信息，构建'人工智能＋法律服务'的新型法律服务供给方式"。

2018年8月22日发布的《自然资源部关于进一步改进和加强行政复议行政应诉工作的通知》（自然资发〔2018〕78号）提出，"加强信息化建设，运用'互联网＋政务服务'、人工智能等手段，实现投诉举报事项处理上下联动，依法及时进行核查处理，具体承办投诉举报事项的自然资源主管部门要将处理结果告知投诉举报人"。

2018年9月13日发布的《生态环境部办公厅关于进一步强化生态环境保护监管执法的意见》（环办环监〔2018〕28号）提出，"大力推进非现场监管执法，加快建设完善污染源实时自动监控体系，依托在线监控、卫星遥感、无人机等科技手段，充分发挥物联网、大数据、人工智能等信息技术作用，打造监管大数据平台，推动'互联网＋监管'，提高生态环境保护监管智慧化、精准化水平"。

2019 年 3 月 28 日通过的《国家烟草专卖局关于全面推行烟草专卖行政执法公示制度执法全过程记录制度重大执法决定法制审核制度的实施意见》（国烟法〔2019〕89 号）提出，"要积极推进人工智能技术在烟草专卖执法实践中的运用，探索开发专卖执法裁量智能辅助信息系统，利用语音识别、文本分析等技术对行政执法信息数据资源进行分析挖掘，发挥人工智能在证据收集、案例分析、法律文件阅读与分析中的作用"。

2. 人工智能经济应用

2018 年 5 月 22 日发布的《国家发展改革委办公厅、中央网信办秘书局、工业和信息化部办公厅关于做好引导和规范共享经济健康良性发展有关工作的通知》（发改办高技〔2018〕586 号）提出，"采用人工智能、大数据等技术手段与人工审核相结合的方式，强化身份核验和内容治理"。

3. 人工智能与金融

2018 年 2 月 11 日发布的《中国银监会办公厅关于 2018 年推动银行业小微企业金融服务高质量发展的通知》（银监办发〔2018〕29 号）提出，"各银行业金融机构要加强与互联网、大数据、人工智能的深度融合，丰富获客手段"。

2018 年 6 月 6 日发布的《试点创新企业境内发行股票或存托凭证并上市监管工作实施办法》（中国证券监督管理委员会公告〔2018〕13 号）第六条规定，"试点企业应当是符合国家战略、科技创新能力突出并掌握核心技术、市场认可度高，属于互联网、大数据、云计算、人工智能、软件和集成电路、高端装备制造、生物医药等高新技术产业和战略性新兴产业，达到相当规模，社会形象良好，具有稳定的商业模式和盈利模式，对经济社会发展有突出贡献，能够引领实体经济转型升级的创新企业"。

2018 年 6 月 6 日发布的《中国证监会科技创新咨询委员会工作规则（试行）》（中国证券监督管理委员会公告〔2018〕16 号）第四条规定，咨询委员会由从事高新技术产业和战略性新兴产业（主要包括互联网、大数据、云计算、人工智能、软件和集成电路、高端装备制造、生物医药等）的权威专家、知名企业家、资深投资专家组成。

2018年10月19日发布的《中国银保监会办公厅关于进一步做好小微企业融资服务有关工作的通知》（银保监办发〔2018〕108号）提出，"银行业金融机构要加强小微企业信贷服务与大数据、人工智能、云计算等信息技术的深度融合，丰富获客手段，提升数据挖掘与分析能力，推广全线上模式的小额信用贷款"。

2019年1月4日发布的《中国银保监会办公厅关于推进农村商业银行坚守定位 强化治理 提升金融服务能力的意见》（银保监办发〔2019〕5号）提出，"加强大数据、云计算和人工智能等现代技术应用，探索开展与金融科技企业合作，合理增加电子机具在农村和社区的布设力度，稳步提升电子交易替代率"。

2019年1月28日发布的《关于在上海证券交易所设立科创板并试点注册制的实施意见》（中国证券监督管理委员会公告〔2019〕2号）提出，"重点支持新一代信息技术、高端装备、新材料、新能源、节能环保以及生物医药等高新技术产业和战略性新兴产业，推动互联网、大数据、云计算、人工智能和制造业深度融合，引领中高端消费，推动质量变革、效率变革、动力变革"。

2019年12月10日发布的《中国银保监会、商务部、国家外汇管理局关于完善外贸金融服务的指导意见》（银保监发〔2019〕49号）提出，"鼓励银行保险机构积极探索大数据、区块链、生物识别、人工智能等现代信息技术在外贸金融业务中的应用"。

2019年12月30日发布的《中国银保监会关于推动银行业和保险业高质量发展的指导意见》（银保监发〔2019〕52号）提出，"充分运用人工智能、大数据、云计算、区块链、生物识别等新兴技术，改进服务质量，降低服务成本，强化业务管理。有效发挥大数据、人工智能等技术在打击非法集资、反洗钱、反欺诈等方面的积极作用"。

4. 人工智能工业与信息应用

2011 年 3 月 31 日发布的《工业和信息化部、科学技术部、财政部等关于加快推进信息化与工业化深度融合的若干意见》（工信部联信〔2011〕160 号）提出，"围绕推动能源工业、原材料工业、装备工业、消费品工业、电子信息产业、国防科技工业等行业产品的高端化，逐步深化产品开发和工艺流程的智能感知、知识挖掘、工艺分析、系统仿真、人工智能等技术的集成应用，建立持续改进、及时响应、全流程创新的产品研发体系"。

2016 年 12 月 6 日发布的《工信部、商务部关于加快我国包装产业转型发展的指导意见》（工信部联消费〔2016〕397 号）提出，"实施包装印刷数字化工程，构建先进包装印刷数字化体系，利用互联网、大数据和人工智能等技术，发展云印刷、合版印刷、网络印刷及个性化印刷等新型包装印刷方式"。

2017 年 1 月 24 日发布的《工业和信息化部关于进一步推进中小企业信息化的指导意见》（工信部企业〔2016〕445 号）提出，"推广智能工业控制系统深度应用，促进增材制造、工业机器人、人工智能等新手段在生产过程中的应用，推动制造业中小企业的智能化转型"。

2017 年 5 月发布的《"十三五"信息化标准工作指南》提出，"加快推动量子信息、未来互联网、虚拟现实、人工智能等前沿性和颠覆性技术的标准研究，开展专利导航与布局，培育运营高价值专利和知识产权，抢占技术制高点"。

2017 年 12 月 13 日发布的《国家发展改革委办公厅关于印发〈增强制造业核心竞争力三年行动计划（2018—2020 年）〉重点领域关键技术产业化实施方案的通知》（发改办产业〔2017〕2063 号）提出，"加快发展先进制造业，推动互联网、大数据、人工智能和实体经济深度融合"。

2017 年 12 月 13 日发布了《工业和信息化部关于印发〈促进新一代人工智能产业发展三年行动计划（2018—2020 年）〉的通知》（工信部科〔2017〕315 号，简称《行动计划》）。《行动计划》是对《新一代人工智能发展规划》相关任务的细化和落实，其主要内容包括：第一，按照"系统布局、重点突破、协同创新、开放有序"的原则，在深入调研基础上研究提出四方面重点任务，共 17 个产品或领域；第二，为了更好引领产业发展，在《行动计划》编制过程中，分门别类征集了 30 余家行业顶尖企业的产品系列、技术指标和开发计划，针对每类重点发展产品，提出了有望于 2020 年取得突破的典型技术指标；第三，为了保障各项重点任务的落实，提出五方面保障措施。

2018 年 2 月 26 日发布的《国家能源局关于印发 2018 年能源工作指导意见的通知》（国能发规划〔2018〕22 号）提出，"深入实施创新驱动发展战略，加强应用基础研究，促进科技成果转化，推动互联网、大数据、人工智能与能源深度融合，培育新增长点、形成新动能。积极发展新兴能源产业，推动能源生产消费新模式、新业态发展壮大，实施能源系统人工智能、大数据应用等创新行动，推广智能化生产、储运和用能设施"。

2018 年 4 月 11 日发布的《工业和信息化部、住房和城乡建设部、交通运输部等关于印发〈智能光伏产业发展行动计划（2018—2020 年）〉的通知》（工信部联电子〔2018〕68 号）提出，"以构建智能光伏产业生态体系为目标，坚持市场主导、政府引导，坚持创新驱动、产用融合，坚持协同施策、分步推进，加快提升光伏产业智能制造水平，推动互联网、大数据、人工智能等与光伏产业深度融合，鼓励特色行业智能光伏应用，促进我国光伏产业迈向全球价值链中高端。运用互联网、大数据、人工智能、5G 通信等新一代信息技术，推动光伏系统从踏勘、设计、集成到运维的全流程智能管控"。

2018 年 6 月 19 日发布的《工业和信息化部、应急部、财政部、科技部关于加快安全产业发展的指导意见》（工信部联安全〔2018〕111 号）提出，"重点发展基于物联网、大数据、人工智能等技术的智慧安全云服务"。

2018 年 7 月 9 日发布的《工业和信息化部关于印发〈工业互联网平台建设及推广指南〉和〈工业互联网平台评价方法〉的通知》（工信部信软〔2018〕126 号），要求"具备新技术应用探索能力，开展人工智能、区块链、VR/AR/MR 等新技术应用。在平台边缘计算或人工智能应用中，具备关键零部件的安全可靠能力"。

2018 年 12 月 21 日发布的《工业和信息化部关于加快推进虚拟现实产

业发展的指导意见》（工信部电子〔2018〕276 号）指出，"虚拟现实（含增强现实、混合现实，简称 VR）融合应用了多媒体、传感器、新型显示、互联网和人工智能等多领域技术，能够拓展人类感知能力，改变产品形态和服务模式，给经济、科技、文化、军事、生活等领域带来深刻影响"。

2019 年 3 月 18 日发布的《工业和信息化部关于印发〈信息消费示范城市建设管理办法（试行）〉的通知》（工信部信软〔2019〕63 号）指出，"业务模式创新与技术应用领先性：反映城市在扩大和升级信息消费工作中，应用云计算、大数据、物联网、人工智能、工业互联网等新一代信息技术的水平"。

2019 年 7 月 26 日发布的《工业和信息化部、教育部、人力资源和社会保障部等关于印发加强工业互联网安全工作的指导意见的通知》（工信部联网安〔2019〕168 号）要求，"探索利用人工智能、大数据、区块链等新技术提升安全防护水平"。

2019 年 8 月 29 日发布的《工业和信息化部关于促进制造业产品和服务质量提升的实施意见》（工信部科〔2019〕188 号）要求，"持续推进两化融合管理体系贯标，推动云计算、大数据、人工智能等新一代信息技术在质量管理中的应用，支持建立质量信息数据库，开发在线检测、过程控制、质量追溯等质量管理工具，加强质量数据分析，推动企业建立以数字化、网络化、智能化为基础的全过程质量管理体系"。

2019 年 10 月 2 日发布的《国家发展改革委、市场监管总局关于新时代服务业高质量发展的指导意见》（发改产业〔2019〕1602 号）提出，"加强技术创新和应用，打造一批面向服务领域的关键共性技术平台，推动人工智能、云计算、大数据等新一代信息技术在服务领域深度应用，提升服务业数字化、智能化发展水平，引导传统服务业企业改造升级，增强个性化、多样化、柔性化服务能力"。

2019 年 10 月 19 日发布的《国资委关于印发〈关于加强中央企业内部控制体系建设与监督工作的实施意见〉的通知》（国资发监督规〔2019〕101 号）提出，"集团管控能力和信息化基础较好的企业要逐步探索利用大数据、云计算、人工智能等技术，实现内控体系实时监测、自动预警、监督评价等在线监管功能，进一步提升信息化和智能化水平"。

2019 年 10 月 22 日发布的《工业和信息化部关于加快培育共享制造新模式新业态 促进制造业高质量发展的指导意见》（工信部产业〔2019〕226 号）提出，"支持平台企业积极应用云计算、大数据、物联网、人工智能等技术，发展智能报价、智能匹配、智能排产、智能监测等功能，不断提升共享制造全流程的智能化水平"。

2019 年 10 月 30 日修订的《产业结构调整指导目录（2019 年本）》（中华人民共和国国家发展和改革委员会令第 29 号），大力鼓励发展人工智能相关产业，包括人工智能辅助医疗设备、手术机器人等高端外科设备，以及其他人工智能产业。

2019 年 11 月 4 日发布的《工业和信息化部、国家发展改革委、自然资源部等关于推进机制砂石行业高质量发展的若干意见》（工信部联原〔2019〕239 号）提出，"推动大数据、人工智能、工业互联网等在机制砂石行业应用，提升自动化、智能化、网络化水平"。

2019 年 11 月 10 日发布的《国家发展改革委、工业和信息化部、中央网信办等关于推动先进制造业和现代服务业深度融合发展的实施意见》（发改产业〔2019〕1762 号）提出，"大力发展智能化解决方案服务，深化新一代信息技术、人工智能等应用，实现数据跨系统采集、传输、分析、应用，优化生产流程，提高效率和质量。加快人工智能、5G 等新一代信息技术在制造、服务企业的创新应用，逐步实现深度优化和智能决策"。

2019 年 11 月 27 日发布的《体育总局关于印发在自由贸易试验区开展"证照分离"改革全覆盖试点实施方案的通知》（体规字〔2019〕5 号）提出，"合理利用大数据和人工智能技术，结合企业信用信息，进行风险评估分析，对风险高的企业实施重点监管"。

2019 年 12 月 31 日发布的《工业和信息化部、民政部、国家卫生健康委员会等印发〈关于促进老年用品产业发展的指导意见〉的通知》（工信部联消费〔2019〕292 号）提出，"深化互联网、大数据、人工智能、5G等信息技术与老年用品产业融合发展；发展智慧养老产品及服务系统，开发环境监控、养老监护设备、防走失室内外定位终端等人工智能辅助产品；针对老年人功能障碍康复和健康管理需求，加快人工智能、脑科学、虚拟现实、可穿戴等新技术在康复训练及健康促进辅具中的集成应用"。

5. 人工智能商业应用

2017 年 1 月 17 日发布的《商务部关于进一步推进国家电子商务示范基地建设工作的指导意见》（商电发〔2017〕26 号）提出，"推动示范基地创业孵化与科研院所技术成果转化有效结合，促进大数据、物联网、云计算、人工智能、区块链等技术创新应用"。

2017 年 11 月 21 日发布的《商务部办公厅、国家标准委办公室关于印发〈网络零售标准化建设工作指引〉的通知》（商电字〔2017〕12 号）提出，"针对网络零售快速创新和跨界经营的特点，加强对分享经济、跨境电商、社交电商等新模式，人工智能、虚拟现实、区块链等新技术，无人商店、无人机送货、近场支付等新服务的前瞻性研究，推动形成研究成果"。

2017 年 12 月 29 日发布的《商务部等 10 部门关于推广标准托盘发展单元化物流的意见》（商流通函〔2017〕968 号）提出，"利用大数据、云计算、物联网、区块链、人工智能等先进技术，加强数据分析应用，挖掘商业价值，优化生产、流通、销售及追溯管理，以智能物流载具为节点打造智慧供应链"。

2018 年 4 月 4 日发布的《商务部办公厅、公安部办公厅、国家邮政局办公室、供销合作总社办公厅关于组织实施城乡高效配送重点工程的通知》提出，"推广物联网感知技术，推进大数据、云计算和人工智能技术应用，发展智慧物流、共享物流、智慧供应链"。

2018 年 4 月 19 日发布的《商务部关于加快城乡便民消费服务中心建设的指导意见》（商服贸函〔2018〕157 号）提出，"鼓励城乡便民消费服务中心及入驻企业，充分借助移动互联、云计算、大数据、人工智能等技术手段，为居民提供多种智慧生活服务，推动数字化、网络化、智能化发展"。

2018 年 5 月 16 日发布的《财政部办公厅、商务部办公厅关于开展 2018 年流通领域现代供应链体系建设的通知》提出，"推动大数据、云计算、区块链、人工智能等技术与供应链融合，发展具有供应链协同效应的公共型平台"。

2018 年 9 月发布的《市场监管总局关于进一步加强社会公用计量标准

建设与管理的指导意见》（国市监计量〔2018〕171号）提出，"大力提升智能制造、人工智能、新材料、节能环保、生命健康等战略性新兴产业和高技术领域的社会公用计量标准覆盖率，填补重点量值溯源链建设空白"。

2018年12月12日发布的《国家发展改革委关于印发〈海南省建设国际旅游消费中心的实施方案〉的通知》（发改社会〔2018〕1826号）提出，推动建立海南生活服务共享平台，加大物联网、云计算、大数据、人工智能等新一代信息技术投入，发展线上平台与线下体验结合的"智能店铺"，构建实体零售与网络零售融合发展的"智慧商圈"。

2018年12月18日发布的《商务部关于深入推进商务信用建设的指导意见》（商秩函〔2018〕762号）提出，"加强商务信用信息平台建设和运用，充分利用大数据、云计算、人工智能等前沿技术和现代科技手段，全面提高商务信用建设信息化、自动化、智能化水平"。

2019年2月26日发布的《国家发展改革委、中央网信办、工业和信息化部等关于推动物流高质量发展促进形成强大国内市场的意见》（发改经贸〔2019〕352号）提出：第一，加大重大智能物流技术研发力度，加强物流核心装备设施研发攻关，推动关键技术装备产业化。开展物流智能装备首台（套）示范应用，推动物流装备向高端化、智能化、自主化、安全化方向发展。研究推广尺寸和类型适宜的内陆集装箱，提高集装箱装载和运送能力。第二，实施物流智能化改造行动。大力发展数字物流，加强数字物流基础设施建设，推进货、车（船、飞机）、场等物流要素数字化。第三，加快国际物流发展。深入推进通关一体化改革，建立现场查验联动机制，推进跨部门协同共管，鼓励应用智能化查验设施设备，推动口岸物流信息电子化，压缩整体通关时间，提高口岸物流服务效率，提升通道国际物流便利化水平。

2019年3月22日发布的《商务部、发展改革委、财政部、生态环境部、知识产权局公告》（公告2019年第14号），对《鼓励进口服务目录》进行了调整，其中涉及人工智能服务的包括：第一，人工智能等新兴领域的研究与开发服务；第二，委托国外机构开展虚拟现实、人工智能、无人驾驶等数字化、智能化技术的研究与开发服务，以及引进相关技术。

2019年6月30日发布的《鼓励外商投资产业目录（2019年版）》（中

华人民共和国国家发展和改革委员会、中华人民共和国商务部令第 27
号），鼓励外商投资涉及的人工智能项目包括智能器件、机器人、神经网
络芯片、神经元传感器等人工智能技术开发与应用。

6. 人工智能与交通

2017 年发布的《国家发展改革委关于印发〈增强制造业核心竞争力三
年行动计划（2018—2020 年）〉的通知》（发改产业〔2017〕2000 号）提
出，"建设智能汽车基础技术体系和数据库，重点研发汽车与通信等领域
交叉融合的技术架构，环境感知等汽车人工智能基础技术，自然语音识别
等人机交互及人机共驾技术"。

2017 年 12 月 6 日发布的《工业和信息化部关于促进和规范民用无人
机制造业发展的指导意见》（工信部装〔2017〕310 号）提出，"推进人工
智能在民用无人机领域融合应用，加快提高民用无人机娱乐性及智能作业
水平，支持开发多样化衍生产品和服务"。

2018 年 5 月 11 日发布的《民航局关于促进航空物流业发展的指导意
见》（民航发〔2018〕48 号）提出，"鼓励以机场、航空公司、物流企业
等为主体，加大对物联网、人工智能、机器人等现代智慧物流新技术研发
应用，不断优化经营管理和运行保障体系，从劳动密集型向技术密集型转
变，在机场物流设施和运行环节不断降低成本、提高效率、增大柔性"。

2019 年 5 月 9 日发布的《交通运输部、中央网信办、国家发展改革委
等关于印发〈智能航运发展指导意见〉的通知》（交海发〔2019〕66 号）
提出，"加快推进物联网、云计算、大数据、人工智能等高新技术在船舶、
港口、航道、航行保障、安全监管以及运行服务等领域的创新应用，重点
突破状态感知、认知推理、自主决策执行、信息交互、运行协同等关键技
术，显著提升航运生产运行管理智能化水平。加快港口及其装备设计人工
智能技术应用研究与实践步伐，提升迭代设计能力。结合发展人工智能、
建设数字中国、交通强国等国家战略的实施，充分利用国家政策和现有财
政渠道，支持智能航运关键技术研发和创新平台、示范工程建设"。

2019 年 7 月 1 日发布的《交通运输部关于推进长江航运高质量发展的
意见》（交水发〔2019〕87 号）提出，"推进北斗导航、人工智能、5G 等

在航运领域的创新应用，推广自主可控的码头自动化技术，开展老港区堆场自动化改造"。

2019年9月6日发布的《交通运输部、国家税务总局关于印发〈网络平台道路货物运输经营管理暂行办法〉的通知》（交运规〔2019〕12号）第五条规定，"鼓励网络货运经营者利用大数据、云计算、卫星定位、人工智能等技术整合资源，应用多式联运、甩挂运输和共同配送等运输组织模式，实现规模化、集约化运输生产"。

2019年11月29日发布的《交通运输部关于加强通航建筑物和航运枢纽大坝运行安全管理的意见》（交水规〔2019〕19号）提出，"开展通航建筑物和航运枢纽大坝运行安全管理方面的技术攻关和装备研发，积极推广应用先进、适用、可靠的安全管理技术、设备；充分运用大数据、云计算、物联网、移动互联网和人工智能等高新技术，推进运行安全管理现代化"。

7. 人工智能教育与人才培养

2017年8月31日发布的《教育部关于进一步推进职业教育信息化发展的指导意见》（教职成〔2017〕4号）提出，"职业教育信息化工作要围绕经济社会发展大局，主动服务国家重大发展战略，加大云计算、大数据、物联网、虚拟现实/增强现实、人工智能等新技术的应用，体现产教融合、校企合作、工学结合、知行合一等职业教育特色"。

2017年9月29日发布的《人力资源社会保障部关于印发人力资源服务业发展行动计划的通知》（人社部发〔2017〕74号）提出，落实国家"互联网＋"发展战略要求，推动人力资源服务和互联网的深度融合，积极运用大数据、云计算、移动互联网、人工智能等新技术，促进人力资源服务业创新发展、融合发展。

2017年12月29日发布的《教育部关于推动高校形成就业与招生计划人才培养联动机制的指导意见》（教高〔2017〕8号）提出，以现代信息技术推动高等教育变轨超车，深入推进互联网、虚拟现实、人工智能、大数据等现代技术在教育教学中的应用，探索实施网络化、数字化、智能化的精准教育，推动形成"互联网＋高等教育"发展新形态。

2018年4月2日发布的《教育部关于印发〈高等学校人工智能创新行

动计划〉的通知》（教技〔2018〕3 号），其重点任务包括：第一，优化高校人工智能领域科技创新体系；第二，完善人工智能领域人才培养体系；第三，推动高校人工智能领域科技成果转化与示范应用。

2018 年 4 月 13 日发布的《教育部关于印发〈教育信息化 2.0 行动计划〉的通知》（教技〔2018〕6 号）提出，充分利用云计算、大数据、人工智能等新技术，构建全方位、全过程、全天候的支撑体系，助力教育教学、管理和服务的改革发展。以人工智能、大数据、物联网等新兴技术为基础，依托各类智能设备及网络，积极开展智慧教育创新研究和示范，推动新技术支持下教育的模式变革和生态重构。

2018 年 4 月 16 日发布的《教育部科学技术司、中关村科技园区管理委员会关于印发〈促进在京高校科技成果转化实施方案〉的通知》（教技司〔2018〕115 号）提出，围绕新一代信息技术、集成电路、医药健康、智能装备、节能环保、新能源智能汽车、新材料、人工智能、软件和信息服务以及科技服务业等北京十大高精尖产业，依托开放实验室，推动在京高校与企业、投资机构等联合建立概念验证中心，引导企业和资本早期介入高校研发活动，促进科技成果转化项目团队组建。

2018 年 9 月 17 日发布的《教育部关于加快建设高水平本科教育全面提高人才培养能力的意见》（教高〔2018〕2 号）提出，主动布局集成电路、人工智能、云计算、大数据、网络空间安全、养老护理、儿科等战略性新兴产业发展和民生急需相关学科专业。大力推动互联网、大数据、人工智能、虚拟现实等现代技术在教学和管理中的应用，探索实施网络化、数字化、智能化、个性化的教育，推动形成"互联网＋高等教育"新形态，以现代信息技术推动高等教育质量提升的"变轨超车"。

2018 年 9 月 18 日发布的《国家发展改革委、教育部、科技部等关于发展数字经济稳定并扩大就业的指导意见》（发改就业〔2018〕1363 号）提出，坚持以供给侧结构性改革为主线，既要着眼于数字经济发展趋势，加快传统经济数字化转型步伐，盘活存量就业岗位，又要整合资源、优化环境，大力发展互联网、物联网、大数据、云计算、人工智能等新兴产业，不断催生数字化生产新业态新模式，提高新成长劳动力数字技能水平，创造更多新兴就业机会。

2018 年 9 月 30 日发布的《国家发展改革委、教育部、科技部等关于提升公共职业技能培训基础能力的指导意见》（发改就业〔2018〕1433号）提出，"推动虚拟现实（VR）、增强现实（AR）和人工智能（AI）等新技术在职业技能培训领域的应用"。

2018 年 11 月 9 日发布的《中国气象局关于印发〈中国气象局关于深化局校合作工作的意见〉的通知》（气发〔2018〕88 号）提出，以发展智慧气象为引领，推动互联网、大数据、人工智能、云计算和气象的深度融合，有效整合和利用社会资源，加快气象事业优化升级，是新时代气象现代化对科技创新的迫切要求。

2019 年 3 月 20 日发布的《教育部关于实施全国中小学教师信息技术应用能力提升工程 2.0 的意见》（教师〔2019〕1 号）提出，遴选部分校长和骨干教师开展引领性培训，打造学校信息化教学创新团队，支持有条件的学校主动应用互联网、大数据、虚拟现实、人工智能等现代信息技术，探索跨学科教学、智能化教育等教育教学新模式，充分利用人工智能等新技术成果助推教师教育，提升校长、教师面向未来教育发展进行教育教学创新的能力。

2019 年 3 月 29 日发布的《教育部、财政部关于实施中国特色高水平高职学校和专业建设计划的意见》（教职成〔2019〕5 号）提出，"消除信息孤岛，保证信息安全，综合运用大数据、人工智能等手段推进学校管理方式变革，提升管理效能和水平"。

2019 年 5 月 13 日发布的《教育部关于印发〈全国职业院校教师教学创新团队建设方案〉的通知》（教师函〔2019〕4 号）提出，"推动人工智能、大数据、虚拟现实等新技术在教育教学中的应用，有效开展教学过程监测、学情分析、学业水平诊断和学习资源供给，推进信息技术与教育教学融合创新"。

2019 年 6 月 5 日发布的《教育部关于职业院校专业人才培养方案制订与实施工作的指导意见》（教职成〔2019〕13 号）提出，适应"互联网 +职业教育"新要求，全面提升教师信息技术应用能力，推动大数据、人工智能、虚拟现实等现代信息技术在教育教学中的广泛应用，积极推动教师角色的转变和教育理念、教学观念、教学内容、教学方法以及教学评价等方面的改革。

2019 年 7 月 17 日发布的《教育部办公厅关于进一步支持高校校园实体书店发展的指导意见》（教发厅〔2019〕6 号）提出，支持校园实体书店积极应对移动互联网时代数字阅读和网购图书的冲击，在发挥实体书店不可替代的空间优势的同时，充分利用互联网、人工智能等新兴技术手段，拓展网络发行销售业务，推动实体书店通过电子商务平台开展"网订店送"和"网订店取"等形式的图书配送业务，实现线上线下精准对接、融合经营、协调发展；鼓励实体书店推进数字化、智能化升级改造，增强店面展示功能。

2019 年 9 月 5 日发布的《教育部办公厅等七部门关于教育支持社会服务产业发展 提高紧缺人才培养培训质量的意见》（教职成厅〔2019〕3 号）提出，"高职院校电子信息大类、装备制造大类等专业增设相关课程，加快培养家庭服务机器人、健康监测、家用智能监控等健康养老、家政服务领域智能设施设备的研发制造人才，促进人工智能技术、虚拟现实（VR）技术、智能硬件、新材料等在社会服务业深度应用"。

2019 年 9 月 19 日发布的《教育部等十一部门关于促进在线教育健康发展的指导意见》（教发〔2019〕11 号）提出，在线教育是运用互联网、人工智能等现代信息技术进行教与学互动的新型教育方式，是教育服务的重要组成部分。到 2020 年，在线教育的基础设施建设水平大幅提升，互联网、大数据、人工智能等现代信息技术在教育领域的应用更加广泛，资源和服务更加丰富，在线教育模式更加完善。

2019 年 10 月 16 日发布的《人力资源社会保障部、中国外文局关于深化翻译专业人员职称制度改革的指导意见》（人社部发〔2019〕110 号）提出，"引导翻译专业人员密切关注翻译行业发展变化，及时学习运用翻译新技术，促进人工智能技术与翻译行业深度融合，不断提升翻译质量和效率，推动翻译职称评价结果国际互认，加快翻译行业发展和中华文化对外传播。适应人工智能新技术推动翻译模式升级的发展趋势，注重对译后编辑能力、人机耦合与互动、创造力与分析能力等方面的考察"。

2019 年 10 月 24 日发布的《教育部关于加强新时代教育科学研究工作的意见》（教政法〔2019〕16 号）提出，"加强跨学科研究，促进教育科学和自然科学交叉融合，充分运用认知科学、脑科学、生命科学等领域最新成果和研究方法，综合运用人工智能等新技术开展教育研究，深入探讨人工智能快速发展条件下教育发展创新的思路和举措，不断拓展教育科研的广度和深度"。

2019 年 11 月 20 日发布的《教育部关于加强和改进中小学实验教学的意见》（教基〔2019〕16 号）提出，"注重加强实验教学与多学科融合教育、编程教育、创客教育、人工智能教育、社会实践等有机融合，有条件的地区可以开发地方课程和校本课程"。

8. 人工智能与医疗服务

2009 年 11 月 13 日发布了《卫生部办公厅关于印发〈人工智能辅助诊断技术管理规范（试行）〉的通知》（卫办医政发〔2009〕196 号，已失效），以及《卫生部办公厅关于印发〈人工智能辅助治疗技术管理规范（试行）〉的通知》（卫办医政发〔2009〕197 号，已失效）。

2017 年 9 月 11 日发布的《民政部、发展改革委、教育部等关于印发支持国家康复辅助器具产业综合创新试点工作政策措施清单的通知》（民发〔2017〕151 号）提出，"支持试点地区的高等学校、科研院所开展生物医用材料、仿生学、机器人、虚拟现实、人工智能、康复医学等相关领域的基础研究和科学前沿探索"。

2017 年 12 月 4 日发布的《国家中医药管理局关于推进中医药健康服务与互联网融合发展的指导意见》（国中医药规财发〔2017〕30 号）提出，"支持人工智能辅助诊断、多种生物特征识别、中医专家系统等建设，开展互联网延伸医嘱等服务应用"。

2018 年《国家中医药管理局、科技部、工业和信息化部、国家卫生健康委员会关于印发〈关于加强中医医疗器械科技创新的指导意见〉的通知》（国中医药科技发〔2018〕11 号）提出，以拓宽临床服务范围、满足临床需要为目标，集成应用微电子、高可靠性元器件技术、传感技术、云计算、大数据、物联网、移动医疗和人工智能技术等新兴技术，研发中医预防、检测、诊断、治疗、康复与监护系列设备。应用人工智能技术，挖掘、利用中医药大数据，促进中医医疗器械与互联网、移动终端融合发展，研发可移动、可穿戴、智能化的"互联网＋"中医医疗器械与辅助系统。

2018 年 8 月 22 日发布的《国家卫生健康委员会关于进一步推进以电子病历为核心的医疗机构信息化建设工作的通知》（国卫办医发〔2018〕20 号）提出，"鼓励将成熟的人工智能嵌入电子病历信息系统，发挥其在智能分诊导诊，辅助信息采集，辅助检验、病理、影像诊断，辅助诊疗决策支持，智能跟踪随访等方面的作用，提高医务人员工作效率，保障医疗质量与安全"。

2018 年 11 月 21 日发布的《国家卫生健康委、国家中医药管理局关于加快药学服务高质量发展的意见》（国卫医发〔2018〕45 号）提出，"鼓励借助人工智能等技术手段，面向基层提供远程药学服务"。

2019 年 2 月 20 日发布的《国家发展改革委、民政部、国家卫生健康委关于印发〈城企联动普惠养老专项行动实施方案（试行）〉的通知》（发改社会〔2019〕333 号）提出，"鼓励有条件的城市开展康复辅助器具、人工智能养老产品的研发、生产、适配和租赁服务。持续推动智慧健康与养老产业发展，加强人工智能、物联网、云计算、大数据等新一代信息技术和智能硬件产品在养老服务领域深度应用"。

2019 年 10 月 28 日发布的《国家卫生健康委、国家发展改革委、教育部等关于建立完善老年健康服务体系的指导意见》（国卫老龄发〔2019〕61 号）提出，"充分利用人工智能等技术，研发可穿戴的老年人健康支持技术和设备，探索开展远程实时查看、实时定位、健康监测、紧急救助呼叫等服务"。

9. 人工智能与科技文化旅游

1986 年 8 月 2 日发布的《中共中央、国务院转发〈关于当前科技工作形势和今后工作若干意见的报告〉的通知》提出，"三十多年来，我国在自然科学领域先后进行过许多次'学术批判'，如批判摩尔根遗传学说、分子生物学、控制论、人工智能、相对论等，这些批判除采取了不应有的政治斗争手段之外，还存在两个共同性问题：一是把现成的哲学结论和概念当作判别科学是非的标准，凡不符合这些标准的，一概当作谬误；二是把自己知识上的局限和偏见当作科学探讨的界限，凡超过这个界限的，一概当作邪说。今后一定要避免重演这种错误"。

2003年9月12日发布的《建设部关于印发〈工程勘察技术进步与技术政策要点〉的通知》（建质函〔2003〕202号）提出，"要加强新的信息技术，如三维数字化技术、网络通信技术、地理信息系统与卫星定位系统技术、人工智能技术、企业管理信息化等在岩土工程领域的应用研究"。

2015年1月10日发布的《国家旅游局关于促进智慧旅游发展的指导意见》提出，"到2020年，我国智慧旅游服务能力明显提升，智慧管理能力持续增强，大数据挖掘和智慧营销能力明显提高，移动电子商务、旅游大数据系统分析、人工智能技术等在旅游业应用更加广泛，培育若干实力雄厚的以智慧旅游为主营业务的企业，形成系统化的智慧旅游价值链网络"。

2017年4月11日发布的《文化部关于推动数字文化产业创新发展的指导意见》（文产发〔2017〕8号）提出，深化"互联网＋"，深度应用大数据、云计算、人工智能等科技创新成果，促进创新链和产业链有效对接。

2018年4月19日发布的《科技部、国资委印发〈关于进一步推进中央企业创新发展的意见〉的通知》（国科发资〔2018〕19号）提出，"加强国家科技成果转化引导基金与中央企业创新类投资基金的合作，围绕国家科技创新部署和区域创新发展需求，在创新创业、人工智能、军民融合、信息安全、装备制造、生物医药、新材料、现代农业等国家重点支持和鼓励发展的科技创新领域和方向，联合地方政府、金融机构、社会资本，成立一批专业化创业投资基金，推动中央企业科技成果的转移转化和产业化"。

2018年5月28日发布的《科技部关于印发〈关于技术市场发展的若干意见〉的通知》（国科发创〔2018〕48号）提出，"推进人工智能、生物医药等行业性技术交易市场发展，发挥专业化众创空间等创新创业服务载体的作用，提供专业化技术转移服务"。

2018年11月1日发布的《中共自然资源部党组关于深化科技体制改革提升科技创新效能的实施意见》（自然资党发〔2018〕31号）提出，

"应用发展遥感、互联网、物联网、人工智能等现代高新技术，构建自然资源立体调查监测技术体系；集成创新国土生态保护与系统修复方法技术，构建生态保护修复技术体系；发展创建国土空间规划与集约利用理论方法，建立国土空间优化管控方法技术体系"。

2018年11月25日发布的《文化和旅游部关于提升假日及高峰期旅游供给品质的指导意见》（文旅资源发〔2018〕100号）提出，"提升智慧产品开发水平，鼓励智慧景区建设，充分运用虚拟现实（VR）、4D、5D等人工智能技术打造立体、动态展示平台，为游客提供线上体验和游览线路选择"。

2018年12月14日发布的《科技部关于印发〈科技企业孵化器管理办法〉的通知》（国科发区〔2018〕300号）第十七条规定，"孵化器应加强服务能力建设，利用互联网、大数据、人工智能等新技术，提升服务效率"。

2019年3月29日发布的《科技部、教育部印发〈关于促进国家大学科技园创新发展的指导意见〉的通知》（国科发区〔2019〕116号）提出，"结合新兴产业发展趋势，培育新技术、新业态和新模式企业，推动互联网、大数据和人工智能与实体经济深度融合，促进区域产业创新与转型升级"。

2019年8月1日发布的《科技部关于印发〈国家新一代人工智能开放创新平台建设工作指引〉的通知》（国科发高〔2019〕265号），其主要内容如下：第一，目的意义。新一代人工智能开放创新平台（简称"开放创新平台"）是聚焦人工智能重点细分领域，充分发挥行业领军企业、研究机构的引领示范作用，有效整合技术资源、产业链资源和金融资源，持续输出人工智能核心研发能力和服务能力的重要创新载体。第二，建设原则。应用为牵引，企业为主体，市场化机制，协同式创新。第三，基本条件。开放创新平台重点由人工智能行业技术领军企业牵头建设，鼓励联合科研院所、高校参与建设并提供智力和技术支撑。开放创新平台应围绕《新一代人工智能发展规划》重点任务中涉及的具有重大应用需求的细分领域组织建设，原则上每个具体细分领域建设一个国家新一代人工智能开放创新平台，不同开放创新平台所属细分领域应有明确区分和侧重。第四，重点任务。开展细分领域的技术创新，促进成果扩散与转化应用，提供开放共享服务，引导中小微企业和行业开发者创新创业。第五，组织管理。包括推荐申请、综合论证、认定公布、运行管理。

2019年8月13日发布的《科技部等六部门印发〈关于促进文化和科技深度融合的指导意见〉的通知》（国科发高〔2019〕280号）提出，"探索将人工智能运用于新闻采集、生产、分发、接收、反馈中，全面提高舆论引导能力，让个性化定制、精准化生产、智能化推送服务于正面宣传"。

2019年8月23日发布的《国家知识产权局办公室关于印发〈技术与创新支持中心（TISC）建设实施办法〉的通知》（国知办发服字〔2019〕27号）第十八条规定，"TISC承办机构应加强服务能力建设，打造专业化服务队伍，利用互联网、大数据、人工智能等新技术，提升服务效率，为创新主体提供精准化、高质量的知识产权信息服务"。

2019年8月29日发布的《科技部关于印发〈国家新一代人工智能创新发展试验区建设工作指引〉的通知》（国科发规〔2019〕298号），其重点任务是：开展人工智能技术应用示范，探索促进人工智能与经济社会发展深度融合的新路径；开展人工智能政策试验，营造有利于人工智能创新发展的制度环境；开展人工智能社会实验，探索智能时代政府治理的新方法、新手段；推进人工智能基础设施建设，强化人工智能创新发展的条件支撑。

2019年11月24日发布的《国家发展改革委、中央组织部、教育部等关于改善节假日旅游出行环境促进旅游消费的实施意见》（发改社会〔2019〕1822号），要求"提升智慧产品开发水平，鼓励智慧景区建设，充分运用虚拟现实（VR）、4D、5D等人工智能技术打造立体、动态展示平台，为游客提供线上体验和游览线路选择"。

10. 人工智能与农业、林业等

2012年7月6日发布的《国家粮食局关于印发〈粮油仓储信息化建设指南（试行）〉的通知》（国粮展〔2012〕114号，已失效）提出，"有条件的粮油仓储企业可以利用计算机图形仿真技术、多媒体技术、人工智能技术等，对库内的仓储设施、办公楼等进行三维图示化建模，并与粮油仓储企业业务管理系统、远程监管系统进行对接，实现粮油仓储企业管理的可视化"。

2012年11月28日发布的《农业部关于加强农业机械化技术推广工作的意见》（农机发〔2012〕3号）提出，"充分利用现代信息技术、人工智能技术，通过广播、电视、网络、农机110、手机短信等现代服务手段，不断探索建立高效、便捷、实用的农业机械化技术推广服务信息平台，推进技术服务信息化、农机化与信息化融合，提高推广服务效率，促进先进农业机械化科研成果和实用技术快速转化应用，尽快形成生产力"。

2013年8月21日发布的《国家林业局关于印发〈中国智慧林业发展指导意见〉的通知》（林信发〔2013〕131号）提出，"支撑层主要是通过中国林业云、智慧林业决策平台等重点建设工程的实施，使云计算、大数据挖掘、建模仿真、人工智能技术等新技术逐步融入到应用层的各个应用系统，为智慧林业实现科学化、一体化、集约化、智能化的运营提供最有效的支撑"。

2018年9月3日发布的《国家林业和草原局关于进一步加强网络安全和信息化工作的意见》（林信发〔2018〕89号）提出，"发挥信息化引领创新和驱动转型的先导力量，加快推动云计算、物联网、移动互联网、大数据、人工智能等新一代信息技术在林业和草原上的创新应用、集成应用"。

2018年12月25日发布的《农业农村部等15部门关于促进农产品精深加工高质量发展若干政策措施的通知》（农产发〔2018〕3号）提出，"国家重点研发计划、技术创新引导专项等科研项目，适当扩大农产品精深加工技术装备科研工作的支持力度，建立数字化加工车间，推动互联网、大数据、人工智能和农产品精深加工深度融合"。

2019年1月11日发布的《农业农村部、生态环境部、自然资源部等关于加快推进水产养殖业绿色发展的若干意见》（农渔发〔2019〕1号）提出，"推进智慧水产养殖，引导物联网、大数据、人工智能等现代信息技术与水产养殖生产深度融合，开展数字渔业示范"。

2019年11月8日发布的《国家林业和草原局关于促进林业和草原人工智能发展的指导意见》（林信发〔2019〕105号），其主要目标是：第一阶段，到2025年，实现林草人工智能技术在林草业重点建设领域中示范应用；第二阶段，到 2030 年，林草人工智能基础理论实现突破，部分技术与应用达到先进水平，在林草业领域试点示范取得显著成果，并开始在大范围区域实现推广；第三阶段，到 2035 年，林草人工智能理论、技术与应用总体达到世界领先水平。

11. 人工智能与邮政

2017 年 12 月 20 日发布的《国家邮政局关于推进邮政业服务"一带一路"建设的指导意见》（国邮发〔2017〕103 号）提出，"发挥行业内国家工程实验室等科研机构作用，与沿线国家交流邮政业和互联网、大数据、云计算、人工智能及区块链等融合发展的经验，联合开展科技应用示范。支持与沿线国家有关企业、科研机构等共同研发智能收投、柔性装卸、集装化运输、冷链服务等技术装备，联合推进人工智能、无人装备等创新应用"。

2019 年 12 月 17 日发布的《国家邮政局关于支持海南邮政业深化改革开放的意见》（国邮发〔2019〕90 号）提出，指导海南实施"智能＋"，加快推进 5G、大数据、云计算、人工智能、区块链和物联网等现代信息技术与邮政业深度融合，提升邮政快递基础设施数字化水平。

12. 人工智能与社会建设

2015 年 4 月 22 日发布的《国家发展改革委办公厅、民政部办公厅、全国老龄办综合部关于进一步做好养老服务业发展有关工作的通知》（发改办社会〔2015〕992 号）提出，要在养老领域推进"互联网＋"行动，将信息技术、人工智能和互联网思维与居家养老服务机制建设相融合，对传统业态养老服务进行改造升级，通过搭建信息开放平台、开发适宜老年人的可穿戴设备等，不断发现和满足老年人需求，强化供需衔接，扩大服务范围，提供个性、高效的智能养老服务。

2017 年 12 月 29 日发布的《中国气象局关于加强气象防灾减灾救灾工作的意见》（气发〔2017〕89 号）提出，"从极端天气气候事件对基础设施、能源供应、航运交通、人民生命财产安全等生命线安全运行影响和防灾减灾救灾安排调度着手，应用大数据和人工智能技术，搭建气象大数据人工智能（AI）算法平台，推进气象数据与多领域数据的融合应用，建设气象灾害决策指挥支撑平台，为决策者应对各类突发事件提供数据和技术支持，在决策气象服务领域实现智能化突破"。

2019 年 9 月 20 日发布的《民政部关于进一步扩大养老服务供给 促进养老服务消费的实施意见》（民发〔2019〕88 号）提出，"实施科技助老示范工程，支持新兴材料、人工智能、虚拟现实等新技术在养老服务领域的深度集成应用与推广，支持外骨骼机器人、照护和康复机器人、虚拟现实康复训练设备等产品研发，形成一批高智能、高科技、高品质的老年人康复辅具产品"。

2019 年 12 月 6 日发布的《国家发展改革委、教育部、民政部等关于促进"互联网＋社会服务"发展的意见》（发改高技〔2019〕1903 号）提出，通过互联网、大数据、人工智能等多种技术和模式，推动教育、医疗健康、养老、托育、体育、家政等服务领域供需信息对接，促进以市场化手段优化资源配置。

13. 人工智能的知识产权保护

为全面贯彻党中央、国务院关于加强知识产权保护的决策部署，回应创新主体对进一步明确涉及人工智能等新业态新领域专利申请审查规则的需求，2019 年 12 月 31 日国家知识产权局发布了《国家知识产权局关于修改〈专利审查指南〉的决定》（国家知识产权局公告第 343 号），决定在《专利审查指南》第二部分第九章增加第 6 节"包含算法特征或商业规则和方法特征的发明专利申请审查相关规定"。涉及人工智能、"互联网＋"、大数据以及区块链等的发明专利申请，一般包含算法或商业规则和方法等智力活动的规则和方法特征，《专利审查指南》第二部分第九章第 6 节旨在根据专利法及其实施细则，对这类申请的审查特殊性作出规定。

（五）地方性法规和规章

1. 人工智能与大数据开发

2019 年 9 月 27 日发布的《海南省大数据开发应用条例》（海南省人民代表大会常务委员会公告第 37 号）第三十八条规定，"推动大数据与云计算、移动互联网、物联网、卫星导航、人工智能、区块链等信息技术的融合，培育大数据服务新技术、新业态，促进数字经济创新发展"。

2. 人工智能与行政监管

2017 年 12 月 1 日发布的《安徽省互联网政务服务办法》（安徽省人民政府令第 281 号）规定，"网上政务服务平台，是指运用互联网、大数据、云计算、人工智能等技术手段，由省、设区的市组织建设、行政机关使用的，通过网上大厅、移动客户端、自助终端等多种形式，结合第三方网络平台，为公民、法人和其他组织提供政务服务的平台，包括互联网政务服务门户、政务服务管理平台、业务办理系统和政务服务数据共享平台"。

2018 年 7 月 27 日发布的《吉林省统计管理条例（2018 修订）》（吉林省第十三届人民代表大会常务委员会公告第 4 号），要求"推进互联网、大数据、人工智能等现代信息技术在统计工作中的应用，加强对经济社会运行的统计分析和统计监测，为科学决策管理和社会公众提供优质统计服务"。

2018 年 12 月 5 日发布的《浙江省口岸管理和服务办法》（浙江省人民政府令第 371 号）第十二条规定，"省人民政府口岸主管部门、口岸查验机构应当加强口岸数字化建设，利用移动互联网、物联网、人工智能、大数据等信息技术，提高口岸查验智能化和信息化水平"。

2019 年 7 月 25 日发布的《上海市标准化条例（2019 修订）》（上海市人民代表大会常务委员会公告第 21 号）第三十八条规定，"市标准化行政主管部门应当运用互联网、人工智能等信息化手段，持续优化标准化政务服务办事流程，提供便利的标准文献信息查询等公共服务"。

2019 年 8 月 1 日发布的《浙江省反走私综合治理规定》（浙江省第十三届人民代表大会常务委员会公告第 14 号），要求"推进反走私综合治理数据互联、情报信息共享，利用大数据、互联网、人工智能等技术，提高反走私综合治理工作的智能化水平"。

2019 年 8 月 1 日发布的《莆田市湄洲岛保护管理条例》（莆田市人民代表大会常务委员会公告〔七届〕第八号）第十五条规定，推进"智慧湄洲岛"建设，完善信息基础建设和信息数据资源，建立应用平台，推广人工智能新技术、新产品。

2019 年 8 月 12 日发布的《中国（上海）自由贸易试验区临港新片区管理办法》（上海市人民政府令第 19 号）要求：第一，新片区建立开放型制度体系；第二，新片区聚焦集成电路、人工智能、生物医药和总部经济等关键领域，试点开展数据跨境流动的安全评估，建立数据保护能力认证、数据流通备份审查、跨境数据流通和交易风险评估等数据安全管理机制；第三，对新片区内符合条件的从事集成电路、人工智能、生物医药、民用航空等关键领域核心环节生产研发的企业，按照相关规定给予企业所得税支持。

2019 年 12 月 8 日发布的《长春市统计管理条例（2019 修订）》（长春市第十五届人民代表大会常务委员会公告第 39 号），要求"推进互联网、大数据、人工智能等现代信息技术在统计工作中的应用，加强对经济社会运行的统计分析和统计监测，为科学决策管理和社会公众提供优质统计服务"。

2019 年 12 月 30 日发布的《安徽省实施〈优化营商环境条例〉办法》（安徽省人民政府令第 290 号），要求"各级人民政府应当运用互联网、大数据、人工智能、区块链等信息技术手段，推进数字政府建设，加强政务数据资源有序归集、共享应用。县级以上人民政府及其有关部门应当充分运用互联网、大数据、人工智能、区块链等技术手段，加快建设地方和部门在线监管系统，实现各级各部门在线监管系统与国家在线监管系统对接联通运行"。

3. 人工智能与政法

2017 年 11 月 30 日发布的《浙江省社会治安综合治理条例（2017 修订）》（浙江省人民代表大会常务委员会公告第 66 号），要求"各级社会治安综合治理委员会和有关部门应当推进互联网、物联网、大数据、人工智能和社会治安综合治理的深度融合，加强公共安全视频监控系统的建设和联网应用，提高社会治安综合治理智能化水平"。

2019 年 3 月 28 日发布的《浙江省实施〈中华人民共和国反恐怖主义法〉办法》（浙江省人民代表大会常务委员会公告第 12 号）第二十一条规

定，"省反恐怖主义工作领导机构和有关部门应当依托全省统一的综治工作信息化平台，推进互联网、物联网、大数据、人工智能与反恐怖主义工作的深度融合，提高反恐怖主义工作的信息化、智能化水平"。

2019年7月16日发布的《浙江省反间谍安全防范办法》（浙江省人民政府令第377号）第十四条规定，"国家安全机关依托全省统一的综治工作信息化平台，加强人民防线平台建设，综合利用互联网、物联网、大数据、人工智能等技术，推进反间谍安全防范工作的信息化、智能化"。

4. 人工智能与工业

2015年10月14日发布的《杭州市智慧经济促进条例》（杭州市第十二届人民代表大会常务委员会公告第55号）第二十九条规定，"市和区、县（市）人民政府应当采取措施鼓励人工智能新兴产业发展，促进人工智能在智能家居、智能终端、智能汽车、机器人等领域的推广应用"。

2017年12月1日发布的《吉林省促进中小企业发展条例》（吉林省第十二届人民代表大会常务委员会公告第100号）第三十条规定，"鼓励和引导中小企业应用互联网、云计算、大数据和人工智能等现代技术手段，创新生产方式，提升智能制造、绿色制造、精益制造和服务型制造能力"。

2017年12月1日发布的《山东省企业技术改造条例》（山东省人民代表大会常务委员会公告第225号），要求"推进制造业与互联网、大数据、人工智能深度融合，拓展网络信息技术的深入应用"。

2018年5月31日发布的《福建省人民代表大会常务委员会关于进一步推进数字福建建设的决定》（福建省人民代表大会常务委员会公告〔十三届〕第三号），提出"集中优势资源开展原始创新和集成创新，加强通用芯片、显示面板、通用数据库、人工智能、区块链、云计算、大数据、物联网等关键核心技术攻关……推动互联网、大数据、人工智能和实体经济深度融合，建立健全智能化、网络化农业生产经营体系，大力发展电子商务、共享经济等新产业新业态新模式，创新提升软件和信息技术服务，持续增强数字经济发展后劲"。

2018年6月12日发布的《杭州市城市国际化促进条例》（杭州市第十三届人民代表大会常务委员会公告第13号），提出"发展新一代信息技术、高端装备制造、新材料、生物医药等重点产业和人工智能、量子技术、大数据等前沿产业。鼓励金融创新，支持利用互联网、大数据、云计算、区块链、人工智能等技术，推动金融与生态、文化、科技的融合，服务实体经济"。

2019 年 7 月 26 日发布的《山东省新旧动能转换促进条例》（山东省人民代表大会常务委员会公告第 65 号），提出"通过实施'互联网＋'、人工智能、大数据行动计划，重点推广开放式研发、个性化定制、协同式创新等制造业新模式，加快发展网络经济、标准经济、品牌经济、融合经济等服务业新业态"。

2019 年 8 月 3 日发布的《抚州市生态文明建设促进办法》（抚州市人民政府令第 1 号），要求"推动新一代电子信息产业向高端发展，促进大数据、云计算、物联网、人工智能等信息技术与制造业深度融合，建设区域数字经济示范区"。

2019 年 9 月 5 日发布的《深圳经济特区质量条例（2019 修正）》（深圳市第六届人民代表大会常务委员会公告第 161 号）第二十条规定，"发展生物产业和互联网、新能源、新材料、人工智能、新一代信息技术等战略性新兴产业，全面推动生命健康、海洋、航空航天等未来产业规划和发展，扶持龙头骨干企业，优化中小微企业发展环境，带动产业创新发展"。

5. 人工智能与商业

1998 年 7 月 15 日发布的《甘肃省人民政府鼓励引导外商投资若干政策规定（1998）》（甘政发〔1998〕36 号），特别将"人工智能软件"纳入鼓励引导外商投资的范围。

2019 年 12 月 4 日发布的《郴州市城区农贸市场管理条例》（郴州市第五届人民代表大会常务委员会公告 2019 年第 1 号），提出要"利用物联网、大数据、云计算、人工智能等信息技术，实现智能支付、交易溯源、计量监管、价格监测等智慧经营和管理"。

2019 年 12 月 18 日发布的《鄂州市现代物流业发展促进条例》（鄂州市人民代表大会常务委员会公告〔八届〕第五号）第十六条规定，"市经济和信息化部门应当加快推进新一代信息基础设施建设，会同市物流发展服务机构、行政审批部门推进人工智能、5G、物联网、大数据、云计算和区块链等先进技术在物流行业的集成应用"。

2019 年 6 月 3 日发布的《潍坊市会展业促进条例》（潍坊市人民代表大会常务委员会公告第 30 号）第十八条规定，"鼓励和引导会展企业运用云计算、大数据、物联网、移动互联网、人工智能等现代信息技术发展新兴会展业态"。

6. 人工智能与交通

2018 年 12 月 18 日发布的《防城港市公共汽车客运管理条例》（防城港市人民代表大会常务委员会公告〔六届〕第〔八〕号）提出，"市、县（市）人民政府应当推进智能化城市公共交通体系建设，利用物联网、大数据、移动互联网、人工智能等现代信息技术和先进的管理方式，逐步改进城市公共交通系统"。

2019 年 11 月 29 日发布的《常州市道路交通安全条例》提出，"公安机关交通管理部门应当充分运用物联网、人工智能等信息化、科技化手段，加强交通信号控制、数据研判应用、出行引导服务，提高道路交通安全管理工作的智能化、专业化水平"。

2019 年 12 月 6 日发布的《唐山市港口条例》（唐山市第十五届人民代表大会常务委员会公告第 30 号）提出，"鼓励应用人工智能、物联网、大数据、云计算等新一代信息技术，与港口业务深度融合，建设智能监管、智能运营、智能服务的智慧港口"。

2019 年 12 月 16 日发布的《大连市推进东北亚国际航运中心建设条例》（大连市人民代表大会常务委员会公告第 11 号）提出，"支持物联网、云计算、大数据、人工智能等技术在航运领域的集成应用创新"。

7. 人工智能与社会建设

2017 年 1 月 22 日发布的《福建省老年人权益保障条例》（福建省第十二届人民代表大会第五次会议公告第 3 号）提出，"地方各级人民政府应当推动移动互联网、云计算、物联网、大数据、人工智能等与养老服务业结合，对接户籍、医疗、社会保障等信息资源，促进养老服务公共信息资源向各类养老服务机构开放"。

2018年7月26日发布的《四川省老年人权益保障条例（2018修订）》（四川省第十三届人民代表大会常务委员会公告第9号）提出，"地方各级人民政府应当发展智慧养老服务新业态，推动移动互联网、云计算、物联网、大数据、人工智能等与养老事业结合，推动社区综合服务信息平台与户籍、医疗、社会保障等信息资源对接，促进养老服务公共信息资源向各类养老服务机构开放"。

2019年7月26日发布的《山东省宗教事务条例（2019修订）》（山东省人民代表大会常务委员会公告第67号）第九条规定，"省宗教事务部门应当组织建立全省统一的宗教工作信息化平台，推进互联网、大数据、人工智能与宗教事务管理深度融合，提升信息化、智能化、规范化管理水平"。

2019年8月20日发布的《沈阳市居家养老服务条例》（沈阳市人民代表大会常务委员会公告第10号）提出，"鼓励、引导、规范企业和社会组织借助云计算、人工智能、互联网、物联网等技术，建设智慧养老服务平台，提供紧急呼叫、远程健康监护、紧急援助、居家安防、家政预约、助餐助浴、辅助出行、代缴代购等服务"。

2019年10月9日发布的《苏州市残疾人保障条例》（苏州市第十六届人民代表大会常务委员会公告第14号）提出，"市、县级市（区）人民政府和有关部门应当推动互联网、大数据、人工智能与无障碍环境建设深度融合"。

2019年12月2日发布的《恩施土家族苗族自治州传统村落和民族村寨保护条例》（恩施土家族苗族自治州第八届人民代表大会常务委员会公告第4号）第三十七条规定，"州、县（市）、乡（镇）人民政府应当利用互联网、物联网、人工智能等现代信息技术，推动传统村落、民族村寨的智慧乡村建设"。

2019年12月19日发布的《芜湖市居家养老服务条例》规定，"鼓励、支持企业和社会组织利用云计算、大数据、物联网、人工智能等技术，开发智慧养老服务产品，建设智慧养老服务平台"。

8. 人工智能与科技文化旅游

2018 年 12 月 3 日发布的《重庆市全民健身条例》（重庆市人民代表大会常务委员会公告〔五届〕第 32 号）第三十四条规定，"鼓励运用互联网、大数据、人工智能等科技手段与全民健身相结合，依靠科学技术发展全民健身事业"。

2019 年 5 月 31 日发布的《贵州省全民阅读促进条例》（贵州省人民代表大会常务委员会公告 2019 第 7 号）第六条规定，"鼓励和支持大数据、互联网、人工智能等相关信息技术的开发应用，促进全民阅读平台建设，实现资源共享"。

2019 年 9 月 25 日发布的《广东省自主创新促进条例（2019 修订）》（广东省第十三届人民代表大会常务委员会公告第 46 号）提出，"设立自主创新项目的单位对涉及生命科学、医学、人工智能等前沿领域和对社会、环境具有潜在威胁的科研活动，应当要求项目负责人在立项前签订科研伦理承诺书；未签订科研伦理承诺书的，不予立项"。

9. 人工智能与知识产权保护

2019 年 5 月 30 日发布的《吉林省优化营商环境条例》（吉林省第十三届人民代表大会常务委员会公告第 25 号）和 2019 年 7 月 31 日发布的《辽宁省优化营商环境条例（2019）》（辽宁省人民代表大会常务委员会公告〔13 届〕第三十四号）均提出，"应当运用互联网、大数据、人工智能等手段，通过源头追溯、实时监测、在线识别等，加强域内自主品牌和新业态、新领域创新成果的知识产权保护，完善知识产权快速维权与维权援助机制，加大对反复侵权、恶意侵权等违法行为的查处力度"。

2019 年 9 月 27 日发布的《天津市知识产权保护条例》第十二条规定，"市知识产权主管部门应当按照国家有关规定，为人工智能、生物医药、航空航天、高端装备制造、新能源、新材料等方面的专利申请提供优先审查通道，推动战略性新兴产业发展"。

除此之外，各地方政府还出台了 1372 个规范性文件，极大地促进了人工智能在各领域的应用。

二、人工智能司法实践综述

（一）人民法院人工智能制度建设

2016 年 2 月 22 日上午，最高人民法院召开专题会议，研究通过《人民法院信息化建设五年发展规划（2016—2020）》和《最高人民法院信息化建设五年发展规划（2016—2020）》。最高人民法院院长周强主持会议强调，要加强人民法院信息化建设发展规划，推动人民法院信息化建设转型升级，尽快建成以大数据分析为核心的人民法院信息化 3.0 版，促进审判体系和审判能力现代化。①

2017 年 4 月 20 日发布的《最高人民法院关于加快建设智慧法院的意见》（法发〔2017〕12 号）强调，运用大数据和人工智能技术，按需提供精准智能服务。第一，支持办案人员最大限度减轻非审判性事务负担。充分运用外包服务方式，建立先进的电子卷宗随案同步生成技术保障和运行管理机制，为案件信息智能化应用提供必要前提；不断提高法律文书自动生成、智能纠错及法言法语智能推送能力，庭审语音同步转录、辅助信息智能生成及实时推送能力，基于电子卷宗的文字识别、语义分析和案情理解能力，为辅助法官办案、提高审判质效提供有力支持；深挖法律知识资源潜力，提高海量案件案情理解深度学习能力，基于案件事实、争议焦点、法律适用类脑智能推理，满足办案人员对法律、案例、专业知识的精准化需求，促进法官类案同判和量刑规范化。第二，为人民群众提供更加智能的诉讼和普法服务。挖掘利用海量司法案件资源，提供面向各类诉讼需求的相似案例推送、诉讼风险分析、诉讼结果预判、诉前调解建议等服务，为减少不必要诉讼、降低当事人诉累提供有力支持；拓宽司法服务渠道，探索基于法律知识自主学习和个性化交流互动的智能普法服务装备，

---

① 宁杰：《周强主持最高人民法院专题会议强调加强法院信息化建设规划 全面提升信息化水平》，载中国法院网 2016 年 2 月 24 日，https://www.chinacourt.org/article/detail/2016/02/id/1809929.shtml。

提升诉讼和普法服务质效；深度分析用户诉讼行为，挖掘用户个性化需求，精准推送司法公开信息，提升广大人民群众的获得感。第三，支持管理者确保审判权力正当有序运行。推广完善庭审规范性自动巡查系统，确保审判活动有序、高效、规范，提高司法公信力；提升审判管理、人事管理、政务管理信息化水平，再造审判管理流程，推进审判执行与审判管理同步运行，实时智能化预警审判执行过程偏离态势，实现审判工作的精细化管理；探索建立全面覆盖审判全过程的信息化监管手段，有效监督和制约审判权的行使；构建面向司法公开、司法为民、司法管理的信息化评估体系，确保司法公正、廉洁、高效。第四，支持法院管理者提高司法决策科学性。运用大数据为司法决策服务，结合审判动态分析和司法统计智能分析，科学研判审判运行态势，科学调配司法资源，提高司法决策的时效性和针对性；运用海量司法案例资源，针对刑事、民事和行政等案件，探寻新形势下司法规律，提高司法预测预判和应急响应能力；关联运用案件与人事、行政、财务、后勤、装备和信息化等数据资源，建立信息化支持的人民法院综合管理分析评估改进体系，支持提高各级人民法院科学化管理水平。第五，支持党和政府部门促进国家治理体系和治理能力现代化。深度挖掘分析海量案件信息资源，监测社会治理存在的突出矛盾，预判经济社会发展变化趋势，为各级党委、政府提供决策参考。

2017年7月25日发布的《最高人民法院司法责任制实施意见（试行）》（法发〔2017〕20号），明确要求法官审理案件应全面检索类案和关联案并制作检索报告。[1] 其中，第39条规定：承办法官在审理案件时，均应依托办案平台、档案系统、中国裁判文书网、法信、智审等，对本院已审结或正在审理的类案和关联案件进行全面检索，制作类案与关联案件检索报告；检索类案与关联案件有困难的，可交由审判管理办公室协同有关审判业务庭室、研究室及信息中心共同研究提出建议。第40条规定：经检索类案与关联案件，有下列情形的，承办法官应当按以下规定办理：①拟作出的裁判结果与本院同类生效案件裁判尺度一致的，在合议庭评议中作

---

① 谷昌豪、高新峰：《类案检索如何发挥作用》，载中国法院网2019年1月27日，https：//www.chinacourt.org/article/detail/2019/01/id/3707683.shtml。

出说明后即可制作、签署裁判文书。②在办理新类型案件中，拟作出的裁判结果将形成新的裁判尺度的，应当提交专业法言会议讨论，由院庭长决定或建议提交审判委员会讨论。③拟作出的裁判结果将改交本院同类生效案件裁判尺度的，应当报请庭长召集专业法官会议研究，就相关法律适用问题进行梳理后，呈报院长提交审判委员会讨论。④发现本院同类生效案件裁判尺度存在重大差异的，报请庭长研究后通报审判管理办公室，由审判管理办公室配合相关审判业务庭室对法律适用问题进行梳理后，呈报院长提交审判委员会讨论。

2017 年 8 月 7 日发布的《最高人民法院关于为改善营商环境提供司法保障的若干意见》（法发〔2017〕23 号）中有关信息化建设的内容为：充分运用信息化手段，促进社会信用体系建设的持续完善；探索社会信用体系建设与人民法院审判执行工作的深度融合路径，推动建立健全与市场主体信用信息相关的司法大数据的归集共享和使用机制，加大守信联合激励和失信联合惩戒工作力度。

2018 年 9 月 10 日，最高人民法院、公安部、司法部、中国保险监督管理委员会联合下发的《道路交通事故损害赔偿纠纷"网上数据一体化处理"工作规范（试行）》（法办〔2018〕163 号）共 45 条，内容主要包括道路交通纠纷网上一体化处理的总体指导原则、工作机制、职责分工、信息共享、业务流程、组织保障等。

2019 年 2 月 27 日，最高人民法院向社会公开发布了《最高人民法院关于深化人民法院司法体制综合配套改革的意见》（法发〔2019〕8 号），即《人民法院第五个五年改革纲要（2019—2023）》（简称"五五改革纲要"）。"五五改革纲要"提出要构建中国特色社会主义现代化智慧法院应用体系，不断破解改革难题、提升司法效能。一方面要依托北京、杭州、广州三个互联网法院，探索推进"网上纠纷网上审"的互联网诉讼新模式，另一方面要推动语音识别、图文识别、语义识别、智能辅助办案、区块链存证、常见纠纷网上数据一体化处理等科技创新手段深度应用，不断提升移动电子诉讼的覆盖范围、适用比例和应用水平，最终目标是探索构建适应互联网时代需求的新型管辖规则、诉讼规则，推动审判方式、诉讼制度与互联网技术深度融合。①

2018 年 7 月 17 日发布的《辽宁省人民法院信息化建设五年发展规划（2018—2022）》明确提出建成全面覆盖、移动互联、跨界融合、深度应用、透明便民、安全可控的"网络法院""阳光法院""智能法院"。

2019 年 5 月 28 日，吉林省高级人民法院审议通过《关于全面推进吉林法院诉讼服务中心现代化建设的意见》。② 该意见共六个部分 28 条，主要内容如下：①提出全面推进吉林法院诉讼服务中心现代化建设的总体要求。诉讼服务中心现代化建设确定四个目标，即全面发挥诉讼服务中心解纷职能、推进诉讼服务集约化、推进诉讼服务智能化、推进诉讼服务规范化。②全面推进一站式多元化纠纷解决平台建设。③整合服务功能，打造集约化诉讼服务中心。④加强信息技术融合应用，打造智能化诉讼服务中心。⑤加强机制建设，打造规范化诉讼服务中心。⑥加强组织保障，确保工作目标实现。

2019 年 7 月 2 日，内蒙古自治区高级人民法院编制完成《内蒙古自治区智慧法院顶层设计规划（2019—2023）》，并正式印发，要求全区法院贯彻落实。③ 该规划明确，要认真贯彻落实最高人民法院关于推进智慧法院建设的各项要求和最新指示精神，结合内蒙古实际，从全局把握业务变革规律和服务创新发展方向，掌握成熟技术应用和最新技术现状，在全区三级法院范围内按照"统一规划、统一标准、统一建设、统一运维、统一培训"的原则推进智慧法院建设，避免采用过时的技术路线和低效的建设模式，切实解决系统功能不符、性能低下、共享困难、重复建设等问题。

---

① 《最高人民法院发布"五五改革纲要"——确定 10 个方面 65 项改革举措》，载中国法院网 2019 年 2 月 27 日，https：//www. chinacourt. org/article/detail/2019/02/id/3739706. shtml。

② 王洁瑜：《吉林高院出台两规范性文件 加快跨域立案诉讼服务改革 全面推进诉讼服务中心现代化建设》，载中国法院网 2019 年 6 月 6 日，https：//www. chinacourt. org/index. php/article/detail/2019/06/id/4007794. shtml。

③ 车晓梅：《内蒙古出台智慧法院顶层设计规划——明确未来三年重点项目和未来五年发展目标》，载中国法院网 2019 年 7 月 3 日，https：//www. chinacourt. org/article/detail/2019/07/id/4148144. shtml。

（二）人民检察院人工智能制度建设

2003 年 3 月 11 日最高人民检察院检察长韩杼滨在第十届全国人民代表大会第一次会议上作最高人民检察院工作报告。报告明确提出改革检察业务工作机制。实施科技强检规划，加快信息化建设，开通了检察专线网，1000 多个检察院建成计算机局域网，推广举报电话自动受理系统、讯问监控系统和出庭公诉多媒体示证系统，提高了运用现代科技手段发现、揭露和证实犯罪的能力。

2016 年 6 月 1 日最高人民检察院发布的《"十三五"时期检察工作发展规划纲要》① 明确强调，要坚持科技引领、信息支撑，加快建立智慧检务五大体系，促进现代科技与检察工作深度融合，推进检察工作现代化。第一，要建立检察信息感知体系。进一步提升检察机关信息收集利用能力，整合各类信息资源，逐步实现检察机关与其他政法部门、行政管理部门信息资源交换共享。第二，要求构建高效网络传输体系。强化基础网络建设，优化网络结构，提升网络传输质量，在网络层面实现上下贯通和内外交换。第三，提出打造智能信息服务体系。参与国家"互联网＋"重大工程和大数据发展行动，重视云计算、大数据、移动互联网、物联网、人工智能、虚拟现实等新技术的应用，打造数据驱动的智慧检务。第四，强调建立智慧检务应用体系。建设检务辅助决策支持平台，提高宏观态势把握能力；强化司法办案智能服务，研发满足检察工作需求的侦查装备，探索推进移动侦查指挥和远程专家辅助办案应用。第五，提出优化科技强检管理体系。建立检察科技部门与业务部门协同机制，将检察技术工作全面纳入司法办案流程。

2017 年 3 月贵州省人民检察院出台《推进大数据应用的实施意见》，全面推进贵州检察大数据应用，并将 2017 年作为大数据应用推进年。该意见指出，推进贵州检察大数据应用是以全国检察机关统一业务应用系统为

---

① 《"十三五"时期检察工作发展规划纲要发布》，载最高人民检察院官网 2016 年 6 月 1 日，http：//www. spp. gov. cn/xwfbh/wsfbh/201609/t20160901_165379. shtml#1。

基础，依托电子检务工程六大平台，运用云计算技术对检察工作中产生的大量数据进行采集、加工、存储和分析，建立各项业务职能基础数据库，并在此基础上研发大数据应用服务，为检察工作提供大数据的智能化服务。

2017年6月12日，最高人民检察院印发的《检察大数据行动指南（2017—2020年）》提出，全国检察机关将依托大数据及智能语音等前沿科技，统筹利用以司法办案数据为核心的检察数据资源，建立检察大数据总体架构，营造大数据应用良好生态，打造"智慧检务"。并且，还提出了2017年至2020年"一中心四体系"的建设任务，即国家检察大数据中心，检察大数据标准体系、应用体系、管理体系和科技支撑体系；国家检察大数据中心包括检察大数据共享交换平台、检务大数据资源库、大数据软硬件基础资源、智能语音大数据平台资源等。①

2017年11月1日在第十二届全国人民代表大会常务委员会第三十次会议上，最高人民检察院检察长曹建明作《最高人民检察院关于人民检察院全面深化司法改革情况的报告》指出，最高人民检察院先后颁布实施全国检察信息化发展规划纲要、科技强检规划纲要等指导性文件，推动检察工作与现代科技融合发展。一是深入推进电子检务工程建设；二是全面推进网上办案，部署融办案、管理、监督、统计、查询、评查等功能于一体的统一业务应用系统；三是推动大数据和人工智能在检察工作中的深度应用。

2018年1月3日，为深入贯彻中央部署要求，最高人民检察院在充分调研论证基础上，明确提出智慧检务建设重大战略，正式印发《最高人民检察院关于深化智慧检务建设的意见》，勾勒了未来智慧检务建设的宏伟蓝图。② 第一，深化智慧检务的建设目标是加强智慧检务理论体系、规划体系、应用体系"三大体系"建设，形成"全业务智慧办案、全要素智慧

---

① 《最高检印发〈检察大数据行动指南（2017—2020年）〉全国检察机关将统筹推进大数据应用》，载最高人民检察院官网2017年6月12日，https：//www.spp.gov.cn/spp/xwfbh/wsfbt/201706/t20170612_192863.shtml#1。

② 《最高检印发意见深化智慧检务建设》，载最高人民检察院官网2018年1月3日，https：//www.spp.gov.cn/xwfbh/wsfbh/201801/t20180103_208087.shtml。

管理、全方位智慧服务、全领域智慧支撑"的智慧检务总体架构。到2020年年底，充分运用新一代信息技术，推进检察工作由信息化向智能化跃升，研发智慧检务的重点应用；到2025年年底，全面实现智慧检务的发展目标，以机器换人力，以智能增效能，打造新型检察工作方式和管理方式。第二，要积极构建人民检察院信息化4.0版的智慧检务"四梁八柱"应用生态，全面实现检察工作数字化、网络化、应用化、智能化。要升级完善以统一业务应用系统为基础的司法办案平台，强化办案全过程的智能辅助应用；要探索建立智能检察管理模式，统筹优化检察机关"人、事、财、物、策"各项管理要素，全面提升检察机关现代化管理水平；要探索建立智能检察服务模式，拓宽公开渠道，优化检察公共关系，全面提升检察为民服务质效；要探索建立智能检察支撑模式，以智慧检务工程为载体，以检察机关大数据中心建设和人工智能试点创新为抓手，加强检察科技创新，为检察工作的长远发展提供有力的科技支撑。

2018年5月31日江苏省人民检察院出台《江苏省人民检察院关于推进公益诉讼工作的指导意见》，对检察公益诉讼工作作出制度安排。该指导意见分为三章共16条：第一章为总体思路和工作要求，共2条；第二章为解决问题的工作措施，共8条；第三章为组织保障，共6条。为解决线索发现难的问题，《江苏省人民检察院关于推进公益诉讼工作的指导意见》明确要求建设公益诉讼信息管理平台，综合运用大数据、互联网、人工智能等提高线索的发现能力。[①]

2018年7月最高人民检察院制定印发《全国检察机关智慧检务行动指南（2018—2020年）》，进一步完善智慧检务建设顶层设计工作，指明检察信息化工作发展方向。[②]该行动指南从三个方面提出了全国检察机关智慧检务建设的主要任务和具体举措。一是全面构建以办案为中心的智慧检务应用层生态。推进智能辅助办案系统建设，推进跨部门数据共享和业务协

---

① 宋世明：《江苏检察指导意见破解公益诉讼难题》，载徐州市人民检察院官网2018年6月14日，http://xz.jsjc.gov.cn/zt/tszs/201806/t20180614_470574.shtml。

② 《最高检印发〈全国检察机关智慧检务行动指南（2018—2020年）〉2020年底全面构建新时代智慧检务生态》，载最高人民检察院官网2018年7月20日，https://www.spp.gov.cn/spp/xwfbh/wsfbt/201807/t20180720_385543.shtml。

同，升级优化统一业务应用系统，构建便民智慧服务平台，优化高效智慧管理平台。二是全面构建以安全可靠为基础的智慧检务支撑层生态。大力推进检察工作网建设，全面加强音视频技术应用，加强信息网络安全体系建设，大力开展标准体系建设，完善国家检察大数据中心基础设施。三是全面构建以开放共享为导向的智慧检务数据层生态。加快建立数据资源体系，切实加强数据资源管理，科学开展大数据分析应用。

（三）公安机关人工智能制度建设

2018年4月3日，工业和信息化部、公安部、交通运输部发布的《智能网联汽车道路测试管理规范（试行）》（工信部联装〔2018〕66号），包括总则，测试主体、测试驾驶人及测试车辆，测试申请及审核，测试管理，交通违法和事故处理，附则等6个章节，共29项条款。

2019年11月28日中央网信办、工信部、公安部、市场监管总局四部门联合发布《App违法违规收集使用个人信息行为认定方法》（国信办秘字〔2019〕191号），对于违规收集使用个人信息行为的认定标准作了规定，包括：①未公开收集使用规则；②未明示收集使用个人信息的目的、方式和范围；③未经用户同意收集使用个人信息；④违反必要原则，收集与其提供的服务无关的个人信息；⑤未经同意向他人提供个人信息；⑥未按法律规定提供删除或更正个人信息功能或未公布投诉、举报方式等信息。

2017年6月23日，广东省公安厅发布《关于加强无人机等"低慢小"航空器安全管理的通告》（粤公通字〔2017〕118号），对于"低慢小"航空器的概念、活动范围、法律责任等内容进行了规定。

（四）人工智能司法平台建设及应用

1. 山东省淄博市淄川区人民法院"电脑量刑系统"

据2006年8月2日《法制日报》报道，山东省淄博市淄川区人民法院针对长期以来在刑事审判中，不同的法院、不同的法官，在判决结果上同案不同刑,量刑畸轻畸重、罚不当罪的现象,研制了一套"电脑量刑"法律软件。该软件采用科学程序,对刑法涉及的有关罪名进行了分类排列,一分钟就可以算出刑期,且量刑结果不会发生同案不同刑的差异。[①]法官量刑时只要在电脑量刑软件中输入具体的量刑情节,就会自动生成相应的量刑结果,通过这种程式化的量刑模式规范法官的自由裁量权。[②]

2. 中国裁判文书网

2013年7月1日,中国裁判文书网正式开通。中国裁判文书网是依托最高人民法院政务网站建立的二级网站,栏目包括刑事案件、民事案件、行政案件、赔偿案件、执行案件和知识产权,具备一定的分类和检索功能,另外还有专门用于收集社会各界意见的邮箱。[③] 2015年12月15日,最高人民法院英文网站暨新版中国裁判文书网开通。中国裁判文书网是法治中国建设的一项重大工程,在树立司法权威、规范审判工作、加强法治宣传、建设国家诚信体系等方面发挥了重要作用。在各级人民法院的共同努力下,中国裁判文书网目前已经建设成为全球最大的裁判文书网。[④]

3. 最高人民法院司法案例研究院官网——中国司法案例网

2016年9月30日,中国司法案例网正式开通。中国司法案例网是最高人民法院司法案例研究院充分运用"互联网+司法案例"的模式探索,开展司法案例收集、生成、研究、成果转化和交流活动,建设司法案例库,集案例研究、成果展示、信息发布、多媒体应用于一体的司法案例研

---

① 胡兰、滑力加:《电脑量刑利于提高司法公信力》,载中国法院网2006年8月11日,https://www.chinacourt.org/article/detail/2006/08/id/214519.shtml。

② 赵维钰:《浅析量刑规范化的发展与完善》,载中国法院网2011年11月21日,https://www.chinacourt.org/article/detail/2011/12/id/105.shtml。

③ 张先明:《司法公开迈出关键一步——最高法院裁判生效裁判文书原则上全部网上公开——文书首次集中上网》,载中国法院网2013年7月3日,https://www.chinacourt.org/article/detail/2013/07/id/1020565.shtml。

④ 《周强在最高人民法院英文网站暨新版中国裁判文书网开通时强调建设一流网站 深化司法公开 促进便民利民》,载中国法院网2015年12月15日,https://www.chinacourt.org/article/detail/2015/12/id/1768691.shtml。

究信息化平台。中国司法案例网有两大核心功能：一是推荐案例、评选案例功能；二是研究成果展示和热点案例追踪功能，集中展示司法案例研究学术热点，鼓励法官们及时关注热点案例。另外，中国司法案例网还设置了研究院概况、司法案例研究动态、众筹申请等栏目。①

中国司法案例网于 2017 年 5 月 15 日升级改版，新增三大亮点功能。其一，"大数据助您推选案例"，利用大数据技术和人工智能等手段，增加挖掘热点文书、优秀案例的功能，依托网站内容运营网络深入分析案件内容，快速且持续生成热点司法案例，丰富网站案例信息，提升推荐案例环节的有效性。其二，"标准化规则让您轻松编写"，逐步完善中国司法案例网案例编辑体例，采取智能编辑手段划分结构化模块，使大众在推选所关注案例时目标清晰、突出重点，从而更好地保障案例推选的质量。同时，利用双屏展示方便用户编写，使案例能高效快速形成。另外，为满足互联网时代下的手机阅读习惯，网站以便于用户检索、阅读、研究的方式设置案例、文章等内容。其三，"个性化定位帮您筛选信息"，通过分析与追踪用户行为，构建用户"画像"，为法律职业共同体提供个性化的智能推荐，不同职业、身份的用户登录网站所展现的内容因其自身特点而不同，从而更加智能地为用户个体选定有效案例与信息。②

4. 北京市高级人民法院"睿法官"系统

2016 年 12 月 14 日，北京市高级人民法院展示了北京法院利用信息化技术服务诉讼群众的最新成果，并现场上线北京法院智能研判系统——"睿法官"。"睿法官"系统依托北京法院智汇云，立足于法官办案的核心需求，运用大数据、云计算、人工智能等新兴技术，通过智能机器学习、多维度数据支持、全流程数据服务，实现为案情"画像"，为法官判案提

---

① 罗书臻：《众筹司法智慧 服务审判实践——众筹司法智慧 中国司法案例网内网开通上线》，载中国法院网 2016 年 11 月 14 日，https：//www.chinacourt.org/article/detail/2016/11/id/2349250.shtml。

② 赵文轩：《中国司法案例网改版上线 互联网＋司法案例研究开新篇》，载中国法院网 2017 年 5 月 15 日，https：//www.chinacourt.org/article/detail/2017/05/id/2860495.shtml。

供统一、全面的审理支持。[1]

5. 贵州省贵阳市"贵阳政法大数据办案系统"

2017 年 1 月，贵阳市政法委员会以花溪区、经开区为试点，开发了"贵阳政法大数据办案系统"。2017 年 3 月 1 日起"贵阳政法大数据办案系统"在花溪区、经开区试运行。"贵阳政法大数据办案系统"分为公安业务、检察院业务、法院业务三个模块，每个模块都设定了完整的责任流转条件。如果某一案件没有完成前一环节应该具备的条件，则该案件无法流转到下一个环节，平台也会自动推送给具体办案人员，限期补充完善通过上述流程的设定。[2]"贵阳政法大数据办案系统"倒逼公安机关在证据规格和标准上把"破案"与"庭审"的要求结合起来，依法规范地收集、固定、保存、移送证据；检察机关有效发挥对案件侦查的引导，从应对法庭调查、质证和辩护人挑战的角度有针对性地引导侦查人员收集、固定和提取证据；法院充分发挥审判对侦查、起诉环节的制约和引导作用，防止事实不清、证据不足的案件进入审判程序，最大限度减少错捕错诉和错判案件的发生。[3]"贵阳政法大数据办案系统"在全国率先尝试研发公检法三家办案的证据标准指引，将盗窃、抢劫、杀人、故意伤害、毒品等"五类案件"的办案证据指引转化为证据数学模型，对因证据瑕疵造成的不捕、不诉、退侦、发回重审等案例进行分析，制定统一适用的批准逮捕和移送审查起诉证据指引。[4]

---

① 赵岩：《体验智慧法院 感受诉讼便捷——最高法院"智慧法院"开放日活动走进北京高院》，载北京法院网 2016 年 12 月 14 日，http：//bjgy. chinacourt. gov. cn/article/detail/2016/12/id/2392651. shtml。

② 李阳：《刑事诉讼改革难题怎么破？仅有制度还不够——大数据唱响司法改革创新时代强音》，载中国法院网 2017 年 7 月 11 日，https：//www. chinacourt. org/article/detail/2017/07/id/2918554. shtml。

③ 周娴、冷桂玉：《以审判为中心 大数据助贵州公检法"一把尺子"办案》，载中国新闻网 2017 年 7 月 5 日，http：//www. gz. chinanews. com/content/2017/07 - 05/74526. shtml。

④ 杨唯：《贵阳政法大数据办案系统：证据指引增效率 自动监督保公正》，载贵阳长安网 2017 年 9 月 14 日，http：//www. gzpeace. org. cn/info/1521/23975. htm。

6. 海南省高级人民法院"量刑规范化智能辅助办案系统"

2017年4月，海南省高级人民法院积极引入大数据和人工智能技术，自主研发出覆盖量刑规范化改革的全方位"量刑规范化智能辅助办案系统"上线运行，它不仅能辅助法官办案，还可以破解量刑公正难题。针对同类型的案件，法官只需打开量刑规范化智能辅助办案系统，输入案件关联文书后，系统会在推送相似案例的基础上自动进行比对和运算，并对量刑给出分析和数据参照。① 该系统涵盖23个常见罪名和2个刑种适用，具有智能识别提取犯罪事实和量刑情节，自动推送关联法条和类案，自动依据历史量刑数据推荐量刑，自动生成程序性法律文书和框架性裁判文书，以及多维数据统计等功能。系统还能通过深度学习，不断提高提取案件事实情节、推荐法条及类案的准确性，提高裁判文书生成的质量。②

7. 上海市高级人民法院"上海刑事案件智能辅助办案系统"

2017年5月3日，上海市高级人民法院研发的"上海刑事案件智能辅助办案系统"，又名"206系统"，正式试运行，6家法院、6家检察院、13家公安机关试点单位上线。"206系统"是第一次将法定的统一证据标准嵌入公检法三机关的数据化刑事办案系统中，并且连通了公检法三机关的办案平台。"206系统"主要由上海刑事案件大数据资源库、上海刑事案件智能辅助办案应用软件、上海刑事案件智能辅助办案系统网络平台三部分组成。③ 目前，"206系统"有26项功能，88项子功能，其中系统的证据标准、证据规则指引功能，为办案人员提供了"看得见、摸得着、可操

---

① 《海南法院自主探索打造"十个一键功能"智慧审判系统、量刑规范化辅助系统、电子卷宗系统 建设智慧法院创"海南模式"》，载天涯法律网（海南省高级人民法院官网）2018年9月11日，http://www.hicourt.gov.cn/preview/article? articleId = 59be284d – 98db – 4f74 – a138 – 061dd214f520&colArticleId = c3c2249e – 6e90 – 45ab – ab2e – 18d41351df0d。

② 方茜：《海南法院大数据人工智能助力司法改革——量刑规范化智能辅助办案系统效果明显》，载中国法院网2017年7月27日，https://www.chinacourt.org/article/detail/2017/07/id/2936709.shtml。

③ 严剑漪：《揭秘"206"：法院未来的人工智能图景——上海刑事案件智能辅助办案系统154天研发实录》，载中国法院网2017年7月10日，https://www.chinacourt.org/article/detail/2017/07/id/2916860.shtml。

作"的标准化、数据化指引，减少了司法任意性，解决了公检法三机关证据标准适用不统一、办案行为不规范等问题。①

8. 云南省高级人民法院"毒品案件大数据分析平台"及"云南政法大数据办案平台"

云南省高级人民法院"毒品案件大数据分析平台"以云南省公开裁判文书和省内各地汇集的大数据资源为基础，利用毒品犯罪数据挖掘、建模分析等信息化辅助技术，从多层次的毒品案件发生趋势、涉案群体特征和案件审判规律三个方面截取司法数据，实时监测各个时间节点的动态变化，提前做好风险预警和诉前处理，形成多维度的毒品犯罪专题分析报告，为智慧办案应用建设提供数据参考依据。云南省高级人民法院"云南政法大数据办案平台"，则是通过电子卷宗一家扫描、多家利用，案件信息一家录入、多家共享，业务协同一家发起、多家互通，不但解决了政法部门之间办案数据和卷宗信息重复录入的问题，还解决了政法部门之间数据不准确的问题，提升了工作效率，节约了办案成本。②

9. 北京市第四中级人民法院"掌上智慧法院平台"

2018年1月10日上午，北京市第四中级人民法院掌上智慧法院平台上线运行，属北京法院的首个尝试。该平台综合运用人工智能、微信多路实时视频通话、人脸语音识别等多项领先技术，实现了网上调解、在线立案、案件缴费、微信庭审、举证质证、电子送达、卷宗借阅等在线诉讼服务和远程审判全流程办案，40余项功能最大限度降低了跨区域案件诉讼成本。③

---

① 严剑漪、梁宗：《上海刑事案件智能辅助办案系统首次用于庭审》，载中国法院网2019年1月24日，https://www.chinacourt.org/article/detail/2019/01/id/3713361.shtml。

② 茶莹、杨帆：《用好"云"数据 实现"云"共享——云南加快智慧法院建设"升级换代"》，载中国法院网2019年5月13日，https://www.chinacourt.org/article/detail/2019/05/id/3886442.shtml。

③ 付金、何永君：《四中院掌上智慧法院平台上线运行——四中院微信公众号又添新功能》，载北京法院网2018年1月11日，http://bjgy.chinacourt.gov.cn/article/detail/2018/01/id/3195657.shtml。

10. 北京互联网法院"AI 虚拟法官""移动微法院"和"微淘账号"

北京互联网法院"AI 虚拟法官"借助了搜狗公司的语音智能合成和形象智能合成两项国内顶尖的技术，其中语音合成引擎负责将输入的文本转化为对应的语音，形象合成引擎负责实现 AI 分身带有动作、情感地讲述输入的文本。北京互联网法院对当事人在立案、应诉、调解、法律咨询、技术操作中的常见类型问题进行整理，归纳出 120 个、近 2 万字的常见问题，采用智能识别技术对当事人提问进行关键词读取定位，进行有针对性的解答，为当事人提供一种浸入式诉讼指引。现在从北京互联网法院电子诉讼平台进入智能导诉板块，就可以接受"AI 虚拟法官"的智能导诉服务。同时，微信小程序中也有这个板块。①

北京互联网法院"移动微法院"提供一站式自助诉讼，实现了"随时随地随享"的诉讼体验。诉讼当事人只要关注"北京互联网法院诉讼服务"微信公众号，就可以点开"移动微法院"小程序。"移动微法院"为当事人提供"智能查询、掌上立案、在线调解、视频庭审、链上存证"五位一体的"解纷套餐"，就算空间跨越度极大的案件，也可以在"指尖"实现顺利化解。②

2019 年年初，北京互联网法院在淘宝上开设了实名认证店铺，并注册了微淘达人账号，用于发布信息、运营粉丝，用"淘宝旺旺"聊天工具与在线商家进行互动，进行送达、询问等一系列诉讼活动，给当事人带来巨大便利。打开手机淘宝，在首页下方就可以找到"微淘"的页面入口。③设立"微淘账号"，能够实现诉讼服务的精准投放，使服务、宣传等效能出现强大的增益效应。微淘账号现在的五大模块包括智慧诉服、互动问

---

① 杨少伟：《全球首位 AI 虚拟法官登场！》，载中国长安网 2019 年 6 月 27 日，http：//www. chinapeace. gov. cn/chinapeace/c54220/2019－06/27/content_12273408. shtml。

② 孙欣：《北京互联网法院在线智慧诉讼服务中心实现全流程在线诉讼》，载中国法院网 2019 年 6 月 27 日，https：//www. chinacourt. org/article/detail/2019/06/id/4112428. shtml。

③ 徐慧瑶：《北京互联网法院推出全国首位 AI 虚拟法官——可在手机端 24 小时全程指导当事人打官司》，载《北京晚报》2019 年 06 月 27 日 07 版，http：//bjwb. bjd. com. cn/html/2019－06/27/content_11892130. htm。

答、E 案推送、旺旺送达、北互风采。①

11. 杭州互联网法院上线"智能证据分析系统"

2019 年 12 月 12 日，杭州互联网法院上线"智能证据分析系统"，综合运用区块链、人工智能、大数据、云计算等前沿技术，将大量机械、重复的工作交给系统完成，法官们一键点击就能获得证据分析结果，为办案提供参考。

（1）"智能证据分析系统"制作证据目录。当事人提交证据后，系统对所有证据材料进行分析比对，并根据审判习惯生成证据列表及对应的证明对象，自动排序、自动归类，直观呈现各类证据，方便法官审理。假如当事人提交的必要证据有所缺失，或者上传的电子证据和填写的证明对象完全不相干或上传错误，系统还会自动提示。

（2）文字作品比对。"智能证据分析系统"可以对原告文章和被告涉嫌侵权文章进行智能比对，两篇文章的重复字符数、重复段落数、重复百分比等信息一目了然，同时给出"疑似侵权"与否的判断。

（3）图片比对。上传原图和疑似侵权图片后，系统自动识别图片作者、拍摄时间、修改时间、地点、相机型号、像素、分辨率等参数，并进行全面比对，综合色彩相似度、构图相似度、元素相似度、主体相似度等多个维度评估作品是否疑似侵权。

（4）视频分析。"智能证据分析系统"可直接识别案件视频帧宽度、帧高度、数据速率、比特率、帧速率、画面色彩构图等参数进行比对，相同/相似的视频片段将以截图的形式单独展现，并标注时间轴，综合评估作品是否疑似侵权。

（5）金融借款核算。"智能证据分析系统"根据案件交易明细以及金融产品合同规定，可一键智能计算金融案件中的本金、利息、违约金及其他费用金额，核算精准，计算过程有迹可循。同时，系统还会提示是否超过法定允许利息范围，为法官审案提供强有力的判定依据。

---

① 杨少伟：《全球首位 AI 虚拟法官登场！》，载中国长安网 2019 年 6 月 27 日，http：//www. chinapeace. gov. cn/chinapeace/c54220/2019 – 06/27/content_12273408. shtml。

12. 杭州互联网法院"智能立案系统"

"智能立案系统"是杭州互联网法院诉讼平台上的功能之一，实现了立案全程自动化、诉状填写结构化、审查标准智慧化。在当事人提交的诉讼请求符合立案标准的条件下，"智能立案系统"自动识别并完成立案审查程序，作出立案与否的决定。对于完全符合立案审查标准的起诉，系统自动审查后立案，显示立案原因；对于无法作出准确判断的起诉，系统自动标注无法判断的问题，并推送给立案法官，帮助立案法官快速定位。立案法官审核后，对符合立案条件的，进行一键立案；对不符合立案条件的，选择补正材料内容，退回立案申请。"智能立案系统"可以通过对诉讼平台诉状填写页面的结构化学习，对当事人的不同选择和授权提供的案件信息进行智能比对，自动审查诉讼主体身份是否适格，判断是否存在法律关系等结构化要点。基于对立案法官经验总结的学习，"智能立案系统"能够智能识别诉状内容与审核要点的要求是否一致，进而明确案件是否属于杭州互联网法院的管辖范围、诉讼请求是否明确、事实和理由是否具体等。[①]

13. 广州互联网法院"线上证据交换平台"

广州互联网法院的"线上证据交换平台"可为当事人提供专属线上空间，方便快捷自助举证，免去各方往返法院的不便。当事人可在规定举证期限内自由提交证据并随时发表意见，便于提前了解证据，打破信息不对称壁垒，提速矛盾化解进程。案件进入举证期后，该平台自动发送通知短信，提醒各方及时举证。当事人凭身份信息进入"线上证据交换平台"后点击举证模块，即可自助上传证据材料，进行在线举证。该平台提供可靠安全的证据上传和存储服务。在证据上传的过程中，同步对包括图片在内的常见证据附件进行无损转换和压缩，提高上传、存储、加载效率，减少等待时间，优化当事人线上举证体验。该平台还可以自助向当事人在淘宝

---

① 《用智能成就智慧——杭州互联网法院"智能立案"系统上线啦!》，载微信公众号"杭州互联网法院"，2017 年 12 月 25 日。

等电商平台上预留的有效手机号码、电子邮箱发送电子诉讼材料，实现即立、即送、即达。[①]

14. 广州互联网法院"类案智能推送系统"与"类案批量智审系统"

为充分有效利用电子数据，广州互联网法院综合法院信息化水平和司法审判规律，推动电子数据在审理案件中的深度应用，研发了在线纠纷"类案批量智审系统"，在办理案件中，根据办案实际需要，借助区块链技术在"网通法链"智慧信用生态系统的成熟应用，一键调取存证平台证据，充分发挥区块链技术在纠纷全程在线解决中的重要作用，让电子数据"张口说话"。在线纠纷"类案批量智审系统"通过链接在线纠纷多元化解平台、"网通法链"智慧信用生态系统等司法平台，自动完成批量智能多元化解、证据自动存储和提取、案件自动流转等环节，有效减少纠纷进入诉讼环节，确保进入诉讼程序的同类案件实现批量智能审理。[②]

在线纠纷"类案批量智审系统"是全国首个针对互联网金融纠纷的全流程在线批量审理系统。当事人可通过该系统，在线批量提交证据、发起立案申请。法官可批量立案审查、批量排期、批量在线庭审、批量生成裁判文书、批量送达。送达全程区块链留痕，可实时追踪送达时间、地点、签收人等关键节点信息。同时，对于代表性强、具有示范意义的典型案件，法官可以通过发送邀请码等形式，实现同类型案件当事人在线旁听，推动类型化案件达成和解、调解协议或自动履行。[③]

15. 广州互联网法院"E链智执"平台

"E链智执"是广州互联网法院为贴合各类涉网纠纷执行工作场景，

---

① 《在线送达、自助举证！广互"线上证据交换平台"带来技术破壁新体验》，载微信公众号"广州互联网法院"，2018 年 11 月 26 日。

② 《批量案件批量审！广互研发粤港澳大湾区首个在线纠纷"类案批量智审系统"》，载微信公众号"广州互联网法院"，2019 年 7 月 18 日。

③ 《数字金融纠纷解决不再"挠晒头"？广互这场揭牌上线仪式超有料！》，载微信公众号"广州互联网法院"，2019 年 8 月 10 日。

创新线上执行工作措施，研发上线的网络执行一体化工作平台。平台可实现一键申请执行，法院在线发出执行通知书、报告财产令，在线完成查封、扣押、冻结，申请执行人可在线提交付款申请、结案笔录等。[①]

其可以帮助法官实现三方连线在线调解、随时@当事人、E链送达等；帮助申请人实现身份认证、智能关联生效文书、立案申请、提交材料、在线电子签名、执行异议申请、联系法官等；帮助被执行人进行身份认证、在线申报财产、在线履行义务、联系法官等；还可以实现"多链修复"与"多链智执"。其链接了三大电信运营商、各大互联网企业、电子商务平台，因此可以找到当事人的常用电话、绑定地址活跃邮箱，实现当事人的关联修复，还可以搭建向互联网企业、平台发送请求、接收反馈数据的模块。[②]

16. 江苏省检察院"案管机器人"上线运行

"案管机器人"，全称为江苏检察机关办案智能辅助系统，是检察机关案件办理、对外监督、内部管理的全覆盖、全流程、全留痕和数字化、规范化、智能化软件平台。已上线的"案管机器人"细分为大数据应用平台、侦监公诉、执检办案智能辅助、绩效考核和实物机器人等多个系统，已涵盖侦监、公诉、执检、案管等业务部门案件办理、对外监督和内部管理，贯穿公检法司整个司法办案活动。[③]

17. 贵州省检察院大数据应用中心

2016年9月，贵州省检察院大数据应用中心建成投入使用。2017年，贵州省检察院出台《推进大数据应用的实施意见》，并将2017年定为大数据应用推进年。

---

① 《一周年特辑|他来了他来了，广互带着他的司法科技体系来了（下）》，载微信公众号"广州互联网法院"，2019年9月17日。
② 《上线22分钟，兑现全部债权，广互"E链智执"初显身手!!》，载微信公众号"广州互联网法院"，2019年7月5日。
③ 卢志坚、朱晓颖：《江苏检察机关"案管机器人"正式上线》，载中国新闻网2017年8月2日，http：//www.chinanews.com/gn/2017/08－02/8293517.shtml。

贵州省检察机关正在全力打造检察大数据三个应用系统。一是创建大数据司法办案辅助系统，实现司法办案智能化；二是创设案件智能研判系统，为个案、类案研判提供精准数据分析；三是创立大数据分析服务系统，为科学管理决策提供"智库意见"。此外，贵州省检察机关还统一数据标准，已经建立检察机关信息资源目录和政法机关统一数据交换标准，初步形成电子卷宗库、起诉书库、犯罪嫌疑人基本信息库等各类主题数据库，完成检察数据资产 148 个、公检互联数据资产 56 个、检法互联数据资产 12 个、检司互联数据资产 25 个，逐步建成检察机关大数据资源池。[①]

18. 北京市检察院"检立方 C−139"大数据辅助决策平台

2014 年北京市检察院依托全国检察机关统一业务应用系统，利用大数据思维和技术，对历年来积累的办案数据进行了整合、挖掘和利用，建立了"检立方 C−139"大数据辅助决策平台，将大数据和检察工作紧密结合。"检立方 C−139"的核心理念为"一核、三轴、四维、多面"。"一核"是指以检察数据为核心，"三轴"是指以规范、监督、公开为三条主轴，"四维"是指绩效、案件、时间、人员四个维度，"多面"包括统计分析、预警研判、管理支撑等多项基本功能，形成检察业务的多维度管理体系。

2017 年 4 月，北京市检察院在"检立方 C−139"大数据辅助决策平台基础上，进一步转型升级打造了检察管理监督平台系统 1.0 版，已正式上线运行的这一平台将建设成为检察管理监督体系的主阵地和中枢，实现全程网上留痕、动态管控，全院、全员、全过程管理监督。全流程监管将与司法改革后检察官权责清单紧密对接，动态监督每一个办案主体司法办案全过程。[②]

---

① 郑赫南、史兆琨：《检察机关大数据建设应用典型案例》，载法制网 2017 年 6 月 13 日，http：//newspaper. jcrb. com/2017/20170613/20170613_002/20170613_002_2. htm。

② 郑赫南、史兆琨：《检察机关大数据建设应用典型案例》，载法制网 2017 年 6 月 13 日，http：//newspaper. jcrb. com/2017/20170613/20170613_002/20170613_002_2. htm。

19. 浙江省检察院大数据云平台

2016 年 3 月，浙江省检察机关与阿里云签署协议，围绕浙江检务云计算平台建设和数据上云、应用上云加强合作，依托电子检务工程，同步建设"浙检云图""浙检云视""浙检云政""浙检云侦"平台。

"浙检云图"大数据可视化应用平台分为总屏和分屏两部分，总屏展示 6 大业务条线共 27 个核心指标项。各业务分屏展示侦监指标 19 项、公诉指标 22 项、未检指标 19 项、执检指标 22 项、控申指标 14 项等。在全省地图区域展现数据地区分布情况和实时办案数据信息，将分析后的数据以动态、直观的多维报表、图形形式展现，为领导决策提供数据依据。可以实现数据分析结果的随需查询、随需分析、随需展现和随需发布，通过业务全貌、重点评查、辅助决策和智能预判等可视化功能，提升数据价值和决策分析水平。[①]

20. 浙江省高级人民法院"e 键智能送达"

2018 年 6 月，浙江省高级人民法院将台州试行的电子送达模块嵌入办案平台，在全省部署运行。2019 年 5 月，浙江省高级人民法院审管处与嘉兴市中级人民法院在台州智能送达 1.0、湖州智能送达 2.0 的基础上，联合开发智能送达 3.0，并在桐乡法院率先试点。2019 年 8 月，嘉兴全市法院上线智能送达 3.0。随着试点扩大、功能改进、规定出台，全新的"e键智能送达"在全省铺开。案件立案后，承办人向平台一键发起送达，平台自动生成程序性法律文书，并在送达地址数据库内搜索到记者最常用的手机号，同时发送地址确认信息、规范告知权利义务。送达短信通常还会包含电子诉讼文书一键下载。[②]

---

① 郑赫南、史兆琨：《检察机关大数据建设应用典型案例》，载法制网 2017 年 6 月 13 日，http：//newspaper.jcrb.com/2017/20170613/20170613_002/20170613_002_2.htm。

② 高敏、高嫒萱、沈羽石、胡芦丹、胡萱：《"e 键智能送达"全省上线，有效破解"送达难"》，载浙江法院网 2020 年 1 月 9 日，http：//www.zjcourt.cn/art/2020/1/9/art_56_19642.html。

21. 湖南省长沙市芙蓉区人民法院启用"电子封条"

2020 年 1 月 8 日上午，湖南省长沙市芙蓉区人民法院依法强制执行申请执行人中国建设银行湖南省分行与被执行人曹某某金融借款合同纠纷一案，法院干警上门对该房屋采取强制腾空行动，并对该房屋予以换锁，在门上安装了一架"电子封条"，对该房屋予以查封。这架"电子封条"全称叫作"智能电子封条监控系统"。传统查封的通常做法是张贴纸质封条。两种封条相比较而言，"电子封条"的优势明显。一是特别醒目，"电子封条"呈长方形，覆盖面积近 2 平方米，上面的"封""法院查封""严禁破坏"字样字体超大，警示作用震撼；二是有警报功能，任何人走近或触碰，"电子封条"都会自动摄影摄像，将信号传送到执行法官的手机终端，执行法官第一时间知悉查封有被破坏的可能，从而能够及时应对，更加精准有效地打击失信和违法行为。①

（五）人工智能典型司法案例

1. 深圳市腾讯计算机系统有限公司与上海盈讯科技有限公司侵害著作权及不正当竞争纠纷案②

【裁判要旨】

判断涉案文章是否具有独创性应当从是否独立创作及外在表现上是否与已有作品存在一定程度的差异，或是否具备最低程度的创造性进行分析判断。涉案文章由原告主创团队人员运用 Dreamwriter 软件生成，其外在表现符合文字作品的形式要求，其表现的内容体现出对当日上午相关股市信息、数据的选择、分析、判断，文章结构合理、表达逻辑清晰，具有一定的独创性。

---

① 钟建林：《芙蓉：神器来了！芙蓉区法院首启"电子封条"助攻执行》，载湖南法院网 2020 年 1 月 9 日，http：//hunanfy.chinacourt.gov.cn/article/detail/2020/01/id/4767130.shtml。

② 《深圳市南山区人民法院民事判决书》（2019）粤 0305 民初 14010 号，裁判日期：2019 年 12 月 24 日，审判长：黄娟敏，审判员：喻滉、周灵均，书记员：陈文珠。

本案中原告主创团队在数据输入、触发条件设定、模板和语料风格取舍上的安排与选择属于与涉案文章的特定表现形式之间具有直接联系的智力活动。从整个生成过程来看，如果仅将 Dreamwriter 软件自动生成涉案文章的这两分钟时间视为创作过程，确实没有人的参与，仅仅是计算机软件运行既定的规则、算法和模板的结果，但 Dreamwriter 软件的自动运行并非无缘无故或具有自我意识，其自动运行的方式体现了原告的选择，也是由 Dreamwriter 软件这一技术本身的特性所决定的。如果仅将 Dreamwriter 软件自动运行的过程视为创作过程，这在某种意义上是将计算机软件视为创作的主体，这与客观情况不符，也有失公允。

涉案文章是在原告的主持下，由包含编辑团队、产品团队、技术开发团队在内的主创团队运用 Dreamwriter 软件完成的，并未提及涉案文章还有其他参与创作的主体。涉案文章是由原告主持的多团队、多人分工形成的整体智力创作完成的作品，整体体现原告对于发布股评综述类文章的需求和意图。涉案文章在由原告运营的腾讯网证券频道上发布，文章末尾注明"本文由腾讯机器人 Dreamwriter 自动撰写"，其中的"腾讯"署名的指向结合其发布平台应理解为原告，说明涉案文章由原告对外承担责任。故在无相反证据的情况下，本院认定涉案文章是原告主持创作的法人作品。

2. 中国建设银行股份有限公司杭州分行与杭州浩石装饰设计有限公司金融借款合同纠纷案①

【裁判要旨】

电子证据平台是人民法院专门设立用于审查判断电子证据生成、收集、存储、传输过程的真实性认定平台。在证据和审判之间建立一个数据连接通道，通过数据生成实时同步固化和加密电子数据的方式，确保证据的安全、真实及完整性。本案中，原被告借款行为发生时，已采用电子数据生长保真技术、实时同步及加密传输至本院电子证据平台，且已通过 HASH 进行比对，显示原文 HASH 与固定时的 HASH 一致，可以确定本案

---

① 《杭州互联网法院民事判决书》（2019）浙 0192 民初 2416 号，审判员：叶胜男，裁判日期：2019 年 7 月 16 日，书记员：张晓烨。

涉案证据的电子证据未被变动或被篡改。法院认可该电子证据生成、收集、存储、传输过程的真实性，可以依法作为本案认定的依据。

【事实认定】

经本院审查，原被告的交易行为均通过在线方式完成，交易过程中，原告提交的开户许可证、网上银行企业服务回执、网上银行企业主管激活确认单、开立单位银行结算账户申请书、信贷业务到期通知书、催收通知书、资金结算产品服务申请书、协议 2015、对公综合服务申请书、协议 2017、网上银行综合服务申请书 2、对公活期存款交易明细、安全产品确认、个人贷款对账单、客户专用回单、结清试算（2019.3.21 系统截屏）等相关数据文件计算出 HASH，通过 API 接口实时同步传输至杭州互联网法院电子证据平台进行固化，由本院电子证据平台生成唯一存证编号。原告在诉讼环节中，录入电子证据原文件，在调取过程中，电子证据平台计算原文 HASH 值并与固定时的 HASH 值进行比对，比对一致通过后，通过对电子证据平台证据池里原文数据进行智能归集，将原文发送到本院作为证据递交，如无相反证据，本院对该组证据的真实性予以认定；对原告提交的其他证据，本院经审查认为均符合证据真实性、合法性、关联性的要求，本院予以认定。

3. 张某宏与深圳市大疆创新科技有限公司产品责任纠纷案①

【裁判要旨】

本案在认定不合理的危险时，主要应考虑生产者对产品的说明，尤其是对安全性、操作禁忌等方面的说明，被告在向原告销售第二架无人机时，未提供相应免责声明、安全操作指引等文档资料，应属于产品存在警示缺陷，应认定产品在投入流通之前，就存在固有的操作禁忌时，生产者没有给予适当的说明或警示。而必要的警示有利于指导消费者正确使用产品，避免导致损害后果，存在警示缺陷的情况下，不能过分要求作为普通消费者的原告，对无人机这种高科技产品的使用和操控准确无误。同时，

---

① 《陕西省白水县人民法院民事判决书》（2019）陕 0527 民初 547 号，审判员：李蔚珍，裁判日期：2019 年 7 月 17 日，书记员：董晓娜。

根据被告提供的产品的免责声明、安全操作指引和用户手册应属格式条款，被告对格式条款中免除或者限制其责任的内容，未有证据证明双方在线交易时已经向原告进行提示和告知，且原告已经知晓相应操作禁忌和免责条款内容，应认定其未尽提醒消费者注意的义务。

4. 深圳市谷米科技有限公司（简称谷米公司）与武汉元光科技有限公司、邵某霜、陈某、刘某红、刘某朋、张某不正当竞争纠纷案[①]

【裁判要旨】

"酷米客"App 后台服务器存储的公交实时类信息数据具有实用性并能够为权利人带来现实或潜在、当下或将来的经济利益，其已经具备无形财产的属性。谷米公司系"酷米客"软件著作权人，相应地，也就对该软件所包含的信息数据的占有、使用、收益及处分享有合法权益。未经谷米公司许可，任何人不得非法获取该软件的后台数据并用于经营行为。

被告武汉元光科技有限公司利用网络爬虫技术大量获取并且无偿使用原告深圳市谷米科技有限公司"酷米客"软件的实时公交信息数据的行为，实为一种"不劳而获""食人而肥"的行为，具有非法占用他人无形财产权益，破坏他人市场竞争优势，并为自己谋取竞争优势的主观故意，违反了诚实信用原则，扰乱了竞争秩序，构成不正当竞争行为。不正当竞争行为的认定与具有竞争关系的商品或者服务其本身的市场份额占有率并不具有直接关系，是否构成不正当竞争，其评定标准是竞争方式是否符合同业者遵循的商业惯例、是否违背公认的商业道德，不能排除在某时期市场占有率高的一方采取不正当行为方式针对市场占有率低的一方实施竞争行为的可能性，更不能排除市场占有率高的原因是以不正当手段谋取自身竞争优势所致的可能性。

三、人工智能应用监管综述

2018 年 11 月，习近平总书记在主持中共中央政治局集体学习时指出，

---

① 《广东省深圳市中级人民法院民事判决书》（2017）粤 03 民初 822 号，审判长：孙虹，审判员：费晓、欧宏伟，裁判日期：2018 年 5 月 23 日，书记员：麦迪淇。

要加强人工智能发展的潜在风险研判和防范，维护人民利益和国家安全，确保人工智能安全、可靠、可控。要整合多学科力量，加强人工智能相关法律、伦理、社会问题研究，建立健全保障人工智能健康发展的法律法规、制度体系、伦理道德。

（一）全国人大人工智能应用监管立法议案的提出与处理

2016 年 11 月 2 日《全国人民代表大会财政经济委员会关于第十二届全国人民代表大会第四次会议主席团交付审议的代表提出的议案审议结果的报告》中提到，刘庆峰等 32 名代表（第 256 号议案）提出国内民用无人机产业发展迅猛，现行的民航法规和规章中缺乏适合无人机制造和使用的具体法律规则，建议在民用航空法的基础上新增"民用无人机航空管理"章节。中国民用航空局回复称赞同议案在民用航空法新增民用无人机管理相关内容的建议，正在研究论证具体修订方案，积极开展相关立法研究工作。

2017 年 12 月 24 日，信春鹰在第十二届全国人民代表大会常务委员会第三十七次会议上所作的《全国人民代表大会常务委员会办公厅关于第十二届全国人民代表大会第五次会议代表建议、批评和意见办理情况的报告》中提到，"发展改革委、科技部、工业和信息化部等单位，认真研究代表提出的培育战略性新兴产业、深化制造业与互联网融合发展、强化军民融合发展、发展新一代人工智能等建议，在制定专项规划和政策文件过程中，充分吸收代表的意见，推进了相关工作"。

2018 年 3 月 16 日，第十三届全国人民代表大会第一次会议主席团第六次会议通过的《第十三届全国人民代表大会第一次会议秘书处关于第十三届全国人民代表大会第一次会议代表提出议案处理意见的报告》，明确将"25. 史贵禄等 31 名代表：关于制定人工智能发展法的议案（第 68 号）"交教育科学文化卫生委员会审议。

2018 年 12 月 24 日，信春鹰在第十三届全国人民代表大会常务委员会第七次会议上所作的《全国人民代表大会常务委员会办公厅关于第十三届全国人民代表大会第一次会议代表建议、批评和意见办理情况的报告》中提到，代表建议办理工作取得新的成效中，包括"工业和信息化部承办'加强新一代人工智能技术开发和应用，促进与实体经济深度融合'重点督办建议，出台《促进新一代人工智能产业发展三年行动计划（2018—2020年)》，发布《人工智能标准化白皮书2018》，会同有关方面成立中国人工智能产业发展联盟"。

2018年9月7日发布的《十三届全国人大常委会立法规划（共116件)》中明确将"人工智能"规划为"第三类项目：立法条件尚不完全具备、需要继续研究论证的立法项目"。随后，2018年12月24日《全国人民代表大会教育科学文化卫生委员会关于第十三届全国人民代表大会第一次会议主席团交付审议的代表提出的议案审议结果的报告》显示，1件关于制定人工智能发展法的议案已被列入十三届全国人大常委会立法规划第三类项目。

2019年3月14日第十三届全国人民代表大会第二次会议主席团第三次会议通过的《第十三届全国人民代表大会第二次会议秘书处关于第十三届全国人民代表大会第二次会议代表提出议案处理意见的报告》显示，人大代表们再次提出了相关议案，要求进一步"研究推动大数据、人工智能、自动驾驶等方面的立法，以法治方式引导和规范新技术新业态"。

2019年10月21日发布的《全国人民代表大会财政经济委员会关于第十三届全国人民代表大会第二次会议主席团交付审议的代表提出的议案审议结果的报告》中提到，对代表提出的建议制定民用无人机管理法（1件）和自动驾驶汽车法（1件）的两个立法项目，建议进一步调研论证，制定完善相关法规政策。

（二）智能投资顾问

1.《关于规范金融机构资产管理业务的指导意见》

2018年4月27日发布的《中国人民银行、中国银行保险监督管理委员会、中国证券监督管理委员会、国家外汇管理局关于规范金融机构资产管理业务的指导意见》（银发〔2018〕106号）明确指出，"运用人工智能技术开展投资顾问业务应当取得投资顾问资质，非金融机构不得借助智能投资顾问超范围经营或者变相开展资产管理业务"。其具体内容如下：

第一，金融机构运用人工智能技术开展资产管理业务应当严格遵守本意见有关投资者适当性、投资范围、信息披露、风险隔离等一般性规定，不得借助人工智能业务夸大宣传资产管理产品或者误导投资者。

第二，金融机构应当根据不同产品投资策略研发对应的人工智能算法或者程序化交易，避免算法同质化加剧投资行为的顺周期性，并针对由此可能引发的市场波动风险制定应对预案。

2. 地方政府关于发展智能投资顾问的文件

2017 年 10 月 26 日发布的《上海市人民政府办公厅印发〈关于本市推动新一代人工智能发展的实施意见〉的通知》（沪府办发〔2017〕66 号）提出，"提升金融数据处理和分析效率，实现对金融机构、产品、行为的实时监测和早期预警，创新智能投顾、智能客服等金融产品和服务，提升金融风险智能预警和服务能级"。

2017 年 10 月 30 日发布的《河南省人民政府关于印发中国（河南）自由贸易试验区建设专项方案的通知》（豫政〔2017〕35 号）提出，"发起设立……智能投顾机构等新型金融公司，培育场景化金融生态圈"。

2018 年 3 月 3 日发布的《福建省人民政府关于推动新一代人工智能加快发展的实施意见》（闽政〔2018〕5 号）提出，"构建金融行业知识图谱，推动智能风控、智能监管、智能投顾和机器人客服等应用，建立金融风险智能预警与防控系统，创新智能金融产品和服务，发展金融新业态"。

2018 年 5 月 14 日发布的《成都市人民政府办公厅关于推动新一代人工智能发展的实施意见》（成办发〔2018〕18 号）提出，"建立金融大数据系统和金融知识图谱，形成金融模式发现与识别机制，支撑智能投顾、智能客服以及监管科技等金融新业态发展"。

2018 年 6 月 19 日发布的《杭州市人民政府关于加快推进钱塘江金融港湾建设更好服务实体经济发展的政策意见》（杭政函〔2018〕53 号）提出，"全力打造国际金融中心，鼓励发展金融智慧化、支付结算、网络投融资平台、消费金融与供应链金融、区块链金融、智能投顾、大数据征信与风控、金融信息综合平台及监管科技等金融科技产业，引导龙头金融科技企业做大做强"。

2018 年 10 月 22 日发布的《北京市金融工作局、中关村科技园区管理委员会、西城区人民政府、海淀区人民政府关于印发〈关于首都金融科技创新发展的指导意见〉的通知》提出,"支持证券业机构运用金融科技建设智能化线上客户服务终端,发展智能投顾等业务"。

2019 年 7 月 30 日发布的《大连市人民政府关于印发大连市新一代人工智能发展规划的通知》(大政发〔2019〕26 号)提出,"聚焦金融机构监管和服务创新场景,支持建设基于智能分析、预测算法的监管平台,创新更多适合银行、证券、基金、保险、信托等金融类人工智能产品,建立以数据驱动为核心的智能风控、智能投顾、智能客服等分析应用系统,发展金融新业态,提升金融业在业务流程、业务开拓和客户服务等方面的智慧化水平"。

(三)无人驾驶汽车

1. 部委规划中的无人驾驶汽车规划

(1)《汽车产业中长期发展规划》。2017 年 4 月 6 日发布的《工业和信息化部、国家发展改革委、科技部关于印发〈汽车产业中长期发展规划〉的通知》(工信部联装〔2017〕53 号),涉及人工智能的内容主要如下:

第一,发展趋势。随着能源革命和新材料、新一代信息技术的不断突破,汽车产品加快向新能源、轻量化、智能和网联的方向发展,汽车正从交通工具转变为大型移动智能终端、储能单元和数字空间,乘员、车辆、货物、运营平台与基础设施等实现智能互联和数据共享。

第二,规划目标。到 2020 年,培育形成若干家进入世界前十的新能源汽车企业,智能网联汽车与国际同步发展;到 2025 年,新能源汽车骨干企业在全球的影响力和市场份额进一步提升,智能网联汽车进入世界先进行列……到 2020 年,智能化水平显著提升,汽车后市场及服务业在价值链中的比例达到 45% 以上;到 2025 年,重点领域全面实现智能化,汽车后市场及服务业在价值链中的比例达到 55% 以上。

第三，重点任务。完善创新体系，加强顶层设计与动态评估，建立健全部门协调联动、覆盖关联产业的协同创新机制；加强核心技术攻关，发布实施节能与新能源汽车、智能网联汽车技术路线图，明确近、中、远期目标；推进全产业链协同高效发展，开展关键零部件和"四基"薄弱环节联合攻关，推进企业智能化改造提升，促进全产业链协同发展；坚持跨界融合、开放发展。以互联网与汽车产业深度融合为方向，加快推进智能制造，推动出行服务多样化，促进汽车产品生命周期绿色化发展，构建泛在互联、协同高效、动态感知、智能决策的新型智慧生态体系，大力推进智能制造。

第四，智能网联汽车。加大智能网联汽车关键技术攻关，应充分发挥智能网联汽车联盟、汽车产业联合基金等作用，不断完善跨产业协同创新机制，重点攻克环境感知、智能决策、协同控制等核心关键技术，促进传感器、车载终端、操作系统等研发与产业化应用。

（2）《"十三五"交通领域科技创新专项规划》。2017年5月2日《科技部、交通运输部关于印发"十三五"交通领域科技创新专项规划的通知》（国科发高〔2017〕121号）指出，为实现交通运输业转型发展需求，"十三五"期间将安全、便捷、高效、绿色、智能、综合作为未来交通运输业相关领域发展的主导方向，包括如何研制和规模运用安全可靠、先进成熟、节能环保的绿色智能谱系化交通运输装备和服务，将是"十三五"期间必须要解决的问题，也是推进我国由"交通运输业大国"迈向"交通运输业强国"的必由之路。该规划指出了两个重要的智能交通发展趋势：交通装备设计制造的轻量化、数字化和一体化；交通运输系统集成的智能化、网联化和协同化。此外，该规划还提出了在智能交通方面的发展目标：重点突破具备高度/完全自动驾驶功能的智能汽车技术，实现有条件自动驾驶汽车（CA）技术规模产业化，智能网联汽车技术发展跟上世界潮流；突破一系列智能船舶核心技术，进一步提升我国造船、航运的整体水平；我国综合交通运输的智能化水平和综合服务品质极大提升，交通信息精准感知与可靠交互、交通系统协同式互操作、泛在智能化交通服务等基础理论和核心技术体系基本形成，重点解决综合交通信息服务、交通系统控制优化、城市交通控制功能提升与设计问题，显著改善交通基础设施、载运工具、运行系统的安全状况和服务能力，智能交通战略性新兴产业规模化发展，力争到 2020 年，智能交通技术普及率增长 30%，综合交通运输效能提升 20%，亿车公里事故率降低 10%。

（3）《车联网（智能网联汽车）产业发展行动计划》。2018 年 12 月 25日发布的《工业和信息化部关于印发〈车联网（智能网联汽车）产业发展行动计划〉的通知》（工信部科〔2018〕283 号）指出，"车联网（智能网联汽车）产业是汽车、电子、信息通信、道路交通运输等行业深度融合的新型产业形态。发展车联网产业，有利于提升汽车网联化、智能化水平，实现自动驾驶，发展智能交通，促进信息消费，对推进我国供给侧结构性改革、推动制造强国和网络强国建设、实现高质量发展具有重要意义"。该计划的主要内容如下：①基本原则。系统部署、统筹推进；创新引领、应用驱动；优势互补、开放合作；强化管理、保障安全。②行动目标。到2020 年，实现车联网（智能网联汽车）产业跨行业融合取得突破，具备高级别自动驾驶功能的智能网联汽车实现特定场景规模应用，车联网综合应用体系基本构建，用户渗透率大幅提高，智能道路基础设施水平明显提升，适应产业发展的政策法规、标准规范和安全保障体系初步建立，开放融合、创新发展的产业生态基本形成，满足人民群众多样化、个性化、不断升级的消费需求。③推动关键技术，推动产业化发展。④完善标准体系，推动测试验证与示范应用。⑤合作共建，推动完善车联网产业基础设施。⑥发展综合应用，推动提升市场渗透率。⑦技管结合，推动完善安全保障体系。⑧具体保障措施包括加强组织领导、加大政策支持力度、构建产业生态体系、优化产业发展环境、健全人才培养体系、推进国际及港澳台交流合作。该计划还提出 2020 年后，通过持续努力，推动车联网产业实现跨越发展，技术创新、标准体系、基础设施、应用服务和安全保障体系全面建成，高级别自动驾驶功能的智能网联汽车和 5G－V2X 逐步实现规模化商业应用，"人－车－路－云"实现高度协同，人民群众日益增长的美好生活需求得到更好满足。

2. 无人驾驶汽车道路测试管理规范

（1）《智能网联汽车道路测试管理规范（试行）》。2018 年 5 月 1 日发布的《工业和信息化部、公安部、交通运输部关于印发〈智能网联汽车道路测试管理规范（试行）〉的通知》（工信部联装〔2018〕66 号）主要内容包括：规范的适用条件；测试信息的发布；授权地方制定细则；测试主体的条件；测试驾驶人的条件；测试车辆的条件；测试的申请；测试的审核；测试管理；交通违法和事故处理；相关概念的阐释。

（2）地方无人驾驶汽车道路测试管理规范。2017 年以来，我国各地纷纷出台无人驾驶汽车道路测试管理规范。

2017 年 1 月 6 日，发布《上海市人民政府办公厅关于转发市经济信息化委制订的〈上海市智能网联汽车产业创新工程实施方案〉的通知》（沪府办发〔2017〕7 号）。

2017 年 12 月 15 日，发布《北京市交通委员会、北京市公安局公安交通管理局、北京市经济和信息化委员会关于印发〈北京市关于加快推进自动驾驶车辆道路测试有关工作的指导意见（试行）〉和〈北京市自动驾驶车辆道路测试管理实施细则（试行）〉的通知》（已被修订）。

2018 年 2 月 22 日，发布《上海市经济和信息化委员会、上海市公安局、上海市交通委员会关于印发〈上海市智能网联汽车道路测试管理办法（试行）〉的通知》（沪经信规范〔2018〕3 号）。

2018 年 3 月 11 日，发布《重庆市经济和信息化委员会、重庆市公安局、重庆市交通委员会、重庆市城市管理委员会关于印发〈重庆市自动驾驶道路测试管理实施细则（试行）〉的通知》（渝经信发〔2018〕14 号）。

2018 年 4 月 13 日，发布《长沙市经济和信息化委员会、长沙市公安局、长沙市交通运输局、湖南湘江新区管理委员会经济发展局关于印发〈长沙市智能网联汽车道路测试管理实施细则（试行）〉的通知》。

2018 年 5 月 1 日，发布《长沙市科学技术局关于长沙市智能网联汽车道路测试管理实施细则（试行)》。

2018 年 5 月 22 日深圳市交通运输委员会、深圳市发展和改革委员会、深圳市经济贸易和信息化委员会、深圳市公安局交通警察局印发《深圳市关于贯彻落实〈智能网联汽车道路测试管理规范（试行）〉的实施意见》的通知（深交规〔2018〕4 号）。

2018 年 8 月 9 日，发布《北京市交通委员会、北京市公安局公安交通管理局、北京市经济和信息化委员会关于印发〈北京市关于加快推进自动驾驶车辆道路测试有关工作的指导意见（试行）〉和〈北京市自动驾驶车辆道路测试管理实施细则（试行）〉的通知（2018修订）》。

2018年10月26日，发布《深圳市交通运输委员会关于印发〈深圳市智能网联汽车道路测试首批参考开放道路目录〉的通知》。

2018年11月27日，发布《武汉市经济和信息化委员会、武汉市公安局、武汉市交通运输委员会关于印发〈武汉市智能网联汽车道路测试管理实施细则（试行）〉的通知》（武经信〔2018〕276号）。

2018年12月20日，发布《北京市经济和信息化局关于印发〈北京市智能网联汽车创新发展行动方案（2019—2022年）〉的通知》（京经信发〔2018〕9号）。

2018年12月25日，发布《广州市交通委员会、广州市工业和信息化委员会、广州市公安局关于印发智能网联汽车道路测试有关工作的指导意见的通知》（穗交规字〔2018〕19号）（已失效）。

2019年5月19日，发布《北京市海淀区人民政府印发〈关于支持中关村科学城智能网联汽车产业创新引领发展的十五条措施〉的通知》。

2019年7月26日，发布《莆田市交通运输局、莆田市工业和信息化局、莆田市公安局关于印发〈莆田市智能网联汽车道路测试管理办法（试行）〉的通知》。

2019年10月21日，发布《广州市交通运输局、广州市工业和信息化局、广州市公安局关于印发广州市智能网联汽车开放测试道路路段管理办法（试行）的通知》（穗交运〔2019〕417号）。

2019年，发布《上海市经济信息化委、上海市公安局、上海市交通委关于印发〈上海市智能网联汽车道路测试和示范应用管理办法（试行）〉的通知》（沪经信规范〔2019〕7号）。

3. 无人驾驶汽车的标准制定

我国无人驾驶汽车相关标准见表1－1。

表 1－1　我国无人驾驶汽车相关标准①

序号	标准编号	标准名称	发布部门	实施日期	状态
1	GB 10827.1—2014	工业车辆　安全要求和验证 第1部分：自行式工业车辆（除无人驾驶车辆、伸缩臂式叉车和载运车）	国家质量监督检验检疫总局	2014－12－01	现行
2	DB65/T 4033—2017	农业机械卫星导航自动驾驶技术应用规范	新疆维吾尔自治区市场监督管理局	2017－09－21	现行
3	DB43/T 1568—2018	自动驾驶架线式工矿电机车	湖南省市场监督管理局	2019－03－29	现行
4	JB/T 13696—2019	无人驾驶工业车辆	工业和信息化部	2020－10－01	即将实施

（四）无人机

1. 无人机的鼓励政策

2017 年 7 月 8 日发布的《国务院关于印发新一代人工智能发展规划的通知》（国发〔2017〕35 号）提出，"发展消费类和商用类无人机、无人船，建立试验鉴定、测试、竞技等专业化服务体系，完善空域、水域管理措施"。

2018 年 5 月 11 日发布的《民航局关于促进航空物流业发展的指导意见》（民航发〔2018〕48 号）提出，"支持物流企业利用通用航空器、无人机等提供航空物流解决方案，加快制定和完善有关运行规章制度和标准体系，规范市场秩序，制定货运无人机设计要求，创新开展无人机适航审定工作，推动新兴商业模式健康发展。支持物流企业在空域条件良好、地面交通欠发达地区开展无人机物流配送试点"。

2018 年 7 月 18 日发布的《民航局关于通用航空分类管理的指导意

---

① 数据来源：以"无人驾驶""自动驾驶"为关键词 2020 年 2 月 26 日在"工标网"和"标准网"上检索得到。工标网官网：http://www.csres.com/；标准网官网：http://bbs.biaozhuns.com/。

见》（民航发〔2018〕80号）提出，"加快养成理论型专家团队，依托重点实验室建设，研究形成中国通用航空发展的特色路径和理论体系，以无人机产业制造、应用和监管标准输出为牵引，不断总结中国经验，推广中国方案"。

2018年8月14日发布的《国家发展改革委、民航局关于促进通用机场有序发展的意见》（发改基础〔2018〕1164号）提出，"优化提升既有航空飞行培训通用机场的服务保障能力，注重与航空制造、通用航空消费等上下游融合，发展固定翼航空器、旋翼机、无人机等多类型、多层次的飞行培训体系"。

2019年4月15日发布的《国家邮政局、国家发展改革委、财政部、农业农村部、商务部、文化和旅游部、供销合作总社关于推进邮政业服务乡村振兴的意见》（国邮发〔2019〕36号）提出，"支持有条件的乡村布局建设无人机起降场地，打造无人机农村投递示范区"。

2. 无人机的监管历史

根据2019年5月30日空管行业管理办公室发布的《关于政协十三届二次会议第2946号（政治法律类255号）提案会办意见的函》，民航局已经在无人机领域的监管方面做出了大量工作。

第一，健全相关法律法规，使其有法可依。一直以来，民航局积极配合、参与《无人驾驶航空器飞行管理暂行条例（征求意见稿）》的制定工作，配合国家空管委办公室完成对社会和行业的征求意见，目前正在共同推进法规的完善和上报工作。同时民航局加强自身无人机管理的规章体系建设，从航空器、人员、空管和信息等方面形成完整的规章标准体系。

第二，加强行业管理力度，实行标准化管理。民航局颁布了《民用无人驾驶航空器实名制登记管理规定》，配套建立了无人驾驶航空器实名登记系统并上线运行。完成《无人机围栏》行业标准的制定。经过加密，收集、公布了173个民用机场的障碍物控制面保护范围的数据，为企业设置电子围栏、用户掌握禁飞区域提供依据。

第三，细化监管规则，制定飞行规范。2018年11月19日，民航局在深圳地区无人机飞行管理试点工作正式启动，并上线试运行综合监管平台。

第四，建立无人机使用监管平台，使产业健康、有序发展。民航局将整合现有监管系统功能，形成全国统一的民用无人驾驶航空器运行管理综合平台，即 UOM，平台将通过行政管理、运行管理、部委协作、社会服务四大模块，重点关注无人机运行的安全、效率、效能及可扩展性，充分融合各管理部门间的信息交互需求。

第五，规范无人机使用培训。民航局已通过《民用无人机驾驶员管理规定》进行分级分类管理，针对起飞全重 7kg 以上的无人机的不同类别和等级，设定了相应的训练和考试要求，达到相关标准后方可获取民用无人驾驶航空器驾驶员执照。

第六，关于无人机培训费用，民航局未对培训机构有任何要求，无涉及培训机构的行政许可事项，培训行为属于纯市场行为，培训价格由市场竞争形成。

除此之外，2018 年 12 月 29 日修正的《中华人民共和国民用航空法》第二百一十四条明确规定："国务院、中央军事委员会对无人驾驶航空器的管理另有规定的，从其规定。"

3. 无人机的产业管理

2017 年 1 月 12 日发布的《国务院关于印发"十三五"市场监管规划的通知》（国发〔2017〕6 号）提出，"加强对平衡车、小型无人机等智能休闲产品的引导和规范，督促生产企业完善质量安全标准，取缔无技术资质、无规范标准的生产经营行为，防范安全风险"。

2017 年 5 月 22 日发布的《工业和信息化部办公厅关于开展民用无人驾驶航空器生产企业和产品信息填报工作的通知》（工信厅装函〔2017〕314 号）要求，"为加强对全国无人驾驶航空器生产企业的行业管理，全面摸清民用无人驾驶航空器研制、生产情况，按照《无人驾驶航空器专项整治方案》（国空管〔2017〕24 号）有关部署，经研究，决定从 2017 年起，每年按照地域对国内民用无人驾驶航空器生产企业和产品信息开展摸底统计"。

2017 年 12 月 6 日发布的《工业和信息化部关于促进和规范民用无人机制造业发展的指导意见》（工信部装〔2017〕310 号）指出，民用无人机制造业是近几年快速发展的新兴产业，在个人消费、植保、测绘、能源等领域得到广泛应用，在国民经济和社会生产生活中正发挥越来越重要的作用。其中，消费类无人机是我国为数不多的能引领全球发展水平的高科技产品之一，已成为中国制造的新名片。但民用无人机产业快速发展的同时，行业法规标准体系不完善、检测认证体系不健全、安全监管手段滞后、行业应用类无人机部分核心技术不足等问题日益突出。为促进和规范民用无人机制造业发展，提出以下意见：第一，总体要求。深入实施《中国制造2025》，以技术创新为引领，围绕提升民用无人机安全性和技术水平这一核心，推进统一管控平台建设，建立完善标准体系和检测认证体系，大力促进两化融合及军民深度融合发展，强化产业竞争优势，促进我国民用无人机制造业健康发展。第二，基本原则。①坚持市场主体，政府引导。②坚持创新驱动，标准规范。鼓励技术创新、应用创新，推进企业商业模式创新，提升创新能力。③坚持安全发展，技术管控。第三，发展目标。到2020年，民用无人机产业持续快速发展，产值达到600亿元，年均增速40%以上。第四，主要任务。大力开展技术创新，提升产品质量性能，加快培育优势企业，拓展服务应用领域，建立完善标准体系，强化频率规范使用，推进管控平台建设，推动产品检测认证。

2015年7月14日发布的《商务部对外贸易司关于小型无人驾驶航空器自动进口许可签发有关问题的通知》（机电办机进〔2015〕47号）主要内容包括与无人机有关的商品编码调整情况和加强无人机进口管理。

4. 《民用无人驾驶航空器实名制登记管理规定》

2017年5月16日航空器适航审定司发布了《民用无人驾驶航空器实名制登记管理规定》（AP－45－AA－2017－03），首次明确规定民用无人航空器实名登记制。

5. 无人机驾驶员管理

2013年11月18日中国民用航空局飞行标准司发布了《民用无人驾驶航空器系统驾驶员管理暂行规定》（AC－61－FS－2013－20），此后该规定经过两次修改，分别是2016年7月11日《民用无人机驾驶员管理规定》

（AC‑61‑FS‑2016‑20R1）、2018 年 8 月 31 日《民用无人机驾驶员管理规定》（AC‑61‑FS‑2018‑20R2）。为进一步规范无人机驾驶员执照管理，在总结前期授权符合资质的行业协会对部分无人机驾驶员证照实施管理的创新监管模式经验基础上，飞行标准司修订了咨询通告《民用无人机驾驶员管理规定》，并向社会公开征求了意见，目前正在修订过程中。

2015 年 4 月 23 日发布的《关于民用无人驾驶航空器系统驾驶员资质管理有关问题的通知》明确指出，"为规范民用无人机驾驶人员的管理，促进民用无人机产业的健康发展，自 2015 年 4 月 30 日起，由中国航空器拥有者及驾驶员协会继续按照相关法律、法规及规范性文件负责在视距内运行的空机质量大于 7 千克以及在隔离空域超视距运行的无人机驾驶员的资质管理。民航局飞行标准司负责对中国航空器拥有者及驾驶员协会的管理工作进行监督和检查"。

2018 年 12 月 14 日发布的《交通运输部关于修改〈民用航空器驾驶员合格审定规则〉的决定》（中华人民共和国交通运输部令 2018 年第 37 号）增加了无人驾驶航空器驾驶员的合格审定规则，第 61.13 条增加一款，作为（e）款，其内容为："（e）对完成相应训练并符合所申请无人驾驶航空器驾驶员执照和等级要求的申请人颁发无人驾驶航空器驾驶员执照和相应的等级。除第 61.13 条、第 61.15 条、第 61.17 条、第 61.37 条、第 61.241 条、第 61.243 条、第 61.245 条和第 61.251 条外，本规则的其他条款不适用于无人驾驶航空器驾驶员执照和等级。"

6. 无人机飞行活动管理

（1）《轻小无人机运行规定（试行）》。2015 年 12 月 29 日中国民用航空局飞行标准司发布了《轻小无人机运行规定（试行）》（AC‑91‑FS‑2015‑31）。该规定从目的、适用范围及分类、定义、民用无人机机长的职责和权限、民用无人机驾驶员资格要求、民用无人机使用说明书、禁止粗心或鲁莽的操作、摄入酒精和药物的限制、飞行前准备、限制区域、视距内飞行、视距外飞行、民用无人机运行的仪表、设备和标识要求、管理方式、无人机云提供商须具备的条件、植保无人机运行要求、无人飞艇运行要求等方面作了详细规定。

（2）《民用无人驾驶航空器经营性飞行活动管理办法（暂行）》。为了规范使用民用无人驾驶航空器（简称无人驾驶航空器）从事经营性飞行活动，加强市场监管，促进无人驾驶航空器产业安全、有序、健康发展，依据《民航法》及无人驾驶航空器管理的有关规定，2018年6月1日制定了《民用无人驾驶航空器经营性飞行活动管理办法（暂行）》，其主要内容有：①适用条件。本办法适用于在中华人民共和国境内（港澳台地区除外）使用最大空机质量为250克以上（含250克）的无人驾驶航空器开展航空喷洒（撒）、航空摄影、空中拍照、表演飞行等作业类和无人机驾驶员培训类的经营活动。无人驾驶航空器开展载客类和载货类经营性飞行活动不适用本办法。②经营许可证。使用无人驾驶航空器开展本办法第二条所列的经营性飞行活动应当取得经营许可证，未取得经营许可证的，不得开展经营性飞行活动。③监督管理。中国民用航空局对无人驾驶航空器经营许可证实施统一监督管理。中国民用航空地区管理局负责实施辖区内的无人驾驶航空器经营许可证颁发及监管管理工作。④许可证申请条件及程序。⑤监督管理。

（3）《基于运行风险的无人机适航审定指导意见》。2019年1月23日航空器适航审定司发布的《关于印发〈基于运行风险的无人机适航审定指导意见〉的通知》（民航适发〔2019〕3号）指出，由国家空管委牵头，编写无人机飞行管理条例，为无人机合法设计、生产和使用提供了法规依据。民航局也在编写相关无人机运行管理规章予以支持。由于相关条例和规章出台尚需时日，为指导开展无人机适航管理，民航局航空器适航审定司组织人员编写了《基于运行风险的无人机适航审定的指导意见》，具体内容包括：①核心指导思想。坚持审定与运行紧密合作，通过试点运行确定风险，对接审定要求，探索具有中国特色的审定方法；坚持走正向审定道路，即从工业标准中提炼审定标准和局方规章，寻求在无人机审定实现变道超车，探索具有中国特色的审定路径；坚持贯彻放管服精神，利用国内无人机厂商经验丰富的优势，鼓励厂商主动承担适航责任，充分利用信息系统实施监管，创造工业界和局方良好互动，探索具有中国特色的审定模式。②具体意见。建立基于运行风险的无人机风险等级划分方法，开展无人机适航审定分级管理；我国民用无人机适航审定管理坚持"分级管理，聚焦体系""标准引领，正向思维""先行先试，分步实施""依托网络，便捷服务"四个指导原则；明确基于运行风险的无人机适航审定管理的实施路线，即在总结试点项目经验和成果基础上，以2019年第四季度适时开展厂家宣传贯彻、受理申请为目标，围绕无人机适航管理办法、适航标准、审查程序和审查方法四个方面，分阶段、分步骤，至2019年年底初步建成基于运行风险的无人机适航管理体系。

（4）《无人驾驶航空器飞行管理暂行条例（征求意见稿）》。《无人驾驶航空器飞行管理暂行条例（征求意见稿）》的主要内容有：①关于拟制原则。坚持安全为要；坚持创新发展；坚持问题导向；坚持管放结合；坚持齐抓共管。②关于管理对象。无人驾驶航空器通常包括遥控驾驶航空器、自主航空器、模型航空器等。③关于无人机分级分类。世界有关国家普遍对无人机实施分级分类管理，考虑到无人机的安全威胁主要来自高度冲突、动能大小及活动范围，在吸收各国现行分级分类管理方法的基础上，紧密结合我国国情，将无人机分为两级三类五型。④关于微型、轻型无人机分类数值。借鉴大多数国家对质量小于0.25千克无人机放开管理的做法，将开放类无人机空机质量上限定为0.25千克且设计性能满足一定要求；吸收国内外碰撞试验成果，结合国内大多数用于消费娱乐的无人机空机质量不超过4千克的实际，将有条件开放类无人机空机质量确定为不超过4千克（最大起飞质量不超过7千克）且运行性能满足一定条件。⑤关于最大起飞质量和空机质量。为易于管理，把"最大起飞质量""空机质量"作为轻型、小型、中型无人机的两个重要分类条件，其中轻型、中型无人机应当同时满足两个条件，小型无人机只需满足其中一个条件。⑥关于飞行空域。针对各类无人机飞行活动对安全的影响程度，充分考虑国家无人机和微型、轻型、植保等民用无人机的特殊使用需求，以飞行安全高度为重要标准，明确了微型无人机禁止飞行空域和轻型、植保无人机适飞空域的划设原则，规定了无人机隔离空域的申请条件，以及具备混合飞行的相关要求，基本满足了各类无人机飞行空域需求。⑦关于飞行计划申请与批复流程。突破现行"所有飞行必须预先提出申请，经批准后方可实施"的规定，对部分运行场景的飞行计划申请与批复流程作出适当简化。⑧关于植保无人机特殊政策。对符合条件的植保无人机给予了特殊政策，包括配置特许空域、免予计划申请等。⑨关于轻型无人机适飞空域真高上限。轻型无人机以消费娱乐为主，将适飞空域真高上限确定为120米。

7. 无人机空中交通管理

（1）《长江三峡水利枢纽安全保卫条例》。2013年9月9日发布的《长江三峡水利枢纽安全保卫条例》（中华人民共和国国务院令第640号）第二十三条规定，"禁止在空域安全保卫区进行风筝、孔明灯、热气球、飞艇、动力伞、滑翔伞、三角翼、无人机、轻型直升机、航模等升放或者飞行活动"。

（2）《关于无人驾驶航空器系统频率使用事宜的通知》。2015年3月10日发布的《工业和信息化部关于无人驾驶航空器系统频率使用事宜的通知》主要内容包括：第一，使用频率为840.5—845MHz、1430—1444MHz和2408—2440MHz。第二，840.5—845MHz可用于无人驾驶航空器系统的上行遥控链路。其中，841—845MHz也可采用时分方式用于无人驾驶航空器系统的上行遥控和下行遥测链路。第三，1430—1444MHz频段可用于无人驾驶航空器系统下行遥测与信息传输链路，其中，1430—1438MHz频段用于警用无人驾驶航空器和直升机视频传输，其他无人驾驶航空器使用1438—1444MHz频段。第四，2408—2440MHz频段可作为无人驾驶航空器系统上行遥控、下行遥测与信息传输链路的备份频段。相关无线电台站在该频段工作时不得对其他合法无线电业务造成影响，也不能寻求无线电干扰保护。第五，上述频段的信道配置，所用无线电设备发射功率、无用发射限值和接收机的邻道选择性应符合相关要求。第六，频率使用、无线电台站设置和所用无线电发射设备应符合国家无线电管理及无人驾驶航空器系统管理有关规定。

（3）《民用无人驾驶航空器系统空中交通管理办法》。民航局空管办公室于2016年9月21日对《民用无人机空中交通管理办法》（MD-TM-2009-002）进行了修订，并发布了修订后的《民用无人驾驶航空器系统空中交通管理办法》（MD-TM-2016-004），主要内容如下：第一，适用范围。该办法适用于依法在航路航线、进近（终端）和机场管制地带等民用航空使用空域范围内或者对以上空域内运行存在影响的民用无人驾驶航空器系统活动的空中交通管理工作。第二，监督指导。民航局指导监督全国民用无人驾驶航空器系统空中交通管理工作，地区管理局负责本辖区内民用无人驾驶航空器系统空中交通服务的监督和管理工作。空管单位向其管制空域内的民用无人驾驶航空器系统提供空中交通服务。第三，飞行空域。民用无人驾驶航空器仅允许在隔离空域内飞行。民用无人驾驶航空器在隔离空域内飞行，由组织单位和个人负责实施，并对其安全负责。多个主体同时在同一空域范围内开展民用无人驾驶航空器飞行活动的，应当明确一个活动组织者，并对隔离空域内民用无人驾驶航空器飞行活动安全负责。第四，评估管理。第五，空中交通服务。第六，无线电管理。第七，民用无人驾驶航空器系统飞行活动涉及多项评估或审批的，地区管理局应当统筹安排。

（4）《民用航空空中交通管理规则》。2017 年 9 月 29 日发布的《民用航空空中交通管理规则》（CCAR－93TM－R5）第六百四十三条规定，"民用无人驾驶航空器飞行活动应当遵守国家有关法律法规和民航局的规定"。第六百四十四条规定，"无人驾驶航空器在民用航空使用空域内活动、管制单位向无人驾驶航空器提供空中交通服务应当遵守国家相关法律法规和民航局相关规定"。

（5）《南极活动环境保护管理规定》。2018 年 2 月 8 日发布的《国家海洋局关于印发〈南极活动环境保护管理规定〉的通知》（国海规范〔2018〕1 号）第十条规定，"赴南极活动的航空器，包括无人机，应当遵守我国缔结或参加的有关国际公约及我国法律法规的相关规定，按照许可的地点及航线起降及飞行，采取有效措施防止对南极动植物、环境和生态系统造成不必要的干扰或损害。航空器，包括无人机，在南极特别保护区内起降或者飞越南极特别保护区的，应当取得国家海洋局的特别许可"。

（6）《城市轨道交通运营管理规定》。2018 年 5 月 24 日发布的《城市轨道交通运营管理规定》（中华人民共和国交通运输部令 2018 年第 8 号）第三十四条规定，"禁止下列危害或者可能危害城市轨道交通运营安全的行为：……（九）在地面或者高架线路两侧各 100 米范围内升放风筝、气球等低空飘浮物体和无人机等低空飞行器"。

8. 无人机的安全管理

（1）《中国民用航空局关于公布民用机场障碍物限制面保护范围的公告》。为了防范无人机等升空物体侵入民用机场障碍物限制面（简称限制面）区域，减少对机场飞行安全和运行效率的影响，促进电子围栏系统等类似技术的应用，2017 年 5 月 17 日空管行业管理办公室发布了《关于公布民用机场障碍物限制面保护范围的公告》。该公告汇总整理了民用机场限制面保护范围，首批公布了 155 个机场相关数据。对其他机场会根据上报情况，后续公布。各类飞行活动应当遵守国家相关法律法规和民航规章，未经特殊批准不得进入限制面保护范围，在限制面保护范围外的飞行亦不得影响民航运行的安全与效率。各机场限制面和净空保护区应按现有规定批准和公布。

（2）《轻小型民用无人机飞行动态数据管理规定》。为了实现轻、小型民用无人机及植保无人机飞行动态实时监控，逐步简化轻、小型民用无人机及植保无人机的飞行空域、飞行计划、飞行活动管理，实施民用无人机空中交通管理，2019 年 11 月 19 日发布了《民航局关于印发〈轻小型民用无人机飞行动态数据管理规定〉的通知》（民航规〔2019〕64 号）。该规定从目的和依据、适用范围、管理要求、数据与传输要求、第三方平台系统技术与安全要求等方面作了详细规定。

9. 无人机的标准制定

2016 年 5 月 13 日发布的《国务院办公厅关于促进通用航空业发展的指导意见》（国办发〔2016〕38 号）要求，"工业和信息化部负责完善通用航空器生产制造行业标准，制定民用无人机生产标准规范，负责民用无人机无线电频率规划管理"。

2016 年 8 月 2 日发布的《质检总局 国家标准委 工业和信息化部关于印发〈装备制造业标准化和质量提升规划〉的通知》（国质检标联〔2016〕396 号）提出，"实施通用航空、无人机系统、民用直升机、航空研制运营管理等标准化示范工程"。

2017年5月22日，为了加快推进无人驾驶航空器系统产业发展，切实发挥标准的引领和支撑作用，指导无人驾驶航空器系统标准化工作的开展，国家标准化管理委员会、科学技术部、工业和信息化部、公安部、农业部、国家体育总局、国家能源局、中国民用航空局共同发布了《国家标准委办公室等关于印发〈无人驾驶航空器系统标准体系建设指南（2017—2018年版）〉的通知》，积极推动无人驾驶航空器系统产业标准化工作顺利开展。

2018年11月5日发布的《工业和信息化部关于工业通信业标准化工作服务于"一带一路"建设的实施意见》（工信部科〔2018〕231号）提出，"强化中俄民机标准互换互认工作机制，深化推进中俄远程宽体客机标准比对及互换互认工作全面开展，发布标准互认目录；结合航空技术国际化合作需求，探索推进民用飞机、旋翼飞行器和无人驾驶航空器相关国际标准或中外联合标准的制定工作，加快航空领域标准的国际化进程"。

截至目前，我国在无人机方面的标准见表1–2。[①]

表1–2　我国在无人机方面的标准

标准编号	标准名称	发布部门	实施日期	状态
CH/Z 3001—2010	无人机航摄安全作业基本要求	国家测绘局	2010–10–01	现行
CH/Z 3002—2010	无人机航摄系统技术要求	国家测绘局	2010–10–01	现行
DB22/T 2809—2017	植保无人机施药防治粘虫技术规程	吉林省质量技术监督局	2018–04–01	现行
DB34/T 2594—2016	基于无人机平台的松材线虫病枯死松树监测技术规程	安徽省质量技术监督局	2016–03–02	现行

---

① 数据来源：以"无人"为关键词2020年2月26日在"工标网"上检索得到。工标网官网，http://www.csres.com/。

标准编号	标准名称	发布部门	实施日期	状态
DB34/T 2925—2017	道路交通事故现场无人机勘测技术规范	安徽省质量技术监督局	2017 - 10 - 15	现行
DB36/T 930—2016	农业植保无人机	江西省质量技术监督局	2017 - 03 - 01	现行
DB36/T 995—2017	农业植保无人机安全作业操作规范	江西省质量技术监督局	2018 - 03 - 01	现行
DB37/T 2876.1—2016	低空低量遥控无人施药机 第1部分：通用技术要求	山东省质量技术监督局	2017 - 01 - 06	现行
DB37/T 2876.2—2016	低空低量遥控无人施药机 第2部分：田间作业技术规范	山东省质量技术监督局	2017 - 01 - 06	现行
DB37/T 3446—2018	基于无人机的小麦群体长势大面积智能监测技术规程	山东省市场监督管理局	2018 - 12 - 26	现行
DB41/T 1520—2018	农用旋翼植保无人机安全及作业规程 农用旋翼植保无人机安全及作业规程	河南省质量技术监督局	2018 - 04 - 03	现行
DB41/T 1521—2018	农用旋翼植保无人机技术条件	河南省质量技术监督局	2018 - 04 - 03	现行
DB44/T 1885—2016	无人机用锂离子电池组 技术要求	广东省质量技术监督局	2017 - 01 - 01	废止
DB45/T 1330—2016	电动旋翼植保无人机技术条件	广西壮族自治区质量技术监督局	2016 - 06 - 20	现行
DB45/T 1361—2016	气象无人机飞行控制系统数据传输协议技术规范	广西壮族自治区质量技术监督局	2016 - 08 - 20	现行
DB50/T 638—2015	农用航空器 电动多旋翼植保无人机	重庆市质量技术监督局	2016 - 01 - 01	现行
DB52/T 1370—2018	农用植保无人飞机试验方法	贵州省市场监督管理局	2019 - 05 - 28	现行
DL/T 1482—2015	架空输电线路无人机巡检作业技术导则	国家能源局	2015 - 12 - 01	现行

标准编号	标准名称	发布部门	实施日期	状态
DL/T 1578—2016	架空输电线路无人直升机巡检系统	国家能源局	2016 – 07 – 01	现行
GA/T 1382—2018	基于多旋翼无人驾驶航空器的道路交通事故现场勘查系统	公安部	2018 – 03 – 26	现行
GA/T 1411.1—2017	警用无人驾驶航空器系统 第1部分：通用技术要求	公安部	2017 – 08 – 28	现行
GA/T 1411.2—2017	警用无人驾驶航空器系统 第2部分：无人直升机系统	公安部	2017 – 08 – 28	现行
GA/T 1411.3—2017	警用无人驾驶航空器系统 第3部分：多旋翼无人驾驶航空器系统	公安部	2017 – 08 – 28	现行
GA/T 1411.4—2017	警用无人驾驶航空器系统 第4部分：固定翼无人驾驶航空器系统	公安部	2017 – 08 – 27	现行
GA/T 1505—2018	基于无人驾驶航空器的道路交通巡逻系统通用技术条件	公安部	2018 – 10 – 01	现行
GB/T 35018—2018	民用无人驾驶航空器系统分类及分级	国家市场监督管理总局	2018 – 12 – 01	现行
GB/T 38058—2019	民用多旋翼无人机系统试验方法	国家市场监督管理总局	2020 – 05 – 01	现行
GB/T 38152—2019	无人驾驶航空器系统术语	国家市场监督管理总局	2020 – 05 – 01	现行
LY/T 3028—2018	无人机释放赤眼蜂技术指南	国家林业和草原局	2019 – 05 – 01	现行
MH/T 1069—2018	无人驾驶航空器系统作业飞行技术规范	中国民用航空局	2018 – 11 – 01	现行
MH/T 2008—2017	无人机围栏	中国民用航空局	2017 – 12 – 01	现行
MH/T 2009—2017	无人机云系统接口数据规范	中国民用航空局	2017 – 12 – 01	现行

标准编号	标准名称	发布部门	实施日期	状态
NY/T 3213—2018	植保无人飞机 质量评价技术规范	中华人民共和国农业部	2018-06-01	现行
Q/HS 3024—2012	海上无人驻守井口平台设计规定	中国海洋石油总公司	2013-05-01	现行
QX/T 466—2018	微型固定翼无人机机载气象探测系统技术要求	中国气象局	2019-04-01	现行
SJ 20569—1996	无人侦察飞机综合无线电系统通用规范	原中华人民共和国电子工业部	1997-01-01	现行
SY/T 7344—2016	油气管道工程无人机航空摄影测量规范	国家能源局	2017-05-01	现行
T/CEC 193—2018	电力行业无人机巡检作业人员培训考核规范	中国电力企业联合会	2019-02-01	现行
YD/T 305—1983	载波无人增音机可靠性试验方法	不详	1998-01-01	作废
YD/T 3585—2019	民用无人驾驶航空器的通信应用场景与需求	工业和信息化部	2020-01-01	现行

10. 农用无人机的管理

根据 2017 年 9 月 1 日发布的《农业部关于政协十二届全国委员会第五次会议第 2889 号（农业水利 270 号）提案答复的函》（农办案〔2017〕55 号），农业部已经在农用无人机领域的监管方面做了大量工作。

第一，加强制度建设。国家空管委办公室正在牵头制定《无人驾驶航空器飞行管理规定》，作为顶层法规，统筹无人机管理。农业部正积极配合国家空管委等部门研究制定《关于规范促进农用植保无人飞机推广应用的意见》，将充分考虑农业生产实际，加强植保无人机作业管理。

第二，加快标准制定。部门间相互配合，按照急用先行原则，加快相关标准制定，积极引导和规范行业健康发展。农业部正在组织制定《农用遥控飞行器通过技术要求》《遥控飞行喷雾机试验方法》《农用遥控飞行喷雾机安全施药技术规范》，工业和信息化部正在组织制定《民用无人驾驶航空器系统分类及分级》《民用无人驾驶航空器系统研制单位基本条件及评价办法》，民航局正在组织制定《无人机系统适航性要求》等标准。

第三，农业部将积极配合财政部等部门，继续开展植保无人机补贴试点，加大补贴力度、扩大补贴范围；商有关部门进一步研究"把航空植保作为精准扶贫项目纳入国家扶贫战略"的建议，因地制宜推进落实。

第四，关于加快植保无人机人才培养问题。目前，农业部会同国家空管委等部门正在制定《关于规范促进农用植保无人飞机推广应用的意见》，要求生产企业建立务实、便利、有效的农用植保无人飞机操作人员培训考核体系，重点培训考核基本操作技能、安全用药技术、突发情况应急处置和维修保养等方面的能力。

11. 地方性法规和规章

此外，我国各地也出台了一些有关无人机的地方性法规和规章，主要包括如下：

2017 年 7 月 31 日，发布《无锡市民用无人驾驶航空器管理办法》（无锡市人民政府令第 162 号）。

2017 年 8 月 18 日，发布《四川省民用无人驾驶航空器安全管理暂行规定》（四川省人民政府令第 321 号）。

2017 年 10 月 29 日，发布《重庆市民用无人驾驶航空器管理暂行办法》（重庆市人民政府令第 315 号）。

2018 年 3 月 28 日，发布《浙江省无人驾驶航空器公共安全管理规定》（浙江省人民代表大会常务委员会公告第 11 号）。

2018 年 5 月 8 日，发布《新疆维吾尔自治区民用无人驾驶航空器安全管理规定》（新疆维吾尔自治区人民政府令第 210 号）。

2019 年 1 月 29 日，发布《深圳市民用微轻型无人机管理暂行办法》（深圳市人民政府令第 316 号）。

2019 年 3 月 28 日，发布《浙江省无人驾驶航空器公共安全管理规定》（浙江省人民代表大会常务委员会公告第 11 号）。

2019 年 11 月 3 日，发布《厦门市民用无人驾驶航空器公共安全管理办法》（厦门市人民政府令第 179 号）。

第二篇

人工智能法学研究进展

一、人工智能法学的基本原理

（一）人工智能的主体地位

作为新技术学科的人工智能，包括模拟、延伸和扩展人类智能的理论、方法、技术和应用系统，是在计算机、控制论、信息论、数学、心理学等多种学科相互综合、相互渗透的基础上发展起来的一门新兴边缘学科。[①] 法律主体是指承载法律关系归属的基本单位，是法律关系网络中的分布式节点。美国法学家霍菲尔德（Wesley Hohfeld）将法律主体理解为"权利束"，法国法学家拉图尔（Bruno Latour）则将其理解为"行动元"。[②] 日益具备自主行动能力和思维意识的人工智能显然不再能被传统法律主体学说所涵盖。目前，学界对于人工智能体法律主体地位的看法大致可分为肯定说和否定说两派。

1. 人工智能法律主体肯定说

人工智能的发展为赋予其法律主体地位提出了社会客观现实需要。Pagallo U. 等国外学者均持肯定说，认为人工智能在未来将具有人类的智慧甚至思想，应按照法律拟制主体说赋予人工智能法律主体地位。[③] 国内学者如郭少飞认为，人工智能体，不管是表现出较大自主性、主动性的弱人工智能体，还是犹如人类的强人工智能体，它们都已拥有自我的情感、认知与行动能力，不再是完全受支配的客体。[④] 国内学者如李俊丰、姚志

---

① 马少平、朱小燕：《人工智能》，清华大学出版社 2004 年版。
② 余成峰：《从老鼠审判到人工智能之法》，载《读书》2017 年第 7 期。
③ Cf. Pagallo U. The Laws of Robots：Crimes，Contracts and Tort ［M］. New York：Springer，2015.
④ 郭少飞：《"电子人"法律主体论》，载《东方法学》2018 年第 3 期。

伟①、詹可②、孙占利③等均对承认人工智能的必要性达成共识，认为强人工智能时代到来时，人工智能体具备一定的意识并且可以自主决定自身的行动，必然会深刻地影响和改变人类社会、全面变革传统的法律制度，因此，传统的法律主体理论已经不再能够适应时代的发展，赋予人工智能体法律主体资格迫在眉睫。2016 年欧盟法律事务委员会《人工智能民事法律规则》、2017 年俄罗斯"格里申法案"以及 2018 年韩国《人工智能法案》等立法建议均呼吁赋予人工智能法律主体地位。我国于 2017 年发布《关于新一代人工智能发展规划》，《促进新一代人工智能产业发展三年行动计划（2018—2020 年）》，其中要求"明确人工智能法律主体以及相关权利、义务和责任等"。

有限人格论为人工智能的法律主体制度设计提供了可行性。赋予人工智能法律主体地位乃是典型的法律拟制，而不是将人工智能与自然人等价齐观。美国的《统一计算机信息交易法》以及《统一电子交易法》中均规定了电子代理人，即一种能够独立自主地完成具体工作并且不用经过人为的指令或干预的智能技术。《欧盟机器人民事责任法律规则》也将人工智能视作人类的代理人。根据大陆法系通说，虽然代理人行为结果由被代理人承担，电子代理人作为意定代理人的一类不等于自然人也不同于工具，成为意定代理人的前提是具备法律主体资格，故而此种规定预设了人工智能的法律主体地位。陈吉栋④、杨清望、张磊⑤等认为，法律赋予人工智能体法律主体资格，是对赋予法人或其他组织的拟制主体地位的立法技术的借鉴，拟制主体没有与生俱来的法律主体地位，通过法律给予其主体资格的根本目的还是维护人类自身的合法权利。人工智能所被拟制的法律主体地位和自然人相比显然是受限的。《欧盟机器人民事法律草案》建议将人

---

① 李俊丰、姚志伟：《论人工智能的法律人格：一种法哲学思考》，载《华侨大学学报（哲学社会科学版）》2018 年第 6 期。

② 詹可：《人工智能法律人格问题研究》，载《信息安全研究》2018 年第 3 期。

③ 孙占利：《智能机器人法律人格问题论析》，载《东方法学》2018 年第 3 期。

④ 陈吉栋：《论机器人的法律人格——基于法释义学的讨论》，载《上海大学学报（社会科学版）》2018 年第 3 期。

⑤ 杨清望、张磊：《论人工智能的拟制法律人格》，载《湖南科技大学学报（社会科学版）》2018 年第 6 期。

工智能归结到电子人的新法律主体当中。Gabriel Hallevy 从哲学角度的主体定义出发，认为人工智能体没有人类的灵魂，故而其法律人格有限。[①] 刘晓纯、达亚冲[②]、袁曾[③]认为，人工智能仅具有限的法律责任能力，所以只能承认人工智能的有限法律主体资格，适用特殊的法律规范体系。

2. 人工智能法律主体否定说

持否定说的尹卫民等学者认为，人工智能体虽然具有类人性的特征，但作为人类的创造物也可以被人类所毁灭，始终位于人类的操纵之下，不具有法律地位，只能作为人类的附属品。[④] 这种从创造和被创造、毁灭与被毁灭的角度产生的看法显然不能解释子女如何能独立于父母、霍布斯世界中个体如何能在无处不在的死亡恐惧下获得独立法律主体地位。中世纪神学中普遍认为，人是受造于上帝、模仿上帝而来的事物，人就是上帝制造的一种自动机器；今天的人工智能则是发展自启蒙时代以来受造于人、模仿人类而来的事物的 Android 观念。上帝、人类、人工智能三者之间的层层模仿关系，构成了对超验神性和人类中心的两次祛魅。

王利明认为，从目前人工智能的发展来看，其尚未对传统民事法律主体理论提出颠覆性的挑战，在短时期内仍然应当坚守传统民事主体理论，而不宜将人工智能规定为民事主体；但不排除将来人工智能的思维能力会进一步发展，具备与人类相当甚至超越人类的意识和思考能力，并可以在一定范围内独立地享有权利、承担义务。[⑤] 赵万一认为，无论是从哲学角度还是从法学角度，都不应当赋予人工智能与人类相同的法律主体地位。[⑥] 然而，除了由各自视域和方法应用于对象所产生的法律主体和哲学主体之

---

① Cf. Gabriel Hallevy. The Criminal Liability of Artificial Intelligence Entities From Science Fiction to Legal Social Control [J]. Akron Intell. Prop. Journal, 2010 (4).

② 刘晓纯、达亚冲：《智能机器人的法律人格审视》，载《前沿》2018 年第 3 期。

③ 袁曾：《人工智能有限法律人格审视》，载《东方法学》2017 年第 5 期。

④ 尹卫民：《论人工智能作品的权利主体：兼评人工智能的法律人格》，载《科技与出版》2018 年第 10 期。

⑤ 王利明：《人工智能时代对民法学的新挑战》，载《东方法学》2018 年第 3 期。

⑥ 赵万一：《机器人的法律主体地位辨析——兼谈对机器人进行法律规制的基本要求》，载《贵州民族大学学报（社会科学版）》2018 年第 3 期。

外，并不存在所谓哲学角度的法律主体，这样的用语属于典型的方法混淆。吴习彧等认为没有赋予人工智能法律主体地位的必要性，原因是虽然人工智能在某一特定领域具有开创性，形成了新的亟待解决的法律问题，但评价人工智能体所做出的行为是否具有法律效力，并不需要赋予其法律主体资格。[①]

（二）人工智能与权利保障

人工智能作为法律主体的主张内在地需要赋予人工智能权利能力，以重构相关权利义务关系。法律主体的权利能力虽然一律平等，但其展开范围有如下不同：自然人的权利范围大小不一，如必须符合年龄性别等条件的自然人才能行使结婚的权利；法人分类是以社会组织追求的目的范围为核心进行的，即法人在法律规定的目的范围内享有民事权利能力；人工智能的权利能力实现范围同样不能超越其被创造的目的和自身功能范畴。

对于人工智能生成物的权利归属，主要有三个流向，即归属人工智能本身、归属自然人、进入公共领域。对于归属人工智能本身和进入公共领域，持反对意见的学者居多，大部分学者认为权利应归属于自然人单独享有或共同享有，包括程序员、人工智能使用者以及素材提供者等。

持人工智能权利肯定说的戴维斯等认为，人工智能可以参照法人获得法律主体资格的方式，获得法律主体资格并享有相应的权利。[②] Aishwarya Limaye 认为，权利与责任具有一体性，如希望令人工智能负担法律责任就应承认其享有基本权利。[③] Kalin Hristov 认为，知识产权法上权利归属的制度安排，其本质考虑是权利归属制度应如何设计才能激励更多的、有价值的创造性成果产生；从激励理论出发，赋予非人类作者法律人格并使其享

[①] 吴习彧：《论人工智能的法律主体资格》，载《浙江社会科学》2018 年第 6 期。

[②] Cf. Colin R Davies. An Evolutionary Step in Intellectual Property Rights-Artificial Intelligence and Intellectual Property [J]. Computer Law & Security Review, 2011 (27).

[③] Cf. Aishwarya Limaye. Friend or Foe, Legal Rights of Artificial Intelligence [J]. Boston College Intellectual Property & Technology Forum, 2017 (1).

有权利，将为人类利用动物、人工智能之创造能力提供新的激励手段。①

持人工智能权利否定说的国外学者萨缪尔森等认为，知识产权制度的整体目标是，通过授予创造者的排他权以鼓励其创新。该制度推定如果无需激励也能产生创新，则权利就无保护之必要。② 版权制度历来只赋权于自然人，人工智能并不需要通过获得版权来得到继续创作的鼓励，所以赋予人工智能知识产权实际上既没有益处也没有意义，社会却不得不承担因阻碍信息自由流通所造成的负面外部性后果。从比较法角度而言，无论是强调人格意义的民法法系，还是重视经济激励的普通法系，大多数国家的版权法或多或少都将作者规定为自然人。我国学者张平③、熊琦④等从现行实体法的规定出发反对赋予人工智能著作权利人地位，他们认为法律调整的是人与人之间的关系，人工智能在数据输入和算法设定方面取决于自然人，人工智能的所有者应为权利人。此外，虽然人工智能可以创造财富，但它本身尚不能支配和拥有财富，也因此不能承担侵权责任后果，故而不能成为权利主体。

除王迁⑤等少数学者认为人工智能生成物不能构成作品，多数学者均同意人工智能生成物可以享有著作权。在人工智能的创造者和使用者同一时毫无疑问地应归属于该创造者；但在创造者和使用者不一致时，该权利应归属于人工智能的创造者还是使用者，学者间尚有较大分歧。Darin Glasser 等认为人工智能创造者才是生成物著作权的权利主体。⑥ 由于人工智能的学习方法和生成作品的方法由编程者提前预置，使用者对人工智能本身的使用无法脱离预置算法，因此，创造者理应享有至少部分著作权。熊琦认为，从作品生成的链条来看，人工智能生成内容在著作权法上可视

① Cf. Kalin Hristov. Artificial Intelligence and Copyright Dilemma ［J］. IDEA：The IP Law Review，2017（57）.

② Cf. Pamela Samuelson. Allocating Ownership Rights in Computer-Generated Works ［J］. Pittsburgh Law Review，1986（47）.

③ 张平：《关于"电子创作"的探析》，载《知识产权》1999 年第 3 期。

④ 熊琦：《人工智能生成内容的著作权认定》，载《知识产权》2017 年第 3 期。

⑤ 王迁：《论人工智能生成的内容在著作权法中的定性》，载《法律科学（西北政法大学学报）》2017 年第 5 期。

⑥ Cf. Darin Glasser. Copyrights in Computer – Generated Works：Whom，if Anyone，Do We Reward？［J］. Duke Law & Technology Review，2001（07）.

为是代表创造者意志的继续创作行为，其权利应归属于创造者，除非合同另有规定。① Robert C. Denicola 认为，人工智能的创造者已通过合同转让等形式获得了相应利益，其他诸如人工智能未来的生成物的权利应归属于受让人和使用者。② 可以将人工智能生成物拟制为自然孳息，人工智能的使用者应该被认定为生成物的作者和版权所有者，这样可以消除计算机辅助作品和人工智能作品难以区分的问题。王小夏和付强认为，现阶段人工智能往往需要对大量数据进行学习或者对样本进行模仿，所以素材的提供者，即使用人应该成为著作权人，享有该作品产生的权利并承担由此产生的法律责任。③

（三）人工智能的法律责任

人工智能可能实施危害社会的行为有以下两种方式：一是在预先设计和编制的程序范围内实施危害社会的行为；二是突破预先设计和编制的程序，独立操控自己实施危害社会的行为。④

1. 人工智能的刑事法律责任

在医疗事故、自动驾驶的交通事故、无人机误判恐怖分子错杀平民等问题上，人工智能能否作为犯罪主体越来越引发争议。刘宪权等认为，弱人工智能产品不具有认识和辨认能力，其本质在于工具属性，这类人工智能产品不可能作为犯罪主体而承担刑事责任。⑤ 而强人工智能产品因具有很强的自主意识，可以将其行为分为如下两种：在设计之初就已包含在数据程序范围之内的行为；超出设计和编制的程序，自主决策所实施的行为。对于前种行为，强人工智能体与弱人工智能体无异；而后种行为，完

---

① 熊琦：《人工智能生成内容的著作权认定》，载《知识产权》2017 年第 3 期。
② Cf. Robert C Denicola. Ex Machina：Copyright Protection for Computer – Generated Works ［J］. Rutgers University Law Review，2016（69）.
③ 王小夏、付强：《人工智能创作物著作权问题探析》，载《中国出版》2017 年第 17 期。
④ 刘宪权、胡荷佳：《论人工智能时代人工智能的刑事责任能力》，载《法学》2018 年第 1 期。
⑤ 刘宪权、胡荷佳：《论人工智能时代人工智能的刑事责任能力》，载《法学》2018 年第 1 期。

全是人工智能为了实现自己的意志、自主决策并自主实施的行为。在这个层面上讲，人工智能应当具有犯罪主体资格，我国《刑法》可以借鉴单位犯罪的规定对人工智能及其研发单位、制作单位、销售平台、使用人等采取双罚制和代罚制相结合的立法模式。

2. 人工智能的民事法律责任

人工智能实体具有自主性、不可预测性、不可控性、积累经验并从中学习的能力以及独立行动并作出个人决定的能力。虽然欧洲议会向欧盟委员会提出报告请求确认人工智能体的电子人主体地位，但是在最终责任如何承担的问题上却没有给出具体执行方案，在这种情况下，如果人工智能体的行为对人造成了损害须承担民事赔偿责任，它的创造者和所有者将成为最终的责任承担者，因为人工智能体本身并没有独立的财产且不具备独立担责的能力。①

代码与脱胎于其中的社会经济生产状况以及价值生产方式剥离开来，以貌似中立的无害身份出现，同时获得强大的控制力和自主性。实证性代码理论指出了代码作为新型社会权力的功能。当人工智能的行为更加自主化时，或许人工智能的创造者抑或是所有者的责任会有一定程度的减轻，并且给人工智能拟定了一份强制性的保险来保底责任的承担。保险公司应为人工智能创造特殊的保险方案，例如，针对无人驾驶的普及，可以规定新类型的"无人驾驶强制责任保险制度"，有效分配事故成本，为受害人提供必要的权利救济。赔偿基金（Compensation Fund）可以发挥维护社会稳定的功能，填补保险与侵权法之间存在的空白。美国还建立了存在侵害风险的自动驾驶汽车召回制度，剥夺肇事车辆上路行驶的资格，以避免其有瑕疵的人工智能系统成为公共交通安全隐患。

3. 人工智能的行政法律责任

人工智能扰乱公共秩序，妨害公共安全，侵犯人身权利、财产权利，妨害社会管理，具有社会危害性，尚不够刑事处罚的，由公安机关依照

---

① 袁曾：《人工智能有限法律人格审视》，载《东方法学》2017 年第 5 期。

《治安管理处罚法》给予治安管理处罚。此外，人工智能作为拥有用户受众的网络主体，类似于现行行政法规下的网络平台。一方面，其履行平台管理责任虽然是基于准行政权力的委托，但毕竟不能代替行政管理，还应当由政府通过依法行政来对人工智能实施管理；另一方面，鉴于网络空间海量信息结合人工智能具有高度自主性、智能性、未知性的特点，需要借助社会监督和专业机构的力量来共同监督治理。

从立法变迁来看，网络平台承担的行政责任逐渐加重。2000 年的《电信条例》和《互联网信息服务管理办法》对服务提供商规定的内容管理义务相对较轻。《电信条例》第六十一条规定，"在公共信息服务中，电信业务经营者发现电信网络中传输的信息明显属于本条例第五十六条所列内容的，应当立即停止传输，保存有关记录，并向国家有关机关报告"。《互联网信息服务管理办法》第十六条规定，"互联网信息服务提供者发现其网站传输的信息明显属于本办法第十五条所列内容之一的，应当立即停止传输，保存有关记录，并向国家有关机关报告"。前述两部立法仅要求网络服务提供商发现"明显"违法信息，停止传输和采取措施即可。随后，我国政府管理部门在监管中又确立了"谁经营、谁负责，谁接入、谁负责"的管理原则。目前《网络安全法》《食品安全法》等法律，对服务提供商规定了较为严格的义务。例如，《网络安全法》第四十七条规定，"网络运营者应当加强对其用户发布的信息的管理，发现法律、行政法规禁止发布或者传输的信息的，应当立即停止传输该信息，采取消除等处置措施，防止信息扩散，保存有关记录，并向有关主管部门报告"。立法将原有的"明显"剔除，即即使不是明显违法的，网络平台也有发现的责任。从责任的范围来看，网络平台从信息管理扩展到行为管理，还要求网络平台审核平台上的经营者的身份和资质信息的真实性，对平台经营者的违法行为进行管理和及时处理，否则将被处以包括吊销许可在内的行政处罚。在严格的现行行政法律法规下，付诸实践的人工智能必然需要针对不良信息和运行风险设置一定的事先过滤机制和事后审查反馈机制，否则将面临行政追责。

4. 人工智能的违宪法律责任

我国《宪法》第三十三条规定"国家尊重和保障人权";第三十七到第四十条规定公民享有"人身自由不受侵犯""人格尊严不受侵犯""住宅不受侵犯""通信自由和通信秘密"等系列隐私权。目前学界主要将隐私分为信息隐私、空间隐私、自决隐私等领域。上述三种隐私均存在被人工智能侵犯的风险,人工智能完全可以在当事人不知情的情况下进行空间监控,信息截留、收集、处理、利用与披露。违宪责任是指国家机关及其工作人员、各政党、社会团体、企事业单位和公民的言论或行为违背宪法的原则、精神和具体内容而承担由专门国家机关依法确认为其承担的合理的负担。[①] 人工智能技术属性和社会属性高度融合,人工智能及其创造者、使用者对于用户隐私权的大规模侵犯违反宪法相关规定的,理应承担违宪责任。

5. 人工智能的其他法律责任

在法律领域,若智能机器因操作失灵或其自身算法不足导致对案件提出了错误的法律意见,责任的归属问题更需要谨慎对待,因为不公或错误的裁判会导致司法权威的丧失。美国威斯康星州诉卢米斯一案(Wisconsin v. Loomis)中以 COMPAS 系统评估报告为依据指导定罪量刑的做法就受到了公众的广泛质疑。2013 年年初,威斯康星州指控卢米斯涉嫌在拉克罗斯的一场飞车枪击事件中有 5 项犯罪,法院最终根据一款累犯风险评估的系统 COMPAS,判处卢米斯 6 年监禁和 5 年的长期监督。[②] COMPAS 系统背后的方法是商业秘密,因此既没有向法院披露,也没有向被告披露。法庭对评估报告的使用类似对法官自由裁量权的行使,但仅依据电脑评估报告而不是更为精确的信息进行判决,当事后发现评估报告存在技术漏洞或出现新证据证明裁判错误时,审判责任的归属和划分将含糊不清。

---

① 肖北庚:《违宪责任论略》,载《福建政法管理干部学院学报》2001 年第 3 期。
② 周尚君、伍茜:《人工智能司法决策的可能与限度》,载《华东政法大学学报》2019 年第 1 期。

二、大数据、算法与人工智能的法律规制

随着信息技术的发展，大数据、算法与人工智能正快速地改变人们的日常生活和社会治理活动。简单来讲，大数据主要指规模庞大的数据存量和数据来源。正如 Jenna Dutcher 所说，大数据之"大"，不仅仅是指数据库体量大，更重要的是我们拥有海量的数据源，数字传感器和行为追踪器分布在世界的每个角落。[1] 而算法主要是指数据分析的指令、程序和步骤等。在一定意义上，可以将大数据看作材料，将算法视为处理这些材料的方法。大数据和算法共同构成了人工智能发展的两大核心驱动力。从技术层面看，大数据、算法与人工智能的发展能够极大地推动社会变革，有利于市场经济的发展，提升人们的生活质量。然而，这些新技术同样带来了一些潜在风险。唯有加以法律规制，才能够确保这些新技术真正造福于社会。就此而言，理论与实务界已经展开了大量探讨。下文将分别从大数据、算法和人工智能等三个领域对既有研究进行归纳、概述以及点评。尽管这三个领域存在交叉重叠，但法律规制的侧重点不同。

（一）大数据的法律规制

目前而言，有关大数据法律规制的讨论主要围绕两个方面展开，一是数据权属问题，二是数据流转问题。简单来讲，数据权属是前提，数据流转是手段。数据权属问题是静态的，数据流转问题则是动态的。在很大程度上，数据权属决定了数据流转模式。如果将这两个问题视为一级问题，那么在这两个一级问题之下，还存在着若干二级问题。既然将大数据视为人工智能的核心驱动力，那么大数据的法律规制实际上就对人工智能设定了第一道规制性门槛，数据权属和流转机制决定了数据权利享有者事实上成为一种规制人工智能的力量。

---

[1] Cf. Jenna Dutcher. What is Big Data［EB/OL］. Data Science at Berkeley Blog September 3, 2014，http：//datascience. berkeley. edu/what－is－big－data/.

1. 数据权属问题

冯惠玲指出,"大数据产业发展、文化传承和社会记忆的留存均亟待大数据权属的立法界定"[①];"大数据确权即大数据的权利性质、内容和归属"[②]。就此而言,有关大数据权属问题的研究存在两种基本路径。第一种路径侧重于探讨数据权的权利性质,第二种路径侧重于研究数据的内容或类型。就早期研究来看,这两种研究路径存在一定程度的分野。随着研究的深入,这两种研究路径逐渐聚拢,呈现出一种综合性特点。

数据权性质问题是一个不可避免的前置性问题。通常来讲,针对不同性质的权利,法律制度往往采用不同的规制或保护手段。大体来讲,目前主要存在五种不同观点,即财产权说、人格权说(隐私权说)、知识产权说、数据权说、区别说。

(1)财产权说强调数据的经济价值。例如,齐爱民等指出,数据实际上是一种新的财产客体,具备确定性、可控制性、独立性、价值性和稀缺性等五个法律特征。"数据财产权是权利人直接支配特定的数据财产并排除他人干涉的权利,它是大数据时代诞生的一种新类型的财产权形态。"[③]

(2)人格权说或隐私权说更多指向个人数据,并且强调对个人信息的保护。杨宏玲指出,个人数据的利用虽然可以产生一定经济利益,但个人数据权本身实际上是包含在隐私权中的,因此它是人格权,而非财产权。[④] 周斯佳也认为,"个人数据权是人格权,而不是财产权,并且,个人数据权主要是在公法领域发生作用,因此,个人数据权主要是一项宪法权利"[⑤]。

---

① 冯惠玲:《大数据的权属亟需立法界定》,载《中国高等教育》2017 年第 6 期。

② 周林彬、马恩斯:《大数据确权的法律经济学分析》,载《东北师大学报(哲学社会科学版)》2018 年第 2 期。

③ 齐爱民、盘佳:《数据权、数据主权的确立与大数据保护的基本原则》,载《苏州大学学报(哲学社会科学版)》2015 年第 1 期。

④ 杨宏玲:《个人数据财产权保护探讨》,载《软科学》2004 年第 5 期。

⑤ 周斯佳:《个人数据权的宪法性分析》,载《重庆大学学报(社会科学版)》2019 年第 10 期。

（3）知识产权说强调从数据产生过程来界定数据权属。支持者通常认为数据是被生产出来的，与那种静态的个人信息存在着本质区别。司马航认为，"用户数据基于其非物质性等独特属性，与知识产权存在多维度的性质共通，知识产权也因此成为规制用户数据最便捷、最现实的选择方案"①。王镭则从信息内容（语义层面）、符号（句法层面）以及实体等三个层面对数据进行了解构性分析，进而认为不宜轻易突破现有知识产权规则所确立的保护框架。②

（4）数据权说的主张者认为有必要在财产权、人格权等基础权利之外新设一种独立的数据权，从而避免争论并更好地保障权利人的利益。龚子秋指出，"公民'数据权'是一项新兴的基本人权，它是信息化时代的产物，是公民个人的基本权利"③。邓刚宏主张，"有必要脱离我国学界主流的以财产权说、知识产权说为逻辑起点的数据权属定位，将其直接定位为数据权"④。肖建华也持数据权肯定论。⑤

（5）除了上述四类观点之外，越来越多的学者倾向于支持区别说。区别说本身实际上是建立在前述四种学说基础之上的。区别说的支持者通常认为，数据本身具有多样性和复杂性，不能一概而论。无论是财产权、人格权，还是知识产权，都不能为数据权利性质提供排他性解释。与此同时，试图创设一种独立的数据权来定分止争的做法实际上很容易掩盖问题本身。一言以蔽之，区别说主张应根据数据内容或类型来分别说明其权利性质。就此而言，区别说实际上是上述两种研究路径逐渐聚拢后的产物。对于区别说的支持者来讲，首要任务是对不同数据进行甄别，通过划定相应标准，将多样的数据类型化。在此基础之上，对每一类数据权利的性质展开进一步说明。

具体来讲，根据主体不同，部分学者将数据划分为公共数据、企业数

---

① 司马航：《用户数据的知识产权属性之辩》，载《科技与法律》2019年第6期。

② 王镭：《"拷问"数据财产权——以信息与数据的层面划分为视角》，载《华中科技大学学报（社会科学版）》2019年第4期。

③ 龚子秋：《公民"数据权"：一项新兴的基本人权》，载《江海学刊》2018年第6期。

④ 邓刚宏：《大数据权利属性的法律逻辑分析——兼论个人数据权的保护路径》，载《江海学刊》2018年第6期。

⑤ 肖建华：《论数据权利与交易规制》，载《中国高校社会科学》2019年第1期。

据和个人数据。① 公共数据主要是指国家机关在履行法定职责过程中所产生并保存下来的一系列数据。有学者认为，公共数据归公民所有，是一项基本的公民权利。② 企业数据主要由企业所掌握，通常是由企业在商业活动中收集而来的，用以进行商业活动分析和判断。尽管企业数据往往包含着大量的个人数据，但企业在进行数据分析时更看重的并非其中的个人身份信息，而是相关市场行为和效果之间的因果关系，因此企业数据的财产属性更为明显。从这个意义上讲，企业数据权是一种财产权。李晓阳持此观点。③ 管洪博的观点与此类似。他认为，企业数据的商业价值在于其数据规模达到了一定量级，属于一种新型的无形财产权。④ 相比于公共数据和企业数据，个人数据则更显复杂性。一般而言，个人数据权利既包括了人格权，也包括了财产权。刘新宇概括道："用户基于个人信息所产生的数据权利应包括数据人身权和数据财产权，两者在配置上相互分立，同时扮演着不同的角色。"⑤ 李勇坚认为，应当按照数据指向性不同，将个人数据划分为原始数据、信息和隐私，三者之间在很大程度上构成一种递进关系。⑥ 邢会强主张，从权利属性来讲，个人数据权同时包含了人格权和财产权。其中，人格权当然归个人享有，但财产权应有所区别。根据个人信息的不同分类，他指出"基本个人信息的财产权为个人所独有，伴生个人信息和预测个人信息的财产权为个人与信息企业所共有"，同时根据不同情况，个人与企业对共有部分财产权享有不同的份额。⑦ 武长海等从数据安全的角度将其划分为底层数据、匿名化数据和衍生数据。⑧

---

① 石丹：《大数据时代数据权属及其保护路径研究》，载《西安交通大学学报（社会科学版）》2018 年第 3 期；吕廷君：《数据权体系及其法治意义》，载《中共中央党校学报》2017 年第 5 期。

② 程同顺、史猛：《公共数据权和政治民主》，载《江海学刊》2018 年第 4 期。

③ 李晓阳：《大数据背景下商业数据的财产性》，载《江苏社会科学》2019 年第 5 期。

④ 管洪博：《大数据时代企业数据权的建构》，载《社会科学战线》2019 年第 12 期。

⑤ 刘新宇：《大数据时代数据权属分析及其体系构建》，载《上海大学学报（社会科学版）》2019 年第 6 期。

⑥ 李勇坚：《个人数据权利体系的理论建构》，载《中国社会科学院研究生院学报》2019 年第 5 期。

⑦ 邢会强：《大数据交易背景下个人信息财产权的分配与实现机制》，载《法学评论》2019 年第 6 期。

⑧ 武长海、常铮：《论我国数据权法律制度的建构与完善》，载《河北法学》2018 年第 2 期。

总体而言，上述五类关于数据权属的观点代表了对数据进行规制的不同思路。确权本身的用意和目的是规制。通常来讲，在权利属性及权利归属明确的情况下，才能够有针对性地制定相关规范。当然，从不同数据权属的观点中，也可以看到不同的规制倾向或价值选择。例如，财产权说的支持者更侧重数据流通价值，人格权说的主张者更侧重数据安全。这些不同倾向决定了规制的大致思路。此外，也有学者认为，数据确权不宜操之过急。张阳认为，数据财产权难以证成，在数据无法权利化的情形下，应从事前"权利范式"规制转向事后"关系范式"调整，逐步建构以契约为核心的规制模式。[①] 这固然是一种数据治理思路，但其成本效益还有待进一步验证。

2. 数据流转问题

既然数据是材料和资源，那么数据流转机制就决定了这些材料和资源将以何种方式进行汇集，同时也决定了数据控制者的数据质量。关于数据流转问题主要集中在个人数据层面。通常来讲，公共数据和企业数据因其权属相对明确，流转主体相对集中，所以规制方式较为清晰。关于个人数据流转问题，学者们将更多目光聚焦在同意机制上。通常而言，数据主体同意，则数据处理行为便具有正当性。学者们主要在两个关键维度上对同意规则的设定展开了探索，一是同意的强度或地位问题；二是个人数据的概念或范围问题。通过赋予同意在个人数据流转中不同的强度，或强化数据保护，或强化数据利用；通过对个人数据概念或范围进行调整，将部分个人数据的利用从相关约束条件中"解放"出来。

关于同意的强度或地位，存在三种基本态度。第一，将同意作为相关行为具备合法性或正当性必要条件，甚至是充要条件。这种态度多体现在法律规范或司法实践中。由于当前有关个人数据保护的法律规范规定相对较为原则和抽象，为了（部分目的）保证司法裁判的可操作性和稳定性，同意往往成为判断一个行为、一次交易是否合法的必要性指标。第二，将同意作为相关行为具备合法性或正当性的原则性要求，在同意之外，创设

---

① 张阳：《数据的权利化困境与契约式规制》，载《科技与法律》2016 年第 6 期。

相应的限制性例外条款。例如，张新宝主张，"告知同意原则要受通信自由和通信秘密宪法权利的限制，还要受目的原则与必要原则的限制"①。蔡星月提出，应当弱化同意在个人数据保护中的体系性地位，"在数据处理行为违反了同意原则之时，不能直接推导出数据主体的具体权利受到侵犯，而需结合其他合法性基础予以综合考量"②。第三，认为同意并非个人数据处理的正当性基础。例如，任龙龙主张，"个人信息保护策略的制定应基于改善人类福祉的目的，侧重于对个人信息的充分利用"，"即使事先取得了信息主体的同意，其个人信息处理行为也非理所当然具有正当性"。③

关于个人数据概念或范围的调整，大致存在两种路径。第一，从数据权属和权利性质角度，将个人数据权与一般数据权划分为两种不同性质的权利，前者属于人格权，后者属于财产权。由此，对于同一个数据集，可能存在两个权利主体，一个享有其中的人格权，而另一个享有财产权。在这种情况下，数据处理就转换成两种权利之间的平衡。一般情况下，人格权优先于财产权，因此财产权的行使以人格权主体同意为前提；与此同时，从消极意义上讲，只要人格利益不受实质性损害，则相关数据主体可在合理范围内且在未经同意的前提下，进行数据处理。许可持此观点。④第二，按照一定标准，将数据细分为不同类型，进而分别设定同意规则。例如，将数据划分为个人数据和非个人数据、基础数据和增值数据、原生数据和衍生数据等。徐伟认为，获取可识别的原生数据应当获得用户同意；获取非可识别的衍生数据无需获得用户同意；获取可识别的衍生数据需同时获得用户和企业同意；获取非可识别的原生数据无需用户同意，是否需要企业同意应视数据是否公开而定。⑤ 这里"可识别性"，指能够切实

---

① 张新宝：《个人信息收集：告知同意原则适用的限制》，载《比较法研究》2019 年第 6 期。

② 蔡星月：《数据主体的"弱同意"及其规范结构》，载《比较法研究》2019 年第 4 期。

③ 任龙龙：《论同意不是个人信息处理的正当性基础》，载《政治与法律》2016 年第 1 期。

④ 许可：《数据保护的三重进路——评新浪微博诉脉脉不正当竞争案》，载《上海大学学报（社会科学版）》2017 年第 6 期。

⑤ 徐伟：《企业数据获取"三重授权原则"反思及类型化建构》，载《交大法学》2019 年第 4 期。

可行地单独或通过与其他信息结合识别特定用户身份的信息或信息集合。①

综上可见，在数据流转过程中，同意规则如同卡尺上的游标，研究者试图通过调整同意规则的适用范围，进而在数据保护和数据利用之间确定平衡点。但同意规则本身并不决定平衡点落在哪个刻度上，真正发挥决定作用的实则是争论背后的利益博弈与价值考量。

（二）算法的规制

尽管数据现今被人们视为宝贵的财富，但离开了算法的数据终将丧失其生命力。算法是数据分析的有力工具，其本身具有极其重要的价值。就此而言，对算法的保护理应成为一项重要议题。孙建丽指出，我国目前对算法法律保护模式的理论研究尚属空白，而相关保护性制度则更显贫乏。她在分析美国国内两种观点（专利模式和商业秘密模式）的基础上，主张暂先通过专利模式保护"白箱""灰箱"算法，同时采用非专属性激励机制对"黑箱"算法等予以保护。② 毋庸置疑，通过法律对算法进行保护，是鼓励算法开发、促进科技创新的重要手段，具有十分重要的意义。然而，在带给我们一定利益的同时，算法应用也带来了较大的潜在风险。从风险管理的视角来看，风险规制往往决定了对算法进行保护的限度以及保护路径。如果将算法视为一种工具，那么在尚无法对这种工具的风险进行有效管控的情况下，贸然去设定保护机制，显然是一种不够谨慎的做法。从这个意义上讲，算法应用规制实际是一个更优先且应当占据核心地位的议题。算法规制决定了算法保护。换句话说，对算法应用，理应采取一种规制性保护策略。

大体而言，可以从四个层面来概述目前学界的研究进展。第一个层面主要涉及算法规制的宏观视角，包括权力视角、治理视角和法律视角；第二个层面主要涉及算法中所内含的双重危险，即算法黑箱以及算法偏见；

---

① 《互联网企业个人信息保护测评标准》等规范性文件对"可识别性"都作了具体规定。

② 孙建丽：《论算法的法律保护模式》，载《西北民族大学学报（哲学社会科学版）》2019年第5期。

第三个层面涉及在司法场景下算法应用的规制问题；第四个层面涉及其他一些具体应用场景中的算法规制问题。实际上，第三和第四层面都是具体应用场景下算法的规制问题，但鉴于司法活动的特殊性，将其单列出来概述。

1. 三种宏观视角下的算法规制

针对算法应用风险的规制可以从多个角度切入。不同视角下，算法应用中的风险性质存在差异，这种性质差异也决定了规制路径的不同。就目前而言，主要存在三种视角，即权力视角、治理视角和法律视角。

（1）权力视角下的算法规制。在权力视角下，算法的大规模和深度应用被视为一种新型权力的诞生，即算法权力。张凌寒认为，"算法基于海量数据运算配置社会资源，直接作为行为规范影响人的行为，辅助甚至取代公权力决策，从而发展为一支新兴的技术权力"[1]。陈鹏也主张算法权力属于一种新型的权力形态，是一种技术权力、资本权力，可能演化成人工智能对人类的霸权。[2] 汝绪华甚至直言："算法即权力。"[3] 简单来讲，在权力视角下存在着三方主体。传统的公权力主体主要指政府；作为权利主体，个人往往仅拥有有限能力与公权力形成抗衡；社会则处于政府与个人之间。算法的兴起，使越来越多的政府决策或公共政策必须依赖于算法或算法结果，且算法通常由技术专家所掌握。而在多数情况下，公权力代理人并非技术专家。由此，从本质上讲，掌握算法技术的专家拥有了影响政府决策或公共政策的权力。从某种意义上讲，由资本所驱动、技术专家所掌握的算法权力代表着社会权力的成长。新权力的产生意味着不同权力主体之间需要寻找新的平衡。就此而言，寻求对算法权力的规制就成为权力视角下算法应用规制的核心。对此，陈鹏主张，应当尽可能减少算法权力与政府权力之间的博弈，政府应当积极寻求掌控这种算法权力，例如，政

① 张凌寒：《算法权力的兴起、异化及法律规制》，载《法商研究》2019 年第 4 期。
② 陈鹏：《算法的权力：应用与规制》，载《浙江社会科学》2019 年第 4 期。
③ 汝绪华：《算法政治：风险、发生逻辑与治理》，载《厦门大学学报（哲学社会科学版）》2018 年第 6 期。

府应主导智能政务系统核心算法的标准制定和研发等。① 张爱军则提出，政府应干预弱化资本依赖，借助法律、伦理等进行管控，防止算法权力异化。综上，在权力视角下，算法应用背后是算法权力的扩张。因此，对算法应用的规制侧重于防止算法权力异化。

（2）治理视角下的算法规制。相较于权力视角，治理视角更加侧重于算法治理的整体效能，而不仅仅关注权力平衡问题。孙庆春等指出，算法决策存在三个技术性特点，即数据化、精准化和智能化。一方面，算法决策有助于提升治理能力；另一方面，算法治理也可能对公民基本权利、法治框架和行政伦理构成挑战。因此，应当对算法本身进行"治理"。他提出了治理算法的基本框架，包括公开算法相关记录、解释算法规则、建构问责机制等。② 以"治理"算法为手段进而提升算法治理的效能与质量，便成为治理视角下算法规制的核心。对此，学者们提出了多种方案。例如，王聪以"共同善"作为算法规制的哲学基础，主张通过提高算法透明度并赋予相关主体算法解释请求权，从而克制算法的技术偏私。③ 杜小奇建议采用一种多元协作规制模式，即个人、算法部署者和监管机构三方参与，实现事前预防、事中控制和事后矫正。④ 张欣提出，一方面应当设计场景化、精细化的算法监管机制；另一方面，要强化算法治理、数据治理以及平台治理的有效联结。⑤ 陈思认为应从技术、价值两个方面来探讨算法治理方案，具体包括优化算法设计、搭建治理合作平台、制定相关法律法规、建立行业规范、提高主体认知水平等。⑥ 此外，贾开也提出了一些原则化建议。⑦

（3）法律视角下的算法规制。在法律视角下，算法规制主要涉及算法

---

① 陈鹏：《算法的权力和权力的算法》，载《探索》2019年第4期。

② 孙庆春、贾焕银：《算法治理与治理算法》，载《重庆大学学报（社会科学版）》，2019年第6期。

③ 王聪：《"共同善"维度下的算法规制》，载《法学》2019年第12期。

④ 杜小奇：《多元协作框架下算法的规制》，载《河北法学》2019年第12期。

⑤ 张欣：《从算法危机到算法信任》，载《华东政法大学学报》2019年第6期。

⑥ 陈思：《算法治理：智能社会技术异化的风险及应对》，载《湖北大学学报（哲学社会科学版）》2020年第1期。

⑦ 贾开：《人工智能与算法治理研究》，载《中国行政管理》2019年第1期。

应用中各方权利义务分配问题。法律本身所追求的是一种分配正义，通过设定法律规则进行事先权利义务分配，进而将算法应用中的风险进行合理控制。就此而言，学者们提出了多样化的权利义务分配方案。例如，唐林垚认为，人工智能时代的责任和义务框架是以变应变，因此从合同相对性出发，算法社会的责任主体识别应遵循信息优势方承担更大责任的基本原则。[①] 于冲从刑法的视角指出，对算法的规制应当以行为人和行为为核心。尽管有些深度学习算法具有一定的独立性、自动性，但从根本上讲不能否认作为算法设计者和开发者的主导性地位。[②] 林洹民认为，对算法进行法律规制应当找准切入点。在他看来，深入企业内部、承载特殊法律义务的数据活动顾问就是一个有效的切入点。他主张建立以数据活动顾问为主、以数据活动监管为辅的二元算法监管机制，主要从内部对算法应用进行法律控制。因此，法律应为数据活动顾问设定相应权利义务。[③] 程莹分析认为，我国当前的立法倾向侧重于责任追究，应当予以纠正，尽可能重视过程规范和综合治理。一方面，法律应当明确数据控制者的义务，促使其积极开展事先、事后审查以及人工干预；另一方面，合理设定相关监督机构的监管义务。[④] 张凌寒还提出应当平台责任和技术责任双规并用。[⑤] 综上可见，法律视角相较于其他两种视角，更显具体，并且特别强调通过设定法律义务和责任来规范算法应用主体的行为。当然，在法律视角下，有些学者还探讨了一些更为基础的问题。例如，蒋舸指出，透过算法的视角观察法律，可以在结构层面为我们反思法律提供启示。[⑥] 陈姿含认为，算法治

[①]　唐林垚：《人工智能时代的算法规制：责任分层与义务合规》，载《现代法学》2020 年第 1 期。

[②]　于冲：《人工智能的刑法评价路径：从机器规制向算法规制》，载《人民法治》2019 年第 17 期。

[③]　林洹民：《自动决策算法的法律规制：以数据活动顾问为核心的二元监管路径》，载《法律科学（西北政法大学学报）》2019 年第 3 期。

[④]　程莹：《元规制模式下的数据保护与算法规制——以欧盟〈通用数据保护条例〉为研究样本》，载《法律科学（西北政法大学学报）》2019 年第 4 期。

[⑤]　张凌寒：《算法规制的迭代与革新》，载《法学论坛》2019 年第 2 期。

[⑥]　蒋舸：《作为算法的法律》，载《清华法学》2019 年第 1 期。

理的复杂性涉及一种人对自我的重新定位，法律主体性危机应当引起重视。[①]

2. 双重危险：算法黑箱与算法偏见

所谓算法黑箱，多指与算法技术复杂性相伴而生的不透明性。简而言之，"在人工智能系统输入的数据和其输出的结果之间，存在着人们无法洞悉的'隐层'，这就是算法'黑箱'"[②]。算法黑箱有可能导致算法偏见，但算法偏见也可能来自算法开发者及其开发过程。整体而言，算法黑箱与算法偏见都是算法应用中需要认真对待的重要风险。

（1）算法黑箱及其规制。根据视角不同，关于算法黑箱规制的研究可以分为两类，一类主要关注算法的不透明性本身，另一类则侧重于这种不透明性所带来的后果。对于前者，解决不透明性才是关键。换句话说，唯有提高算法的透明度，才能够有效控制相关风险。对于部分学者而言，算法解释权是解决算法黑箱的关键。通过赋予个人算法解释权，使其能够在适当的时候提出异议，要求相对人对其算法作出解释，进而评估算法决策的公正性，被认为是一项解决问题的有效措施。解正山认为，人类具有自我纠错和反省的能力，但算法则不然。因此，应当赋予个人对一项于己不利的算法决策的解释请求权，并围绕算法解释权建构知情、参与、异议等新型的数据权利束以及其他多元规制手段。[③] 张凌寒具体探究了算法解释权的内在构造，分别从权利主体（自动化决策使用者与相对人）、解释标准（相关性与可理解性）、解释权内容（具体解释与更新解释）等层面对算法解释权进行了探索。[④] 张恩典对算法解释权的构造提出了另一种主张，他认为，"依据解释标准和解释时机的不同，算法解释权可以界分为以算法系统功能为中心的解释权模式与以具体决策为中心的解释权模式"，两

[①] 陈姿含：《人工智能算法中的法律主体性危机》，载《法律科学（西北政法大学学报）》2019年第4期。

[②] 徐凤：《人工智能算法黑箱的法律规制——以智能投顾为例展开》，载《东方法学》2019年第6期。

[③] 解正山：《算法决策规制——以算法"解释权"为中心》，载《现代法学》2020年第1期。

[④] 张凌寒：《商业自动化决策的算法解释权研究》，载《法律科学（西北政法大学学报）》2018年第3期。

种模式之间是一种并存关系。① 简而言之，这些学者将解决算法黑箱问题的希望寄托于算法解释权。李婕从另一种维度审视这个问题，她关注的议题是算法垄断。她认为算法垄断侵犯了公民的知情权，乃至救济权，然而助推算法垄断的因素是算法的不透明性，为了防止算法垄断，法律应当介入。在她看来，算法运算的"商业秘密"不能对抗公共利益，政府应当重视公共领域中算法的透明性，通过立法要求相关主体公开源代码，使其接受公众监督。② 有关算法黑箱的规制还存在另外一种视角，即后果主义。沈伟伟明确指出，算法透明原则既不可行，也无必要。对算法黑箱的规制，算法透明原则应处于一种非普适性、辅助性的位置，更为有效的措施是以实用主义为导向、以算法问责为代表的事后规制。③ 可以说，沈伟伟所提出的事后规制代表了算法黑箱规制的另外一种方向。总体上，无论是关注不透明性本身，还是侧重后果主义，都为算法黑箱的规制提供了良好思路。

（2）算法偏见及其规制。从一定意义上讲，算法偏见是一个不可避免的问题。张玉宏、秦志光、肖乐等人从文化、技术哲学和心理学等角度阐述了大数据算法存在偏见或歧视的必然性。④ 类似地，刘培、池忠军探究了算法偏见的具体成因，包括数据中预先就存有偏见、算法本身构成一种歧视、数据抽样偏差及其权重设置差异等。⑤ 算法偏见所导致的最直接后果就是平等权保护危机。崔靖梓认为，平等权保护危机包括平等理念危机、歧视识别危机和平等权保护模式危机。⑥ 对此，丁晓东也认为，算法总是隐含了价值判断，因而并非一种完全价值中立的活动。他主张发展一种基于技艺的法律解释方法，通过这种方法反思算法的伦理基础，避免盲

---

① 张恩典：《大数据时代的算法解释权：背景、逻辑与构造》，载《法学论坛》2019 年第 4 期。

② 李婕：《垄断抑或公开：算法规制的法经济学分析》，载《理论视野》2019 年第 1 期。

③ 沈伟伟：《算法透明原则的迷思——算法规制理论的批判》，载《环球法律评论》2019 年第 6 期。

④ 张玉宏、秦志光、肖乐：《大数据算法的歧视本质》，载《自然辩证法研究》2017 年第 5 期。

⑤ 刘培、池忠军：《算法歧视的伦理反思》，载《自然辩证法通讯》2019 年第 10 期。

⑥ 崔靖梓：《算法歧视挑战下平等权保护的危机与应对》，载《法律科学（西北政法大学学报）》2019 年第 3 期。

目信任或依赖某种算法。① 杨成越、罗先觉指出应当充分利用制定个人信息保护法的契机，采用个人信息保护法与合理算法标准相结合的综合治理路径。② 刘友华从偏见形成的不同阶段出发，认为算法偏见萌生于数据收集步骤，成熟于模型完善步骤，强化于应用阶段。就此而言，首先应从社会减少偏见，确保数据可查性与算法可审计性，在法律上对算法使用者与设计者设定相应义务。③ 郑智航和徐昭曦具体分析了有关算法偏见规制的不同措施，包括原则性规制与特定性规制、事后性规制和预防性规制、自律性规制和他律性规制等。在司法审查层面，存在不同待遇审查和差异性审查两种基本模式。总体上，他们主张应以平衡"数字鸿沟"、抑制算法权力为重点，综合运用多种手段克制算法偏见问题。④ 章小彬提出应当从算法理念、算法技术、算法审查和算法问责等四个方面完善算法偏见规制法律框架。⑤ 除此之外，卜素还主张建立对人工智能算法的伦理审查标准体系。⑥

3. 算法司法的规制问题

算法司法是指将算法应用到司法场域，辅助司法决策，在特定情况下，甚至可以直接依据算法作出司法决策。传统司法裁判机制限于人力物力资源以及自然人有限的信息处理能力，往往显得效率较低。相比之下，算法司法则具有明显优势。基于算法，司法裁判机制获得了处理海量证据信息的能力，同时有助于提高案件裁决效率。但算法司法本身存在其风险。杜宴林等指出，算法司法在增强办案能力、提高司法效率的同时，也带来了一系列问题，包括算法隐蔽性与司法公开性之间的冲突、算法司法

---

① 丁晓东：《算法与歧视——从美国教育平权案看算法伦理与法律解释》，载《中外法学》2017年第6期。

② 杨成越、罗先觉：《算法歧视的综合治理初探》，载《科学与社会》2018年第4期。

③ 刘友华：《算法偏见及其规制路径研究》，载《法学杂志》2019年第6期。

④ 郑智航、徐昭曦：《大数据时代算法歧视的法律规制与司法审查——以美国法律实践为例》，载《比较法研究》2019年第4期。

⑤ 章小彬：《人工智能算法歧视的法律规制：欧美经验与中国路径》，载《华东理工大学学报（社会科学版）》2019年第6期。

⑥ 卜素：《人工智能中的"算法歧视"问题及其审查标准》，载《山西大学学报（哲学社会科学版）》2019年第4期。

的商业化、过度重视专家系统经验等。① 除此之外，马靖云还提出了算法司法的一些现实困难，包括数据采样的有限性、司法要素抽取的高难度等。②

事实上，司法裁判涉及非常复杂的认知判断过程，在这个过程中，所需要处理的是大量非结构化要素。就目前来看，算法司法只能在有限的范围内发挥其效用。即便如此，对算法司法的规制仍然十分重要。中立、公正等价值对于司法而言具有根本性意义，将算法引入司法活动，必须将中立、公正等价值作为衡量的核心标准。否则，算法的司法应用就缺乏正当性。从这个意义上讲，要发挥算法司法的优势，就必须对其潜在风险进行有效规制。对此，学者们提出了多种算法司法规制路径。高学强从五个方面提出了规制建议，具体包括：制定人工智能健康发展的法律法规和伦理规范；建立健全公开透明的人工智能监管体系；制定个人信息保护法和合理算法标准，以消除算法歧视；制定专门的算法问责监管法，以增强智能算法的透明性；树立以个人能动性为主、算法裁判等人工智能技术为辅的理念，最终实现智能司法。③ 周尚君等也提出了三个方面的建议，包括建立一套维系良好人机关系的伦理规则、建构符合人类正义观的司法决策模型以及对算法黑箱进行有限度规制。④ 除了这些相对宏观的规制思路外，部分学者还聚焦于算法司法的特定场景，对一些具体问题展开了研究。例如，何邦武对网络电子数据的算法取证进行了研究，探讨了这种取证路径的可行性及其困难。⑤ 周慕涵对算法在证明力评价中的应用进行了研究，并认为将算法引入证明力评判具有一定可行性。⑥

---

① 杜宴林、杨学科：《论人工智能时代的算法司法与算法司法正义》，载《湘潭论坛》2019年第5期。

② 马靖云：《智慧司法的难题及其破解》，载《华东政法大学学报》2019年第4期。

③ 高学强：《人工智能时代的算法裁判及其规制》，载《陕西师范大学学报（哲学社会科学版）》2019年第3期。

④ 周尚君、伍茜：《人工智能司法决策的可能与限度》，载《华东政法大学学报》2019年第1期。

⑤ 何邦武：《网络刑事电子数据算法取证难题及其破解》，载《环球法律评论》2019年第5期。

⑥ 周慕涵：《证明力评判方式新论——基于算法的视角》，载《法律科学（西北政法大学学报）》2020年第1期。

4. 其他应用场景下算法规制问题

针对算法的规制，不仅应当在基础层面确立一些共通性标准，还需要在特定应用场域中分析相应算法存在的具体问题，进而制定更为详细且针对性强的规制措施。除了算法的司法应用问题外，学者们还研究了一些其他应用场景下的算法规制问题。例如，李飞探究了无人驾驶碰撞算法的规制问题。碰撞算法是无人驾驶技术的核心，这种算法预先决定了在紧急情况下的利益取舍，并且这种利益取舍多数时候涉及生命健康权。李飞主张，政府和法律既要鼓励和支持算法伦理的产生，也应当加以引导和介入。算法伦理不仅是自治规范，还是法律渊源。[1] 与此类似，吕方园、马昕妍探讨了无人船舶碰撞中相关算法的法律规制。[2]张凌寒则讨论了搜索引擎自动补足算法的问题，算法联想可能侵害个人名誉、隐私、著作权、商标权乃至公共利益等。因此，应将"基于算法的信息发布者"作为规制搜索引擎算法损害的原点，对其设置算法看门人的注意义务。[3] 总体而言，具体应用场景下算法的规制问题值得重点关注。通过在具体场景下分析算法应用中存在的问题，能够为算法应用的一般性规制提供更多有益的思路。

（三）人工智能的规制

如前文所述，大数据与算法构成了人工智能发展的两大核心驱动力。二者同时也是人工智能的两个基本要素。但是人工智能并非大数据与算法的简单叠加。在很大程度上，对大数据与算法的规制有助于规避人工智能应用中的风险。然而，人工智能本身还涉及其他一些基础性问题，可以说，人工智能的规制是一个更为综合性的问题。任剑涛从社会控制的角度

---

① 李飞：《无人驾驶碰撞算法的伦理立场与法律治理》，载《法制与社会发展》2019 年第 5 期。

② 吕方园、马昕妍：《无人船舶碰撞法律责任规制研究》，载《大连海事大学学报（社会科学版）》2019 年第 4 期。

③ 张凌寒：《搜索引擎自动补足算法的损害及规制》，载《华东政法大学学报》2019 年第 6 期。

指出，社会控制绝对不能单纯依赖人工智能技术，并且人工智能应当被视为人类智能的有力补充。[1] 当然，这种补充作用的发挥有赖于对人工智能应用风险的规制。由于本书后续部分将对有关人工智能规制的研究进行详细概述，本节仅对一些一般性观点和理论进行归纳。大体上，这些一般性观点和理论可以分为两种类型，一类涉及人工智能规制的价值基础或价值选择，另一类主要涉及规制路径问题。

1. 价值基础或价值选择

简而言之，这里所谓价值基础或选择是指对人工智能的规制应当以何种价值为导向。从根本上讲，这种价值导向与人们对人工智能的态度息息相关。总体上，学界对人工智能存在三种基本态度，并因此产生了三种价值选择。第一种属于相对悲观态度，其价值选择是以人类现有的价值体系控制人工智能发展，确保人工智能无法突破既定的价值体系。王成就持这种态度。在他看来，人工智能的出现和发展根源于人的恐惧和贪婪，并且人工智能可能会带来不平等、失业、信任危机、挑战现存社会秩序等严重问题。他主张将人工智能始终保持在人类的掌控之下，提出人工智能规制的一系列原则，包括目的正当性原则、人类善良情感原则、公众知情原则或透明原则、政府管控原则、分类管控原则、全程管控原则、预防原则、国际合作原则等。[2] 在一定程度上，张富利也持类似态度。在他看来，人工智能的挑战是根本性的、深层次的、颠覆性的，传统的权利保护、权力制衡等核心价值遭遇到危机，宁可放缓科技发展的速度，也要确保作为主体的人享受宪法和法律赋予的权利与自由。[3] 第二种属于相对积极的态度。持这一态度的学者认为人工智能的发展总体上倾向于增强人类的能力，而非取代人类。因此，其价值选择是在坚持以人为本的基础上尽可能发挥人工智能的功能。于海防主张，"人工智能法律规制应坚持以人为本，发挥

---

[1] 任剑涛：《人工智能与社会控制》，载《人文杂志》2020 年第 1 期。

[2] 王成：《人工智能法律规制的正当性、进路与原则》，载《江西社会科学》2019 年第 2 期。

[3] 张富利：《全球风险社会下人工智能的治理之道——复杂性范式与法律应对》，载《学术论坛》2019 年第 3 期。

技术的正价值，规避技术的负价值，秉持人工智能能局部替代人类、整体增强人类的价值理念"①。第三种态度属于一种不确定态度，即人工智能究竟能否造福人类还有待进一步观察和规制。程海东等人从人工智能本身的不确定性出发，指出人工智能既可能向善，也可能向恶。"人工智能的不确定性是不可避免的，也不能从根本上得以消除，因而直接得出人工智能技术是好的（或是坏的）的结论是危险的，随着人工智能的发展，需要不断进行'中期方向修正'。"② 当然，这三种态度之外还存在一些较为模糊的态度。但整体上，一个人对人工智能持有何种态度或作何种价值选择，决定了他对此采取的规制路径。

2. 规制路径

关于人工智能规制路径的研究总体上还是原则性、方向性的。就各国实际采取的规制方式而言，汪庆华分析认为，中国、美国当前的规制思路是个别化的，而欧盟则采取了源头规制路径。具体而言，中国主要是通过分散式立法形式进行规制，美国则是以司法判例的形式结合具体情境进行规制，欧盟的源头规制实际是借助于对个人权利的严格保护来实现的。③针对中国的规制路径，学者们表达了不同的看法。张玉洁主张建立一种体系化的规制模式，包括建构"国家战略－基本法律－标准体系"三级人工智能规范，设立"政府主导＋行业协会辅助"的监管模式，确定人工智能分类侵权责任体系。④倪楠认为应尽快建立以全流程监管为主体的、多层次的人工智能监管体系，从不同部门法视角开展研究，从而建构全面的法律规范。⑤张吉豫主张从专利制度、侵权责任制度和政府机构管制等三个

---

① 于海防：《人工智能法律规制的价值取向与逻辑前提——在替代人类与增强人类之间》，载《法学》2019年第6期。

② 程海东、王以梁、侯沐辰：《人工智能的不确定性及其治理探究》，载《自然辩证法研究》2020年第1期。

③ 汪庆华：《人工智能的法律规制路径：一个框架性讨论》，载《现代法学》2019年第2期。

④ 张玉洁：《论我国人工智能的法治化进程：现状、挑战与革新》，载《广州大学学报（社会科学版）》2019年第2期。

⑤ 倪楠：《人工智能发展过程中的法律规制问题研究》，载《人文杂志》2018年第4期。

方面出发设置相关规制措施。① 蒋洁将规制的重点放在企业社会责任层面。她指出，我国目前分散式立法中对人工智能开发企业社会责任的规定还不够，应尽快从企业社会责任的角度制定一些具体规则。她认为应当重点从如下三个方面强化企业责任：建构透明开放的法定正当程序；健全算法解释和结果验证的合规标准；完善开发行为的违反问责框架。② 总体而言，这些学者试图改变现有的分散式立法模式，梳理某种规制逻辑，建构出体系化的法律规范。

除此之外，还有一部分学者从更宏观的视角提出了规制思路。例如，吴汉东提倡一种制度性、法治化的社会治理体系，这种治理体系包括"以安全为核心的法律价值目标，以伦理为先导的社会规范调控体系和以技术、法律为主导的风险控制机制"③。马长山也主张建立多元互动的风险规制体系，具体包括法律规制、伦理规制、行业规制、自律规制。同时，确立"过程—结果"双重规制策略。④

三、人工智能对刑法的挑战

关于人工智能对刑法的影响和挑战，当前我国学者的相关研究主要讨论了四个问题，即人工智能发展对现有刑法体系的冲击、对人工智能进行刑法规制是否必要和合理、是否应该赋予人工智能体刑事责任主体地位以及规制人工智能犯罪的刑法路径。目前我国大部分学者将人工智能划分为弱人工智能和强人工智能，划分标准为人工智能产品是否具有辨认能力和控制能力。⑤ 由于弱人工智能所有的行为都是由程序研发者预先在程序中编写好的，所以我国学术界普遍认为其属于一种工具，不影响刑事责任归责。而强人工智能具有"深度学习"后"自主"决定的能力，对我国目前

---

①　张吉豫：《人工智能良性创新发展的法制构建思考》，载《中国法律评论》2018 年第 2 期。

②　蒋洁：《人工智能开发企业社会责任及其法律规制》，载《湖湘论坛》2019 年第 2 期。

③　吴汉东：《人工智能时代的制度安排与法律规制》，载《法律科学（西北政法大学学报）》2017 年第 5 期。

④　马长山：《人工智能的社会风险及其法律规制》，载《法律科学（西北政法大学学报）》2018 年第 6 期。

⑤　刘宪权：《人工智能时代的"内忧""外患"与刑事责任》，载《东方法学》2018 年第 1 期。

的刑法体系造成冲击，我国学者讨论的主要为强人工智能的相关刑事法律问题。为了避免混淆，除特殊解释外，本节的人工智能主要指强人工智能。

（一）人工智能对刑法体系的冲击

人工智能作为一种新兴的、飞速发展的技术，其在生活生产中应用所带来的犯罪风险将会给刑法体系带来巨大冲击。这些冲击可以分为两类，一类是对刑法体系的内部冲击，另一类是对刑法体系的外部冲击。

1. 对刑法体系的内部冲击

（1）犯罪主体认定问题。张旭、杨丰一认为，人工智能给传统刑法的适用带来了"冲击而非颠覆"的影响，其中一个方面便是人工智能犯罪主体模糊，无法认定犯罪主体。在人工智能犯罪中，难以认定犯罪主体到底是人工智能体还是人工智能的设计者、生产者或是使用者。[1] 陈结淼、王康辉以无人驾驶汽车交通肇事为例，提出人工智能对现行刑法体系的冲击之一就是犯罪主体的改变。在无人驾驶造成的交通肇事中，传统刑法意义上的交通肇事罪的主体难以确认，进而无法确定向谁追究刑事责任。[2]

（2）因果关系混杂。人工智能犯罪中的因果关系错综复杂，难以认定犯罪行为是由人工智能体"深度学习"后做出的还是由人工智能的设计者、生产者、使用者的过失造成的，从而无法区分犯罪行为由谁实施，为刑事责任认定带来困难。[3] 陈叙言对此持相似观点，他认为人工智能犯罪对传统刑法理论的突破在责任划分方向体现为：无法判定导致危害结果的过失是由于人工智能的失误还是由于设计者的失误，无法进行正确合理的

---

[1] 张旭、杨丰一：《人工智能时代下刑事风险与刑法应对的"是"与"非"》，载《辽宁大学学报（哲学社会科学版）》2019 年第 4 期。

[2] 陈结淼、王康辉：《论无人驾驶汽车交通肇事的刑法规制》，载《安徽大学学报（哲学社会科学版）》2019 年第 3 期。

[3] 张旭、杨丰一：《人工智能时代下刑事风险与刑法应对的"是"与"非"》，载《辽宁大学学报（哲学社会科学版）》2019 年第 4 期。

责任划分。① 陈结森、王康辉也指出，在无人驾驶汽车交通肇事案件中无法确定造成危害结果的原因，因果关系混杂，限缩了传统交通肇事罪、危险驾驶罪的规制范围，扩大了无人驾驶的刑事风险。除此之外，传统交通肇事罪中的量刑情节如"肇事后逃逸"以及"逃逸致人死亡"都无法认定。② 此外，陈叙言还提出，应对人工智能犯罪，在犯罪主观方面，无法区别人工智能的主观故意和过失；从判定标准来说，对人工智能的考察无法运用主客观相统一的原则。除此之外，人工智能犯罪突破了犯罪停止形态理论。传统刑法对于不同的犯罪停止形态有不用的处理态度和方式，对于犯罪未遂、中止和预备会采取不同程度的从轻、减轻或免除处罚，但是这种分类对于犯罪主体是人工智能的犯罪无法起到应有的效果。③

2. 对刑法体系的外部冲击

人工智能技术给我国当下的伦理标准、法律规则、社会秩序和公共管理体制带来冲击和挑战。④ 除了对现行刑法带来内部冲击，人工智能技术的应用研发还存在一定的风险。刘宪权提出这类风险包括一定的伦理风险、道德和法律风险。其中，人工智能技术应用所带来的刑法风险包括三类。人工智能的应用有可能会使传统犯罪的危害性大大增强，引发更严重的危害社会的结果；人工智能技术有可能会被用来创造新的犯罪形式；人工智能有可能会脱离人类的控制，运用其辨认能力和控制能力实施严重的犯罪行为。⑤

（二）对人工智能进行刑法规制的必要性及合理性讨论

世界正在走向人工智能时代。人工智能的发展在为人类创造巨大价值

---

① 陈叙言：《人工智能刑事责任主体问题之初探》，载《社会科学》2019 年第 3 期。

② 陈结森、王康辉：《论无人驾驶汽车交通肇事的刑法规制》，载《安徽大学学报（哲学社会科学版）》2019 年第 3 期。

③ 陈叙言：《人工智能刑事责任主体问题之初探》，载《社会科学》2019 年第 3 期。

④ 吴汉东：《人工智能时代的制度安与法律规制》，载《法律科学（西北政法大学学报）》2017 年第 5 期。

⑤ 刘宪权：《人工智能时代的刑事风险与刑法应对》，载《法商研究》2018 年第 1 期。

和促进生产力的同时，也带来了许多潜在的风险，其中首要问题就是安全问题。风险具有时代性和共生性，为了保证社会的健康发展，应该充分运用法律应对风险，运用刑法对人工智能进行规制。① 叶良芳、马路瑶认为，人工智能的飞速发展将会促使我国的社会形态和社会结构产生重大变革，新的社会形态需要与其相匹配的法律制度，对人工智能刑法规制具有合理性。② 以无人驾驶汽车交通肇事为例，陈结淼、王康辉论述了对人工智能进行刑法规制的必要性。他们认为随着人工智能的发展和技术的日臻成熟，无人驾驶将会得到更广泛的应用，但我国目前关于无人驾驶汽车交通肇事刑法规范缺失，为更好防范并化解无人驾驶汽车等人工智能所带来的刑事风险，应该积极制定相应的刑法规则。③ 总之，对人工智能这种新的工具进行合法的刑法规制，是必要的，也是合理的。

（三）人工智能是否具有刑事责任主体地位

大体而言，人工智能的飞速发展和广泛应用可能会引发两种社会危害，一种是人工智能体被滥用或误用造成的社会危害，另一种是人工智能体借助于"深度学习"技术作出"自主"决策和行为而导致的社会危害。针对第一种情况，现有的刑法将人工智能视为实施行为的手段和工具，由滥用和误用的人承担相应的责任，能够做到很好的规制。而在第二种情况下，要进行有效规制，就要先确定能够"深度学习"的人工智能体是行为的"主体"还是一种"工具或手段"，即人工智能体是否具有刑事责任主体地位。④ 人工智能体是否具有刑事责任主体地位这一问题是我国刑法学界学者争论比较多的问题，理论界主要存在两种学说，分别是肯定说和否定说。

---

① 吴汉东：《人工智能时代的制度安与法律规制》，载《法律科学（西北政法大学学报）》2017 年第 5 期。

② 叶良芳、马路瑶：《风险社会视阈下人工智能犯罪的刑法应对》，载《浙江学刊》2018 年第 6 期。

③ 陈结淼、王康辉：《论无人驾驶汽车交通肇事的刑法规制》，载《安徽大学学报（哲学社会科学版）》2019 年第 3 期。

④ 孙杰：《论人工智能的刑法定位》，载《辽宁大学学报（哲学社会科学版）》2019 年第 4 期。

1. 肯定说

关于人工智能体是否具有刑事责任主体地位这一问题，部分学者持肯定的观点，认为人工智能中能够脱离程序拥有独立意志的强人工智能体具有独立的犯罪主体地位和刑事责任能力。其中最具代表的是刘宪权。刘宪权、胡荷佳认为随着人工智能技术的发展，关于具有自主意识与意志的智能机器人能否成为刑事责任主体、是否具有刑事责任能力的问题是不可避免的。他们将人工智能与自然人、动物和普通机器人进行比较，认为人工智能完全可能具有自主的意识和意志，具有辨认能力和控制能力，认为人们不应该再用传统的理论看待人工智能，处理人工智能的法律问题需要建立一套全新的理论来规定其法律地位。他们还提出对人工智能科处刑罚具有可行性，能够起到刑罚预防犯罪的目的。[①] 关于这一问题，彭文华从另一角度进行解读分析。他认为人工智能成为犯罪主体具有哲理基础和现实条件，从科学实证主义与道德二元论两个方面讨论了人工智能成为犯罪主体的哲理基础。另外，根据实质标准，除人类外包括法人、人工智能等在内的其他实体因为能够被赋予权利和义务，因而也可以具备法律人格。[②] 同样持肯定说的陈叙言分别从可行性和必要性论述了承认人工智能刑事主体地位的原因。他提出在遵守现有刑法的经典理论和制度的同时，也要随着社会的发展改良法律，认为没有相应的刑种不应该成为阻碍人工智能成为刑事主体的理由，而人工智能完全能够理解自身行为的意义，其行为应该适用刑法。[③]

总的来说，认为人工智能具有刑事主体地位的学者的主要观点是：人工智能完全能够具备自主的意识和意志，具有辨认能力；刑法理论应该与时俱进，回应新的问题；对人工智能科处刑罚具有可行性。

---

① 刘宪权、胡荷佳：《论人工智能时代智能机器人的刑事责任能力》，载《法学》2018 年第 1 期。

② 彭文华：《人工智能的刑法规制》，载《现代法学》2019 年第 5 期。

③ 陈叙言：《人工智能刑事责任主体问题之初探》，载《社会科学》2019 年第 3 期。

2. 否定说

与肯定说相反，部分学者认为人工智能不应具有刑事主体地位，他们认为应由人工智能体的设计和制造者以及使用者承担刑事责任。持否定说的孙杰认为人工智能体在"整体上"无法达到人类智能的水平，其所谓的智能只是对人类智能的低层次专用模拟，与人类智能相差甚远，而且在可预见的未来也不会出现超过人类智能的人工智能，其也不具备自然人以外另一法律主体法人所有的"拟人属性"。[①] 以具有代表性的人工智能体无人驾驶汽车为例，陈结淼、王康辉对人工智能犯罪主体问题进行了讨论，他们认为无人驾驶汽车欠缺刑法上所承认的主体必须具备的完全的辨认能力和控制能力，更没有所谓的主观罪过。即便承认其刑事责任主体，其也无法承担刑事责任，使刑法丧失预防刑罚功能。因此无人驾驶汽车不能也无法成为交通肇事犯罪的主体。[②] 相似地，叶良芳、马路瑶认为人工智能不应该被拟制为犯罪主体。他们提出了以下理由：首先，人工智能没有独立于人类的权利和价值，只有利益附属性；其次，因为人工智能没有人类的思想观念和伦理感知，对人工智能实施刑事处罚并不能发挥刑罚预防犯罪的功能；最后，如果将人工智能视为独立的犯罪主体并对其进行刑罚处罚，有可能会被其设计者、制造者或是使用者加以利用，加剧社会风险，不利于保障社会稳定。[③] 张旭、杨丰一从实然和应然两个层面对人工智能作为犯罪主体是否合理可行进行分析考量，认为人工智能不能且不应成为犯罪主体。从实然的角度来说，人工智能不具有和人类一样的辨认能力和控制力；从应然的角度来说，赋予人工智能犯罪主体地位不符合刑罚目的，也有违人类发展人工智能的目的。[④] 而刘晓梅、刘雪枫认为当前人工智能发展仍处于弱人工智能时代，应尊重和遵守刑法的谦抑性，不宜赋予

[①] 孙杰：《论人工智能的刑法定位》，载《辽宁大学学报（哲学社会科学版）》2019年第4期。

[②] 陈结淼、王康辉：《论无人驾驶汽车交通肇事的刑法规制》，载《安徽大学学报（哲学社会科学版）》2019年第3期。

[③] 叶良芳、马路瑶：《风险社会视阈下人工智能犯罪的刑法应对》，载《浙江学刊》2018年第6期。

[④] 张旭、杨丰一：《人工智能时代下刑事风险与刑法应对的"是"与"非"》，载《辽宁大学学报（哲学社会科学版）》2019年第4期。

人工智能刑事主体地位。[1] 赵秉志、詹奇玮认为人工智能难以成为刑事责任主体，对其实施犯罪后是否承担刑事责任持谨慎态度。首先，从目前的科技水平来看，人工智能拥有相对的自由意志遥遥无期，而相对自由一直是行为人承担刑事责任的基本前提；其次，人工智能的非生命体征使其实施的"犯罪行为"与现行刑法理论中的行为理论难以兼容；再次，立法承认人工智能的主体地位后，实际司法实践中会面临诸多难题；最后，即便承认了人工智能的刑事主体地位，其应适用刑罚的合理性和必要性问题仍需要探讨。[2] 储陈城认为，通过刑罚正当化的检视，具有"电子人格"人工智能无法成为刑法规则的对象。首先，从表面上看，人工智能有"自主意识"和"表意能力"，但不等于其具备刑法中的刑事责任能力；其次，对人工智能处以刑罚不能起到预防犯罪、强化规范意识的作用，执行刑罚并无意义。[3]

综上，持否定说的学者的主要观点为：人工智能技术尚未发展到强人工智能时代，人工智能不具备刑事责任能力；应对新的现象而改变现行刑法体系会影响刑法的稳定性和谦抑性，无法和现有刑法理论"兼容"；对人工智能无法适用合理的刑罚，无法实现刑罚预防犯罪的目的。

（四）　规制人工智能犯罪的刑法路径

法律的制定和存在是为了更好地维护社会秩序和保障公义。关于人工智能对刑法的挑战的讨论最终落脚点是更好地解决实际问题，不少学者就如何对规制人工智能犯罪提出了具有建设性和参考价值的意见。结合人工智能是否具有刑事责任主体地位的讨论，可将这些意见分为两个大方向，即人工智能具有刑事责任主体地位的刑法规制路径以及人工智能不具有刑事责任主体地位的刑法规制路径。

---

[1]　刘晓梅、刘雪枫：《人工智能刑事责任的主体问题探析》，载《天津法学》2019 年第 2 期。
[2]　赵秉志、詹奇玮：《现实挑战与未来展望：关于人工智能的刑法学思考》，载《暨南学报（哲学社会科学版）》2019 年第 1 期。
[3]　储陈城：《人工智能时代刑法的立场和功能》，载《中国刑事法杂志》2018 年第 6 期。

1. 人工智能具有刑事责任主体地位的刑法规制路径

部分学者认为人工智能具有刑事责任主体地位，并提出相应的刑法规制路径。彭文华认为人工智能能够作为犯罪主体并具有可罚性，可以通过针对其计算机程序和机械实体的特征的措施进行刑法规制。对于人工智能，可以通过结构程序对其进行规制。① 刘宪权提出目前我国刑法可以从故意犯罪和过失犯罪两个方面对人工智能研发者和使用者的行为加以规制。如果是行为人故意利用人工智能实施犯罪行为，人工智能实际上只是研发者实施犯罪行为的"工具"，所有的刑事责任有研发者承担。如果是由于行为人不履行预见义务，过失犯罪成立，则应以刑法有关过失犯罪的规定为依据对行为人作出处罚。未来我国刑法可以通过增设滥用人工智能罪、人工智能事故罪，适时赋予人工智能刑事责任主体地位，完善我国刑法体系，更好地防控风险，促进人工智能技术的创新和发展。② 此外，现有的刑罚不适用于人工智能，无法起到应有的作用，我国刑法应该针对人工智能的特点，肯定其刑事责任主体地位，新设删除数据、修改程序、永久销毁三种刑罚。③

2. 人工智能不具有刑事责任主体地位的刑法规制路径

一些学者认为人工智能不具有刑事责任主体地位，不能独立承当刑事责任，针对人工智能犯罪提出了一些刑法规制路径。陈结淼、王康辉认为人工智能不应成为相关罪名的刑事责任主体，刑事责任应由"背后主体"即人工智能体的设计者、制造者、销售者、所有者、使用者等承担。要综合分析在不同情况下如利用人工智能实施故意犯罪、利用人工智能的"工具性"实施传统犯罪等各主体的具体责任。④ 叶良芳、马路瑶持相似观点，

---

① 彭文华：《人工智能的刑法规制》，载《现代法学》2019 年第 5 期。
② 刘宪权、房慧颖：《涉人工智能犯罪的前瞻性刑法思考》，载《安徽大学学报（哲学社会科学版）》2019 年第 1 期。
③ 刘宪权：《涉人工智能犯罪刑法规制的路径》，载《现代法学》2019 年第 1 期。
④ 陈结淼、王康辉：《论无人驾驶汽车交通肇事的刑法规制》，载《安徽大学学报（哲学社会科学版）》2019 年第 3 期。

认为应以风险防控为出发点对人工智能刑事犯罪进行责任分配，人工智能设计和制造者以及使用者应承当不同的刑事责任。如果设计者和制造者设计制造人工智能产品的目的是实施犯罪活动，设计者和制造者构成故意犯罪，应承担刑事责任。如果人工智能并非是为实施犯罪行为而设计生产，人工智能产品的设计者和制造者则不属于故意犯罪范畴，应讨论其是否构成过失犯罪。① 张旭、杨丰一认为应结合事实情况分析人工智能活动与自然人行为之间的关系，明确责任归属，判断自然人是否需要对人工智能活动承担责任。② 赵秉志、詹奇玮认为针对现阶段的弱人工智能可能产生的刑事风险，应该坚持罪刑法定原则和刑法的谦抑性原则，善用各种非刑事法律的部门法进行规制。而对于目前尚未出现的强人工智能可能造成的法律风险，刑法学人应当客观看待并审慎应对。③ 于冲提出，应结合人工智能的技术基础，将规制对象转变为其依赖的数据和算法过程本身，以数据安全和算法规制为中心，达到预防人工智能犯罪的效果，提高从业者对相关风险的防范意识。④ 储陈城认为，目前刑法学界对于人工智能可能出现的风险的对策主要分为两种，"风险防范派"主张严控风险，细密归责体系，"技术促进派"则主张提倡人工智能有"电子人格"，降低人的犯罪成本。这两种主张都有明显的弊端。他提出，人工智能时代的刑法需要科学、理性对待，做到宽严有度，在不改变现有责任主体的前提下，坚持严控故意犯罪、宽缓过失犯罪。⑤ 从整体的社会治理体系出发，吴汉东提出关于规制人工智能的理念、规范、体制与机制的制度设计构想。他认为构建人工智能法律应以安全为核心价值，维护创新，追求和谐，建立以伦理为先导的社会规范调控系统和以技术、法律为主导的风险控制机制，实现

---

① 叶良芳、马路瑶：《风险社会视阈下人工智能犯罪的刑法应对》，载《浙江学刊》2018 年第 6 期。

② 张旭、杨丰一：《人工智能时代下刑事风险与刑法应对的"是"与"非"》，载《辽宁大学学报（哲学社会科学版）》2019 年第 4 期。

③ 赵秉志、詹奇玮：《现实挑战与未来展望：关于人工智能的刑法学思考》，载《暨南学报（哲学社会科学版）》2019 年第 1 期。

④ 于冲：《刑事合规视野下人工智能的刑事评价进路》，载《环球法律评论》2019 年第 6 期。

⑤ 储陈城：《人工智能时代刑法归责的走向——以过失的归责间隙为中心的讨论》，载《东方法学》2018 年第 3 期。

有效的法律管控。①

总的来说，在人工智能不具有刑事责任主体的前提下，学者们大多认为人工智能犯罪的刑事责任应由与人工智能相关的自然人承担，如人工智能的设计者、制造者、使用者等。在追究刑事责任时应结合实际情况分析，坚持罪刑法定原则。也有学者提出可以通过规制人工智能依赖的数据和算法达到预防人工智能犯罪的目的。

四、人工智能对民法的挑战

（一）人工智能的民事主体地位

1. 客体说（否定说）

房绍坤、林广会否认人工智能具备独立的民事法律人格，认为其仅属于人类能够控制运用的工具，人工智能的本质只是依托算法并执行人类指令的结果。人工智能无法与人类具备平等的民事主体地位，否则必然会在与人类的交往之中追求利益的最大化，从而与人类产生对抗。此外，人工智能又不具备承担民事责任的责任财产，即便其能够控制一些财产，但这部分财产的归属仍旧是人工智能的控制人，故而人工智能并不能够具备民事责任能力。② 杨立新也持相同观点，他认为构成民法上的人格需要具备生理要素、心理学要素和社会学要素，而人工智能并不完全具备这三类要素，因此不能够赋予其民法上的人格。但是由于其本身确实在社会因素上具备一定的自主行为，比一般的物更加智能，故其处于最高的物格地位。③ 王利明同样认为不能将人工智能规定为民事主体，仍应当继续坚守其客体地位。一方面，智能机器人是人类创造出来的，其产生之初即作为民事法

---

① 吴汉东：《人工智能时代的制度安与法律规制》，载《法律科学（西北政法大学学报）》2017年第5期。

② 房绍坤、林广会：《人工智能民事主体适格性之辨思》，载《苏州大学学报（哲学社会科学版）》2018年第5期。

③ 杨立新：《人工类人格：智能机器人的民法地位——兼论智能机器人致人损害的民事责任》，载《求是学刊》2018年第4期。

律关系的客体而出现；另一方面，智能机器人尚不能独立享有权利、承担义务。① 吴汉东认为机器人没有自身积累的知识，其机器知识库的知识都是特定领域的，并且都是人类输入的，虽然具备相当的智性，但是并不具备人的心性和灵性，与自然人或者自然人之集合不能简单等同，尚不足以取得独立的主体地位，仍旧应当属于客体范畴。② 刘洪华除了认为人工智能并不真正拥有智能，也不会有自主意识外，还主张法律主体的赋予具有深厚的法哲学基础，这一点人工智能并不具备，同时赋予人工智能法律主体地位并无实益，不能类似于法人赋予其拟制的主体地位。③ 韩旭至从人工智能的局限性与理性缺失性的角度分析了人工智能只能是物，绝不可能升格为法律主体。④

2. 主体说

司晓、曹建峰⑤指出，自主性（包括自主决策）和学习能力是人工智能的核心特征，赋予智能机器人主体资格，有助于解决人们当下所担心的各种问题。成素梅、高诗宇介绍了 Solum 的观点，他同样认为应当赋予人工智能像自然人一样的主体资格。Solum 论证说，随着技术的迅猛发展，人工智能机器人虽然缺乏类似于人类的外表，但是却越来越能够与其所在环境进行自主互动，从而在行为方式上表现出类似于人类应对环境的能力。当智能机器人有朝一日通过图灵测试时，也就拥有了像人类一样的所有属性，就能够成为宪法意义上的主体。⑥ 姜晓婧、李士林同样支持"主

---

① 王利明：《人工智能时代对民法学的新挑战》，载《东方法学》2018 年第 3 期。

② 吴汉东：《人工智能时代的制度安排与法律规制》，载《法律科学》2017 年第 5 期，转引自梁慧星：《从近代民法到现代民法》，载《中外法学》，1997 年第 2 期。

③ 刘洪华：《人工智能法律主体资格的否定及其法律规制构想》，载《北方法学》2019 年第 4 期。

④ 韩旭至：《人工智能法律主体批判》，载《安徽大学学报（哲学社会科学版）》2019 年第 4 期。

⑤ 司晓、曹建峰：《论人工智能的民事责任：以自动驾驶汽车和智能机器人为切入点》，载《法律科学（西北政法大学学报）》2017 年第 5 期。

⑥ 成素梅、高诗宇：《智能机器人应有法律主体资格吗？》，载《西安交通大学学报（社会科学版）》2020 年第 1 期，转引自 Solum L B. Legal Personhood for Artificial intelligences [J]. North Carolina Law Review, 1992 (4).

体说"的观点。他们认为赋予智能机器人以主体地位,智能机器人就可以其法律主体地位为依据,顺理成章地获得更多授权,扫除其参与民事法律活动中的制度性障碍。同时,人工智能将与人类相融合,人工智能带给人们的伤害会被修正。而在其民事主体地位的可能性上,无论是基于历史进行分析还是从民事主体条件的角度出发,人工智能均已经满足相应的条件。①

3. 电子奴隶说

袁曾介绍了"电子奴隶说",认为人工智能不具有人类特殊的情感与肉体特征,在工作时无休息等现实需要,可以认作不知疲倦的机器,有行为能力但没有权利能力。人工智能并不具有权利能力,其引起的后果归属于其拥有者,虽解决了人工智能承担法律责任的主体问题,但实际上是延伸的工具说,否认人工智能的独立主体地位。②

4. 代理说

代理说这一路径首先将机器人视为一种人工智能体,且人工智能体是一个具有目的性的系统,这一认定接近于认为该人工智能体具有一定的法律人格。③ 人工智能依据其开发者或控制者,即被代理人的命令行为,对本人承担一定的义务,并且本人向其下达的指令便是义务的内容。关于代理说,杨立新介绍了另外一类"软件代理说",同样运用代理理论,但却否定了人工智能的主体地位,认为其仍属于客体。"软件代理说"认为,智能机器人是软件代理,是信息传递人,它们将用户的要求带给对方,因而不需要具有完全的法律人格和法律能力。④

---

① 姜晓婧、李士林:《智能机器人民事主体制度构建》,载《科技与法律》2019年第1期。

② 袁曾:《人工智能有限法律人格审视》,载《东方法学》2017年第5期。

③ Cf. Samir Chopra, Laurence F White. A Legal Theory for Autonomous Artificial Agents [M]. Michigan:Michigan University of Michigan Press, 2011. 转引自陈吉栋:《论机器人的法律人格——基于法释义学的讨论》,载《上海大学学报(社会科学版)》2018年第3期。

④ Cf. Susanne Beck. The Problem of Ascribing Legal Responsibility in the Case of Robotics [J]. AI & Soc, 2016, 31. 转引自杨立新:《人工类人格:智能机器人的民法地位——兼论智能机器人致人损害的民事责任》,载《求是学刊》2018年第4期。

李坤海、徐来对该观点提出了反对的意见，他们认为从代理权限上来说民法上的代理存在代理合同，有明确的权限或者法律明文规定的代理权限，但人工智能代理由于具有不可预测性和自主性，代理权限并不如民法意义上有代理合同等方式那样能够得到很好的控制。并且从传统的代理角度无法对人工智能对外法律作为性质进行界定，更不用说能够厘清人工智能产品的代理来源。故在其看来，该种学说也只是为了借鉴民法意义上的代理制度将结果归属于被代理人，以方便法律适用，但是无论从形式还是分类上，都无法将这种所有者的代理归入代理学说。[①]

5. 电子人格说

陈吉栋[②]介绍这一观点建立在如下理论基础之上，即机器人行为在法律上如未成年人和行为能力欠缺的成年人一样，因此，在法律上它们不仅可以作为给人类带来责任的来源，而且应该将机器人作为一个法律上具有独立人格的人。依据这一观点，未来的法律应认可机器人的法律主体地位。这一理论主要来自于欧盟，并未将人工智能归入现有的法律人格当中，而是提出了一个新的类别"电子人"。人工智能人格的产生并非因制造而产生，而是需要经申请产生。杨立新[③]将电子人格说认定为折中说，同样认为人工智能有一定的行为和一定范围内的决定权，法律可以通过赋予一定的权利和义务而确立智能机器人"电子人格"的法律地位。成素梅、高诗宇介绍了贝克关于电子人格的观点。[④] 在实践中，赋予智能机器人法律人格的做法意味着，类似于商业注册一样，每台机器人都需要通过注册登记来获得法律主体地位。但是，贝克同样认为，在引进电子人格概念之前，也会有人提出质疑，比如，赋予哪些机器"电子人格"？电子人

---

① 李坤海、徐来：《人工智能对侵权责任构成要件的挑战及应对》，载《重庆社会科学》2019 年第 2 期。

② 陈吉栋：《论机器人的法律人格——基于法释义学的讨论》，载《上海大学学报（社会科学版）》2018 年第 3 期。

③ 杨立新：《人工类人格：智能机器人的民法地位——兼论智能机器人致人损害的民事责任》，载《求是学刊》2018 年第 4 期。

④ 成素梅、高诗宇：《智能机器人应有法律主体资格吗?》，载《西安交通大学学报（社会科学版）》2020 年第 1 期。

格的起始与终止点在哪里？哪些限制是有用的？谁负责注册登记？这些都是未来需要进一步详细研讨并在国家层面提出明确规制的实践问题。

但韩旭至认为电子人的注册制度无法有效构建，并提出了四点反对意见。首先，人工智能与软件不同，人工智能的注册对象无法确定；其次，人工智能注册的内容不甚明晰；再次，人工智能自身无法申请注册；最后，人工智能注册审查不可能实现。[①]

6. 拟制主体说

拟制主体说认为人工智能的法律人格类似公司，其主体地位仅仅是一种法律的拟制，回避了对于机器人自身智能的讨论，运用法律拟制的方法处理机器人的法律主体地位，在理路上最为简洁明了。陈吉栋赞成这一观点，主张需要运用"拟制"的技术根据具体情况解决这一问题，秉持一种"开放式"的立法结构体系，即在人工智能具备智能（自主）时赋予其民事主体地位；在未具备智能前，其仅为权利客体；但特殊情况下（如创作作品的人工智能），应将尚未具备智能的人工智能"拟制"为民事主体。这就意味着，是有条件地承认人工智能的主体地位。[②] 易继明秉承的新主体说是对拟制主体说另一方面的描述。新主体说认为，人工智能因具备人类思维能力而超越了"物"的概念范畴，但是人工智能并未摆脱为人类服务的工具角色，因此，人工智能既不是物也不是人，可以从法律上拟制一个新的主体，或与法人一样，从拟制自然人角度赋予新主体相同或类似的法律地位。[③]

7. 有限拟制说

彭中礼认为，有限拟制是赋予人工智能法律主体地位的最佳制度设

---

① 韩旭至：《人工智能法律主体批判》，载《安徽大学学报（哲学社会科学版）》2019 年第 4 期。

② 陈吉栋：《论机器人的法律人格——基于法释义学的讨论》，载《上海大学学报（社会科学版）》2018 年第 3 期。

③ 刘洪华：《人工智能法律主体资格的否定及其法律规制构想》，载《北方法学》2019 年第 4 期。

计。人工智能虽然展现出来强劲的发展前景，但是较多的问题可以在现有的法律制度框架下解决，因此只需要对人工智能的某些行为进行拟制。有限拟制与传统的有限人格制度是不一样的。有限拟制是在人工智能的行为可能产生法律效力后，对有效力的行为进行拟制，而有限人格则是对人工智能的所有行为进行拟制，然后承认其中的某些行为，进而概括出人工智能行为的主体地位。对于人工智能主体地位的拟制只能限制在特定的范围和领域，这是因为其发生作用的范围和领域有限，因而主体地位也有限，甚至仅仅只是特定范围内的权利主体，而且其权利范围也受到极其严格的限制。①

8. 双轨制的主体构造

王勇认为，智能机器人能不能成为我国现有的法律主体暂且不论，但是至少应该在智能机器人内部形成一套规则，一种具有强制力的规则，并上升为法律，那么至少在这个层面，智能机器人应该成为法律规制的对象，成为法律关系的主体。具体而言，可以先制定一个原则性的法律，从基本原则、基本制度上规范其发展；之后再在不同的法律部门结合不同的人工智能现象，作出相应的制度规定。②

9. 社会经济基础论

刘小璇、张虎认为，人工智能在法律上的地位如何，根源于人类社会的生活关系，是由一定的社会经济基础决定的。而当下的社会经济基础便是人工智能具备鲜明的自身优势，人工智能对于民事活动的参与是潮流趋势，并且其也具备独立的意思表示，故而人工智能的法律地位可以类似于法人，人工智能可否成为民事主体，并不取决于其是否具有独立人格或民事权利能力，而取决于现实社会的需要和既存事实的强化。③ 张童也认为法律关系主体与客体的区分依据并非局限于是否拥有生命、是否拥有独立

---

①　彭中礼：《人工智能法律主体地位新论》，载《甘肃社会科学》2019 年第 4 期。

②　王勇：《人工智能时代的法律主体理论构造——以智能机器人为切入点》，载《理论学刊》2018 年第 2 期。

③　刘小璇、张虎：《论人工智能的侵权责任》，载《南京社会科学》2018 年第 9 期。

意志，而是应当将重点放在衡量有无必要赋予主体资格使其享有权利能力。①

10. 有限人格说

袁曾在文章中提出这一观点。他认为人工智能本身的深度学习、独立思考能力使其具备一定的自我意志，并且可以满足如下条件：①可以提起法律诉讼；②法院在提供法律救济时需要考虑到损害；③救济必须满足主体的利益要求。由于满足这几个主体拥有法律上的权利的条件，因此应当赋予人工智能有限的人格。之所以是有限的人格在于，虽然人工智能可以做出独立自主的行为，但其承担行为后果的能力是有限的，自我意志的程度、构造结构与生产方式都与人类存在根本区别。② 成素梅、高诗宇介绍了外国学者关于有限人格支持的观点。③ 乔普拉等认为，当今社会和经济的互动呈现出一个新的存在范畴，即人工智能体。摒弃极端的二值逻辑，只有立足于法律实践的需要，效仿公司法人的设立机制，赋予智能机器人一定程度的法律主体资格，才能有效解决应用智能机器人带来的法律挑战。特纳也认为"法律人格"不是一个单一的概念，而是承载着许多权利与责任的技术标签，是一种策略。法律对人的保护是随时间而变的，人们赋予非自然人法人的权利与责任也是不断发展的。当前人工智能的发展已经开始要求改变某些基本的法律概念，为了解决这些问题，必须赋予人工智能一定的法律人格地位。另外，朱静洁同样持此观点，理由在于智能机器人不是物，其因具备与人类相当甚至超越人类的认知理性及行为理性而应享有民事主体地位、具备民事行为能力，进而具有民事责任能力。④

11. 电子人说

郭少飞认为，人工智能法律主体可命名为"电子人"，即拥有人类智

---

① 张童：《人工智能产品致人损害民事责任研究》，载《社会科学》2018年第4期。
② 袁曾：《人工智能有限法律人格审视》，载《东方法学》2017年第5期。
③ 成素梅、高诗宇：《智能机器人应有法律主体资格吗？》，载《西安交通大学学报（社会科学版）》2020年第1期。
④ 朱静洁：《智能机器人致人损害民事责任的困境及其破解》，载《理论月刊》2020年第1期。

能特征，具有自主性，以电子及电子化技术构建的机器设备或系统。① 但实际上，电子人说也只是赋予人工智能以有限的法律人格。

12. 电子法人说

电子法人说是更加进一步的拟制人格说。张志坚认为人工智能不属于自然人与普通物，并且人工智能并非工具，因为它并不完全受人类控制，在许多领域，人工智能甚至处于主导地位，因此其应该如同动物一样，被认定为财产。同时，人工智能具有意思能力，也具备责任能力。最后人格分为人身性人格与财产性人格，人身性人格可以被剥离，具有财产性人格即可获得成为民事主体的资格。人工智能的意思能力和责任能力仅限于财产，而不能及于人身，所以应归入法人范畴，可以成为新型法人型民事主体——电子法人，而要成为自然人型主体——电子人，是行不通的。②

13. 法律行为论

李爱君认为人工智能应当属于主体的法律行为，即人工智能本质上是行为，是受主体思想支配而表现在外面的活动。从人工智能的定义分析，人工智能是某种能力，能力是属于行为范畴，是与活动（行为）联系在一起的，是对活动水平的呈现。从人工智能是工具的角度分析，人工智能是主体行为的延伸或行为的方式和方法，并且人工智能行为构成了其主体的法律行为要件。人工智能符合法律行为的客观要件，即有外在的行为、手段和结果；人工智能符合法律行为主观要件，实践中人工智能主体是自然人或是法人，而且自然人或法人具有行为意思和行为认知，所以人工智能的主体行为构成法律行为的主观要件；人工智能是其设计者、制造者和使用者的法律行为法律价值的实现。③

14. 动态人格区分

李坤海、徐来认为应该采取动态人格区分。在发展低级形态，人工智

---

① 郭少飞：《人工智能“电子人”权利能力的法构造》，载《甘肃社会科学》2019 年第 4 期。
② 张志坚：《论人工智能的电子法人地位》，载《现代法学》2019 年第 9 期。
③ 李爱君：《人工智能法律行为论》，载《政法论坛》2019 年第 3 期。

能只是一种人为控制下工具的延伸，但在未来，适时赋予其法律人格能更好解决法律关系问题，这就需要更多的类似公司法人制度进行规范支撑，超出了我们现有的经济和法律基础。①

（二）人工智能对侵权责任法的挑战

1. 人工智能侵权的归责原则

（1）无过错责任原则。刘小璇、张虎认为人工智能的行为具有专业性、不透明性和不可预料性，让被害人证明其过错也是不现实的，故而应该适用无过错责任。② 司晓、曹建峰也认为实际运作过程脱离人类的控制是人工智能的核心特征，基于这一特征使以人类行为者的注意义务为前提的过错侵权责任难以适用于因智能机器人的使用而产生的加害行为。③ 杨立新同样认为人工智能侵权的归责原则应当适用无过错责任，在无过错责任的威慑下，人工智能技术以及智能机器人的设计者、生产者不得不尽到最大的努力，防止在人工智能技术产品以及智能机器人的设计和制造中存在缺陷，避免造成人类的损害，甚至造成人类的灾难。④ 任虎则从实际出发，认为适用无过错责任条款时，在现行法律体系下因人工智能引起的侵害财产或者人身健康的责任都可以获得解决。⑤ 此外，环建芬支持在不能直接分清责任的情形下适当适用无过错责任归责原则，以尽可能保护多处于弱势地位的受害者的利益。⑥

当然，对于无过错责任原则也有一定的反对意见，例如李坤海、徐来

---

① 李坤海、徐来：《人工智能对侵权责任构成要件的挑战及应对》，载《重庆社会科学》2019年第2期。

② 刘小璇、张虎：《论人工智能的侵权责任》，载《南京社会科学》2018年第9期。

③ 司晓、曹建峰：《论人工智能的民事责任：以自动驾驶汽车和智能机器人为切入点》，载《法律科学（西北政法大学学报）》2017年第5期。

④ 杨立新：《用现行民法规则解决人工智能法律调整问题的尝试》，载《中州学刊》2018年第7期。

⑤ 任虎：《人工智能和未来法律制度：从本质到目的》，载《中国政法大学学报》2019年第4期。

⑥ 环建芬：《人工智能工作物致人损害民事责任探析》，载《上海师范大学学报（哲学社会科学版）》2019年第2期。

认为一味追求产品生产者的无过错侵权责任，不仅是对生产者经济的削弱，也会严重打击人工智能市场的主体的积极性，不利于人工智能技术的发展和新型经济的蓬勃。①

（2）过错原则。徐中缘从自动驾驶角度切入，认为驾驶者、制造商和开发者都不应当承担严格责任，严格责任的基础是危险责任，将人工智能本身视为高度危险物品有违人类开发人工智能是为了增加社会运行安全、促进社会高效运转的初衷，也不符合人工智能的现实发展状况。适用严格责任会导致各主体间的责任分担面临困难。②

对于过错责任的观点也不乏反对意见，例如李坤海、徐来认为按照过错责任原则，发生在公共场所的人工智能侵权，首先由其所有者承担责任，再由有注意义务的场所提供者承担与其过错相对应的补充责任，但所有人当时并不在现场控制，机器人侵权的同时也没有所有者人为的意思表示，与其无因果关系却要承担责任，看来也并不合理。对于场所管理者来说，若尽到了注意和提醒义务，也很难将补充责任强加于此。③

（3）技术中立原则。张童介绍了与产品责任路径下的无过错责任相反的技术中立原则，即主张生产者与销售者不能基于人工智能产品的属性而无过错地承担责任。技术中立原则同样不再关注生产者、销售者的主观要件，也不再重视产品有无缺陷。无过错的归责原则无疑会打消生产销售者的研发与推广积极性，最终妨碍人工智能的推广应用；并且从可操作性的角度看，即许多人工智能的侵害行为并非基于技术缺陷，而是系统本身的思维判断，不能简单判断产品缺陷的存在与否。④

（4）"刺破人工智能面纱"的归责原则。"刺破人工智能面纱"的规则原则实际上是将人工智能类比于公司，向人工智能的"实际控制人"追究责任。袁曾支持这一观点，即便是最细心的设计者、编程者与制造者都

---

① 李坤海、徐来：《人工智能对侵权责任构成要件的挑战及应对》，载《重庆社会科学》2019年第2期。

② 徐中缘：《论智能汽车侵权责任立法——以工具性人格为中心》，载《法学》2019年第4期。

③ 李坤海、徐来：《人工智能对侵权责任构成要件的挑战及应对》，载《重庆社会科学》2019年第2期。

④ 张童：《人工智能产品致人损害民事责任研究》，载《社会科学》2018年第4期。

无法控制或者预测人工智能系统在脱离其控制后会经历些什么，此时草率地将责任全部分配于制造者、设计者是没有理论根据的，也会桎梏人工智能产业的发展。[①] 但韩旭至认为"刺破人工智能面纱"原则，实际上就是主张人工智能不具备独立主体地位。[②]

（5）严格责任与过失责任双轨适用。卢嘉程认为在对人工智能体侵权行为进行责任归责时，应该对处于当前技术水平下可以预见的风险内的侵权行为适用严格责任。在发生人工智能体产品缺陷侵权行为时，作为受害方的消费者很难举证证明结构复杂的人工智能体存在产品瑕疵，此时适用严格责任会保证消费者只需要明确损害和人工智能体行为存在因果关系就可以得到合理赔偿，无需明确侵权因果链，从而找寻背后真正的责任主体。但如果将可预见和不可预见的责任都归于设计者和生产者，会极大地打击人工智能体的发展与进步。对于未来不可期且不可控的风险需要承担责任，让设计者对未来的所有风险提前预知并进行风险规避显然是不合理的，故而对于这一类型的风险，应当适用过错责任。[③]

2. 人工智能侵权的构成要件

传统的侵权责任的构成要件包括损害结果的存在和侵害行为的发生、侵害行为与损害结果之间具有因果关系以及侵权人主观上具有过错。人工智能所导致的侵权案件对于这些构成要件产生了冲击，主要包括两个方面。第一是对于侵权人主观过错的要求不同，而采取不同的归责原则意味着不同的主观过错要求；第二是因果关系的认定及证明困难。

刘小璇、张虎在秉持无过错责任的规则原则下，认为在论证人工智能构成侵权时需要两个要件。第一，受害者要能够证明其自身的人身、财产或精神确实遭受了损害，即损害事实的存在；第二，损害后果和人工智能行为之间存在因果关系，即损害是由于人工智能自主行为所致，而非他人

---

① 袁曾：《人工智能有限法律人格审视》，载《东方法学》2017 年第 5 期。

② 韩旭至：《人工智能法律主体批判》，载《安徽大学学报（哲学社会科学版）》，2019 年第 4 期。

③ 卢嘉程：《人工智能体侵权责任承担可行路径研究》，载《东南大学学报（哲学社会科学版）》2018 年第 S2 期。

将人工智能用作工具造成的。① 但其证明无疑是困难的，王晓锦认为在人工智能侵权案件中，侵害行为与损害结果之间的因果关系证明变得更加困难。在人工智能特殊的侵权类型中，侵权主要集中于大量信息的获取、收集和传输，数据应用的过程与数据泄露、算法歧视等环环相扣，自我学习和无监督学习令结果不可预测，很难证明哪一环节造成了实际损害。② 朱静洁同样持此观点，一方面，智能机器人致人损害行为的发生机制复杂，他人干扰、自身缺陷、使用不当、未知原因等均能单独或共同造成致人损害的后果；另一方面，智能机器人运行的不透明性及不可预见性，进一步加剧了智能机器人致人损害行为因果关系的认定难度。③

3. 人工智能侵权责任类型

（1）适用产品责任。刘小璇、张虎认为人工智能侵权可以追究人工智能的责任，但实际上责任的最终承担者仍然是人工智能背后的自然人或法人；在判断是否属于产品责任时首先需要判断人工智能是否属于法律意义上的产品，再判断产品本身是否存在缺陷。④ 而杨立新在将人工智能认定为人工类人格的基础上，进一步将人工智能认定为一类产品，当产品存在缺陷并且造成他人损害时，直接适用《侵权责任法》《产品质量法》即可。⑤ 刘洪华给出了另一种理由，他认为人工智能侵权涉及产品责任问题，应首先在产品责任归责体系内进行考察。人类对于生产出怎样的人工智能具有决定权，产品责任具有规制生产行为的作用，可以促使设计者和生产者尽最大努力保证产品安全。⑥

但完全适用产品责任的观点同样存在一定质疑。司晓、曹建峰在文章

---

① 刘小璇、张虎：《论人工智能的侵权责任》，载《南京社会科学》2018 年第 9 期。
② 王晓锦：《人工智能对个人信息侵权法保护的挑战与应对》，载《海南大学学报（人文社会科学版）》2019 年第 5 期。
③ 朱静洁：《智能机器人致人损害民事责任的困境及其破解》，载《理论月刊》2020 年第 1 期。
④ 刘小璇、张虎：《论人工智能的侵权责任》，载《南京社会科学》2018 年第 9 期。
⑤ 杨立新：《用现行民法规则解决人工智能法律调整问题的尝试》，载《中州学刊》2018 年第 7 期。
⑥ 刘洪华：《人工智能法律主体资格的否定及其法律规制构想》，载《北方法学》2019 年第 4 期。

中指出在人工智能侵权案件中完全适用产品责任仍旧存在许多需要解决的问题。首先人工智能侵权可能涉及人为（非操作者）失误，这导致证明缺陷的存在将很困难；其次人工智能涉及许多无法解释的事故。①

（2）适用替代责任。刘小璇、张虎认为当致害的人工智能不能被认定为法律上的产品时，则可以适用替代责任。② 司晓、曹建峰也在文章中提到适用替代责任的可能性。③ 对于通过算法和程序所作出的交易，各国一般将软件看作是通信方式，而非认为软件与其部署者之间是代理关系。按照这样的思路，在某些情况下可以让部署人工智能的人承担替代责任。

吴汉东④认为当一项人工智能产品的设计初衷不是用来从事侵权或其他违法行为的，可以使用技术中立原则，在此情况下，适用替代责任较为合适。替代责任又称为转承责任。在替代责任情形中，机器人本无瑕疵，符合技术中立原则要求，但机器人的所有人或使用人，或不尽善良管理人之义务，或放任机器人的侵权行为，则不能以技术中立原则免除责任。

（3）类推动物致害责任。陈吉栋在文章中介绍了解决人工智能致害的另外一种思路，即参照动物管领人的责任。参照《侵权责任法》第七十八条规定"饲养的动物造成他人损害的，动物饲养人或者管理人应当承担侵权责任，但能够证明损害是因被侵权人故意或者重大过失造成的，可以不承担或者减轻责任"。⑤

（4）混合责任或差别化责任。司晓、曹建峰在文章中提出差别化责任，并指出差别化责任的前提是建立对人工智能产品的审批程序。一方面，审批可以保证最终面向终端客户的人工智能产品的安全可靠性；另一方面，审批制度为人工智能的差别化责任提供了基础，对于通过审批的人工智能产品，制造商实质上将只承担有限的侵权责任，对监管规则的遵守

---

① 司晓、曹建峰：《论人工智能的民事责任：以自动驾驶汽车和智能机器人为切入点》，载《法律科学（西北政法大学学报）》2017 年第 5 期。

② 刘小璇、张虎：《论人工智能的侵权责任》，载《南京社会科学》2018 年第 9 期。

③ 司晓、曹建峰：《论人工智能的民事责任：以自动驾驶汽车和智能机器人为切入点》，载《法律科学（西北政法大学学报）》2017 年第 5 期。

④ 吴汉东：《人工智能时代的制度安排与法律规制》，载《法律科学》2017 年第 5 期。

⑤ 陈吉栋：《论机器人的法律人格——基于法释义学的讨论》，载《上海大学学报（社会科学版）》2018 年第 3 期。

换来的是有限的侵权责任，而非完全排除其侵权责任。在涉及通过审批的智能机器人的诉讼中，被侵权人需要按照传统的产品责任进行举证，否则，制造商等法律主体将只承担有限责任；而没有经过审批的人工智能产品，其制造商仍旧承担严格责任。① 李坤海、徐来同样认为需要对人工智能侵权行为进行区别的归责，生产者、销售者和使用者之间的责任是存在差别的。现行法律规定，生产者和销售者都承担无过错的严格责任，这对销售者特别是小型销售者其实是不公平的，无疑加剧了其经济负担。虽然立法目的是保障消费者权利，但是在人工智能发展初期，应该对智能产品特殊对待。销售者承担的应为过错责任，因为其涉及的主要是法律的买卖合同订立，与生产者侵权关系相比密切度一般，且过错责任对销售者举证责任也是有利的。生产者初步承担严格责任是法律应有之义，但是也不能将范围任意扩大，依然要符合产品缺陷这一前提，而如何证明产品缺陷也是接下来需要论述的内容。② 姜晓婧、李士林认为，就智能机器人侵权责任承担可以借鉴"雇主责任"与"产品责任"，形成产品责任 - 强制保险 - 用人者责任组合的方式，分别覆盖不同原因导致的智能机器人责任承担。③ 朱静洁认为人工智能侵权可以分为三种情形。其一，研发者、生产者在研发制造人工智能时存在过失，导致人工智能存在设计缺陷，此时应当由研发者与生产者承担产品责任。其二，人工智能损害由占有者、使用者的不当使用而造成的，此时应当由占有者、使用者承担不当使用的侵权责任。这两种情形下都可以按照现有的侵权责任法进行规制。其三，研发者、生产者不存在过失，占有者、使用者合理使用的情形下，智能机器人因自主决策行为而致人损害，此时要求严格责任并不合理，因研发制造者在制造过程中并无纰漏，履行了预见义务；要求占有使用人对于人工智能的深度学习与自主决策承担责任，也有失偏颇。在此情况下，朱静洁认为

---

① 司晓、曹建峰：《论人工智能的民事责任：以自动驾驶汽车和智能机器人为切入点》，载《法律科学（西北政法大学学报）》2017 年第 5 期。

② 李坤海、徐来：《人工智能对侵权责任构成要件的挑战及应对》，载《重庆社会科学》2019 年第 2 期。

③ 姜晓婧、李士林：《智能机器人民事主体制度构建》，载《科技与法律》2019 年第 1 期。

应当赋予人工智能有限的民事主体地位，赋予其民事责任能力。①

（5）自己责任。张志坚赋予人工智能以电子法人地位，在民法上赋予了人工智能主体地位，并由人工智能承担责任。原因在于，人工智能的行为是"擅自"行为，背后的多方主体与其行为并无直接关联，而是他们混合意志间接作用的结果。此外，人工智能在可能侵权的同时，伴随着可能获利的情况，若侵权便是开发者、生产者的无过错责任，获利则归属于所有者，有违公平公正，所以应当赋予其主体地位，责任由人工智能的独立财产承担，获利也直接归属于人工智能自身。②

4. 最终责任主体

杨立新认为人工智能并不具有人格，无论其如何智能，都无法突破其物的属性，故而人工智能致害的情形中，最终的责任承担者一定是人工智能背后的自然人或法人。③ 王利明同样主张应当区分发明者与生产者，在人工智能机器人造成他人损害时，不能简单地认定由该机器人的生产者承担责任，而应当由该程序的发明者承担责任。④ 张童综合考虑了使用者、生产者、销售者与人工智能之间的不同关系，其责任也应当有所区别。⑤彭中礼认为对于人工智能为损害性行为，如果是基于人工智能创造者或者所有人的指令，那么应当由人工智能创造者或者所有人来承担相应的法律责任；如果是因为人工智能程序崩溃导致损害性行为，人工智能创造者或者所有人应当承担民事侵权赔偿义务。⑥ 而卢嘉程认为当发生侵权责任后仍需要像公司中的"刺破人工智能面纱"原则那样找出其背后相关的责任人，故需要查明侵权事实后，再判断人工智能体从设计到发生侵权行为

---

① 朱静洁：《智能机器人致人损害民事责任的困境及其破解》，载《理论月刊》2020 年第 1 期。
② 张志坚：《论人工智能的电子法人地位》，载《现代法学》2019 年第 9 期。
③ 杨立新：《用现行民法规则解决人工智能法律调整问题的尝试》，载《中州学刊》2018 年第 7 期。
④ 王利明：《人工智能时代对民法学的新挑战》，载《东方法学》2018 年第 3 期。
⑤ 张童：《人工智能产品致人损害民事责任研究》，载《社会科学》2018 年第 4 期。
⑥ 彭中礼：《人工智能法律主体地位新论》，载《甘肃社会科学》2019 年第 4 期。

时，所涉及的相关责任主体是否成为适格被告。① 环建芬则提供了另一种分类方式，其认为人工智能致害民事责任的分担应当分为两种情况，即明确责任方与未明确责任方。如果可以明确与人工智能工作物相关的各个主体，以及其责任，那么则由最终的责任者承担责任；如果无法查清多方主体之间的责任，则应当由相关的主体共同分担责任。② 朱静洁的分类方式有所不同，其基于对人工智能无民事行为能力机器人、限制民事行为能力机器人和完全民事行为能力机器人的分类，对于人工智能侵权的最终责任主体进行分别规制。③

5. 人工智能侵权免责事由

李坤海、徐来认为人工智能侵权问题依然适用责任免责事由，在当前阶段，人工智能尚不具备独立的意识，可以暂且引入已有的现行法规对其进行免责事由的规定。首先可以引入产品责任的免责事由，在产品尚未投入流通领域之时，对生产者或者经营者进行侵权行为归责，无疑是对人工智能产业积极性的极大挫伤。此外，投入流通时，若引起损害的缺陷尚不存在，或者投入流通时的科学技术尚未发现缺陷的存在也会构成免责事由。对于受害方，除了引进赔偿保障的智能基金和商业保险外，特别在侵权举证方面，法院在必要时可以行使职权进行调查取证，以避免司法实践中出现大量普通公民证据意识薄弱，从而导致自己程序上的败诉结果。④

6. 责任保险与赔偿基金

杨立新认为人工智能虽然有较强的安全性，但必然仍旧存在缺陷，可能造成他人损害，因此对人工智能必须要进行投保，甚至要进行强制责任保险，并且保险人应当是生产者，而不应该是使用者，以保证受害者能够

---

① 卢嘉程：《人工智能体侵权责任承担可行路径研究》，载《东南大学学报（哲学社会科学版）》2018 年第 S2 期。

② 环建芬：《人工智能工作物致人损害民事责任探析》，载《上海师范大学学报（哲学社会科学版）》2019 年第 2 期。

③ 朱静洁：《智能机器人致人损害民事责任的困境及其破解》，载《理论月刊》2020 年第 1 期。

④ 李坤海、徐来：《人工智能对侵权责任构成要件的挑战及应对》，载《重庆社会科学》2019 年第 2 期。

获得没有过多争议的、基本的赔偿。① 司晓、曹建峰也强调人工智能产品的大规模使用需要构建强制保险制度与赔偿基金制度，根本原因则是在涉及人工智能的侵权案件中，举证产品责任与因果关系等相关事项越来越困难，许多被侵权人基于这些问题很难获得司法救济。② 袁曾认为人工智能应用风险相对较大，必须要求人工智能在投入商用之前为其投保强制保险，以较小的经济付出，获得保险共担风险的机会，大大减少人工智能侵权事件发生时的经济纠纷，促进人工智能产业的良性健康运转。③ 李坤海、徐来也认为侵权责任法的目的除了法律上的归责外，更重要的是损害填平。因此，赔偿制度的建立对人工智能的发展有利，具体而言就是建立商业保险与智能基金。④

五、人工智能对行政法的挑战

人工智能的发展对于行政法影响最大的是电子政务的出现和繁荣。自2016年12月国务院办公厅出台《"互联网＋政务服务"技术体系建设指南》以来，"互联网＋政务"在全国范围内全面开展，但是与之对应的行政法方面对于"互联网＋政务"背景下技术日渐成熟的电子政务关注不足，相应的立法和理论方面均呈现出滞后的情况。就电子政务而言，学者一般将其归入特别行政法的范畴，高家伟将其分为电子政府组织法、电子政务技术法、电子政务财政法、电子行政行为法、电子政务监督法等基本门类。⑤ 以这些门类为基础进行观察可以发现，这些领域立法方面反映出软法多、硬法少，学术研究方面呈现出行政管理学研究多、法学研究少的

---

① 杨立新：《用现行民法规则解决人工智能法律调整问题的尝试》，载《中州学刊》2018年第7期。

② 司晓、曹建峰：《论人工智能的民事责任：以自动驾驶汽车和智能机器人为切入点》，载《法律科学（西北政法大学学报）》2017年第5期。

③ 袁曾：《人工智能有限法律人格审视》，载《东方法学》2017年第5期。

④ 李坤海、徐来：《人工智能对侵权责任构成要件的挑战及应对》，载《重庆社会科学》2019年第2期。

⑤ 高家伟：《论电子政务法》，载《中国法学》2003年第4期。

特征。① 在电子政务下，"公众由过去的数据接受者成为数据的提供者，政府通过高度细分、数据挖掘等为公众配送个性化信息，实行信息公开、在线服务和互动服务"②。与逐渐便捷化以及电子化相随而至的是新的行政模式对于传统行政法原理的周延性挑战、对于公民程序权利的潜在压缩，以及对于行政救济的可行性等内容。行政法在人工智能时代下发挥着重要的平衡作用，在实现政务创新的同时有效保障公民权利。有效应对人工智能带给行政法的挑战，完善行政法对于电子政务的规范，对于电子政务的继续性发展有着重要的意义，同时也将推动政府向服务型政府进行更有深度的转变。

（一）自动化行政的内涵及分类

自动化行政包括"行政领域的人工智能"以及"人工智能在行政领域的应用"两方面的内容。其中，"行政领域的人工智能"可以界定为"有能力完成原先是由人所执行的那些任务的系统"③。

"人工智能在行政领域的应用"就是所谓的"自动化行政"，马颜昕将其界定为"行政程序中特定环节或所有环节由人工智能代为处理，而无需人工个别介入，从而实现部分或全部无人化的行政活动"。"在具体的自动化行政过程中，可以将承担相应功能的人工智能统称为自动化系统。"④ 胡敏洁则认为自动化行政并非规范意义上的概念范畴，而是一种描述性用语，意味着行政决定、程序等内容的图示化以及智能化，借此来指通过人工智能、大数据等展开的行政活动。⑤ 在现有的各种论述中，电子政务又被称为"行政自动化"⑥ "自动化行政"⑦ "电子行政"⑧ 等，行政自动化意在描述行政机关掌握并借助技术手段，尤其是电子数据处理而来的行政

① 查云飞：《人工智能时代全自动具体行政行为研究》，载《比较法研究》2018 年第 5 期。
② 胡敏洁：《自动化行政的法律控制》，载《行政法学研究》2019 年第 2 期。
③ 马颜昕：《自动化行政的分级与法律控制变革》，载《行政法学研究》2019 年第 1 期。
④ 马颜昕：《自动化行政的分级与法律控制变革》，载《行政法学研究》2019 年第 1 期。
⑤ 胡敏洁：《自动化行政的法律控制》，载《行政法学研究》2019 年第 2 期。
⑥ ［德］毛雷尔：《行政法学总论》，高家伟译，法律出版社 2000 年版。
⑦ 胡敏洁：《自动化行政的法律控制》，载《行政法学研究》2019 年第 2 期。
⑧ 查云飞：《人工智能时代全自动具体行政行为研究》，载《比较法研究》2018 年第 5 期。

活动。①

根据人工智能技术应用领域和适用程度的不同，目前学术界将自动化行政分为两类，即半自动行政与全自动行政。其中半自动行政又称为"自动化辅助行政"②，是指行政机关借助电子技术和设备但在行政程序过程中仍需人工介入的行政行为；全自动行政又称为"真正意义上的机器行政行为""狭义上的电子行政行为"。"对于电子行政中的具体行政行为的定义：若在具体行政行为的基础上定义，则全自动具体行政行为是指行政机关依照法定职权，借助电子技术和设备由机器全程完成行政程序，并做出个案规范性的且具有直接外部效力的单方行为。"③

另外，根据人工智能自我学习能力的强弱，胡敏洁将自动化行政分为"信息收集的自动化—流程或手续的自动化—智能流程的自动化"三个阶段。在第一个阶段，人工智能可以自动收集获取某种数据，形成一定的结构化；第二个阶段，按照预先确定好的流程进行复杂计算，遵照算法以及复杂的流程进行判断；最后一个阶段，人工智能拥有自主决策以及自我修复能力，可以使用人工智能对流程进行重新设计、重组，进而实现人机互动。④

总体而言，在自动化行政问题上，学界已经形成一定程度的讨论，但是这种讨论并不成体系化和规模化，对于自动化行政的设计也仅仅停留在初步阶段，对其进一步的发展讨论不够深入。

（二）人工智能对行政法的挑战及应对

人工智能技术在行政管理方面的广泛应用使行政效率显著提升，同时也使行政程序日渐高效和透明。但是其与传统的行政活动在主体、活动原则、裁量标准、运行程序方面都有显著的不同，基于这些差异，自动化行政将带来很多潜藏的法律风险，如"信息、数据收集以及处理的错误风

---

① ［德］毛雷尔：《行政法学总论》，高家伟译，法律出版社2000年版。
② 马颜昕：《自动化行政的分级与法律控制变革》，载《行政法学研究》2019年第1期。
③ 查云飞：《人工智能时代全自动具体行政行为研究》，载《比较法研究》2018年第5期。
④ 胡敏洁：《自动化行政的法律控制》，载《行政法学研究》2019年第2期。

险、对个人隐私和数据保护的侵扰风险、算法不透明所引发的风险等"①。对这些风险进行完整、周延、及时的规制，"实现信息技术、政府再造和法治国家三者之间的融合"②，是人工智能对行政法产生的最大的挑战。

1. 传统行政法原理的延伸

（1）对行政行为构成要件的挑战：自动化行政行为的定性。根据前述分类，半自动化行政需要人工介入，因而人工智能辅助并不会影响其自身的法律定性。查云飞将半自动化行政细分为三类，即"电子沟通类、电子告知和送达类以及电子申请和申报类"。其法律性质也较为明晰，作为说明、告知咨询方式的电子沟通类，在行政法上被认定为是行政事实行为；根据相关法律的规定，当数据电文与书面形式具有同等效力时，电子告知和送达类的行为与一般的送达行为无异，但是法律另有特别规定的除外；第三种电子申请或申报类的行为其法律定性同样应该以法律的明文规定为认可的前提，得到规定的电子申请和申报产生一般的申请和申报效果。③

对于全自动化的行政行为定性目前虽存在争议，但是主流观点认为，全自动化人工智能的介入并不影响行政行为的成立。基于传统行政法理论的对这一观点的论证主要从两个不同理论出发。

从行政主体论的角度来看，"行政行为概念的主体构建始终是围绕着行政主体（或者行政机关）来进行的"④。马颜昕认为，一般来说，行政行为的具体载体是作为自然人的公务员，但是行政行为的载体并不仅以自然人为限，还包括将特定的组织或者结构作为载体，如"集体决定"这种行政行为。正因为这种与自然人相区别的载体的存在，由人工智能进行"收集、分析、决定"的全自动行政行为并不存在理论障碍，可以通过行政法对其进行规制。⑤

---

① 胡敏洁：《自动化行政的法律控制》，载《行政法学研究》2019 年第 2 期。
② 高家伟：《论电子政务法》，载《中国法学》2003 年第 4 期。
③ 查云飞：《人工智能时代全自动具体行政行为研究》，载《比较法研究》2018 年第 5 期。
④ 应松年：《当代中国行政法（第三卷）》，人民出版社 2018 年版；转引自章志远：《行政行为概念之科学界定》，载《浙江社会科学》2003 年第 1 期。
⑤ 马颜昕：《自动化行政的分级与法律控制变革》，载《行政法学研究》2019 年第 1 期。

从意思表示的角度来看，行政法上的意思表示不同于民法上的意思表示，其仅从客观的是否对相对人权利产生影响的视角予以判断。① 基于此，有学者认为行政机关作为行政程序的事先设计者，其意思由行政机关自己形成，人工智能机器作为其表达工具可以被看作是行政机关的延伸。在使用自我感知、思考、决定的人工智能机器时可能存在有不可预知的风险，但是因为行政行为的意思判断是从客观权利影响的角度进行的，所以该行政行为仍然成立。②

（2）对行政法原则的挑战：特殊原则的拓展。对于自动化行政的规制作为行政法的一个特殊的领域，现有的法律对其详细规定尚不完善，因而确定概括性的适用原则，对于规制自动化行政行为至关重要。

高家伟认为现有的行政法基本原则无法完全实现对于自动化行政行为的法律控制，还需要特殊的原则进行规制。其主要提出了三个原则：①政府中立原则。在利益多元化的社会当中作为利益协调者的政府保持中立性是其要遵守的基本原则之一，在自动化行政下政府中立性表现为技术中立和文化中立。②透明度原则。该原则主要为了避免人工智能技术的应用可能会导致出现掩盖着巨大风险的黑箱，技术滥用将会带来难以预估的风险。③弹性化原则。自动化行政由于其特征在于通过固定化的算法做出具体的行政行为，因而其面对的将不是一般行政下特定的相对人，而是算法构建下的特定场景，这样的模式下难免忽视相对人的特殊性以及特殊需要。所以，应当通过弹性化的原则，增强公共组织的灵活性，实现自动化行政与一般行政的衔接。③

（3）政府角色定位的挑战：监管者角色的危机。郑戈提出，目前互联网以及与互联网直接关联的企业已经掌握了比政府所掌握的更多的关于公民（作为消费者）的信息，强调构建"智慧化""信息化"的政府部门需要求助于掌握大量信息数据的企业。这将模糊公权力与私权利之间的边界，使政府本来应该监管的对象成为政府的合作伙伴乃至实际控制者。因

① 余军：《行政处分概念与具体行政行为概念的比较分析》，载《公法研究》2005年第1期。
② 查云飞：《人工智能时代全自动具体行政行为研究》，载《比较法研究》2018年第5期。
③ 高家伟：《论电子政务法》，载《中国法学》2003年第4期。

此，如何通过行政法实现对政府监管者角色的保持，以及如何实现有效监管是行政法在人工智能下面临的又一挑战。①

（4）对行政法适用范围的挑战：裁量的局限性。人工智能应用于自动化行政的过程当中，个案衡量的局限性是不可回避的。宋华琳、孟李冕认为人工智能系统在行政活动中的引入，可能使行政执法人员将复杂现实空间中遭遇到的案件案情，归约为输入计算机的若干指标或参数，然后利用人工智能系统像"自动售货机"式输出决定，但是个案的判断是需要进行利益权衡的，甚至需要对未来进行预测和判断，这需要十分严谨和审慎的考虑，这就造成了自动化行政的风险。②

针对这种挑战，目前很少有立法例可供参考，有学者提出从人工智能适用的源头来进行解决，即进一步细分不同的行政领域，在研判不同状态下所要求的行政裁量情况，针对羁束行政行为，应该关注不确定法律关系的定性和标准，针对裁量行政行为，应该强调行政人工智能的辅助作用，将其适用于行政决定的准备过程，并不将其用于实质性的决定制作过程。③

同时在国际人工智能与法律会议上，有学者认为人工智能在未来的法律适用当中主要可能用于具有重复性的法律任务，如电子取证、法律推理论证等。④对于行政法来说，因为行政权力有诸多不可让渡的空间以及涉及国家等基本概念，所以在当下以及未来很长一段时间之内，人工智能将不适用于作出直接的行政决定。⑤

（5）对保护相对人实体权利的挑战：数据隐私权的保护。在人工智能应用于行政治理之后，个人信息的收集更为迅捷，处理信息以及传播信息的效率与科学性进一步提升，与此同时公众的角色也发生了转变，从过去

①　郑戈：《人工智能与法律的未来》，载《探索与争鸣》2017 年第 10 期。

②　宋华琳、孟李冕：《人工智能在行政治理中的作用及其法律控制》，载《湖南科技大学学报（社会科学版）》2018 年第 6 期。

③　宋华琳、孟李冕：《人工智能在行政治理中的作用及其法律控制》，载《湖南科技大学学报（社会科学版）》2018 年第 6 期。

④　腾讯研究院等：《人工智能：国家人工智能战略行动抓手》，中国人民大学出版社 2017 年版。

⑤　［日］松尾丰、盐野诚：《大智能时代：智能科技如何改变人类的经济、社会与生活》，陆贝旎译，机械工业出版社 2016 年版。

的数据接收者变成了数据提供者。与此对应的对个人数据隐私权的保护逐渐进入行政法规制的视野。如何定义个人数据隐私，数据隐私在自动化行政不同阶段的表现以及存在的保护风险如何，如何实现行政法下数据隐私权的保护，成为行政法在保护相对人实体权利面临的新挑战。

目前我国《民法总则》第一百一十条①，《网络安全法》第四十五条②均对公民的隐私权进行了规定。同时有学者提出在个人数据的收集、处理、利用的环节稍有不当就有可能产生隐私侵扰的问题，对于相对人的权利产生影响。要针对不同阶段的不同行为对相对人的权利进行保护，"首先考察数据收集、处理的合法性以及合理性；进而考虑数据的合法、合理利用，最终落实到数据赋权，尤其以数据隐私权为核心的保障之上去"③。

还有学者表示，数据开放是人工智能治理过程当中重要的方面，也是隐私权侵犯的重点区域，明确政府数据开放的范围与标准，探索数据匿名化等新型数据保护工具，是保护相对人隐私的重要方式。④

但总体来说，这种对权利保护的讨论还有待进一步深入，特别是对新技术可能在行政领域对公民权利造成侵犯的风险以及应对问题，学界仍未引起足够的重视，也缺乏行之有效的解决方案。

（6）对行政立法的挑战。法律对于具有"不可预期性"的科技来说很难进行灵活的规制，仅能起到一定的"缰绳"的功效。在这样的情况下，龙卫球和林洹民认为"政府政策或许更有利于协调法律和科技发展的关系"。一方面，行政立法以及政策制定的程序相较于制定法来说没有那么严格；另一方面，行政立法和政策制定可以通过灵活的调整，避免"滞后性"。但是，鉴于政策本身的宽泛性，很难建构出一套统一的、细致的规

---

① 《中华人民共和国民法总则》第一百一十条规定："自然人享有生命权、身体权、健康权、姓名权、肖像权、名誉权、荣誉权、隐私权、婚姻自主权等权利。法人、非法人组织享有名称权、名誉权、荣誉权等权利。"

② 《中华人民共和国网络安全法》第四十五条规定："依法负有网络安全监督管理职责的部门及其工作人员，必须对在履行职责中知悉的个人信息、隐私和商业秘密严格保密，不得泄露、出售或者非法向他人提供。"

③ 胡敏洁：《自动化行政的法律控制》，载《行政法学研究》2019年第2期。

④ 宋华琳、孟李冕：《人工智能在行政治理中的作用及其法律控制》，载《湖南科技大学学报（社会科学版）》2018年第6期。

则框架是政策明显的弊端。此外，政策本身是否蕴含了除了技术以外的其他价值，如何保持这些价值与民主社会的其他理念相一致，如何确定政策制定本身的合法性和透明性，也是运用行政立法以及政府政策协调的重要挑战。[①] 黄京平对这一点表示赞同。他认为运用立法对人工智能进行规制很难操作，因为"立法内容如过于原则，会不具操作性，难以形成规制效果；立法内容如超前性把握失准，恐有妨碍人工智能技术发展之虞"。因此，他认为当前最稳妥的做法就是基于政策考量出台相应措施。[②]

2. 核心程序权利的实质性收缩

自动化做出的行为属于行政行为，需要行政法进行规制，目前已经是学界的主流观点。任何公权力的行使都需要受到正当程序的限制。自动化行政所做的行为较一般的行政行为来说，其决策、决定的过程具有隐蔽性、电子性、数据性的特征，听证、说明理由等行政程序因此被省略，同时还伴随着算法错误、算法歧视、数据歧视、黑箱风险等缺陷，所以正当程序的控制在自动化行政当中极为重要。自动化形式的行政行为也对传统的正当程序提出了挑战，如何通过正当程序避免数据歧视，如何提升其透明化程度，如何实现数据化依据对于公众的可识别化以及可视化，避免相对人程序权利的收缩等是行政程序法需要面对的人工智能带来的新挑战。

（1）对公开性的挑战：减少算法歧视和数据歧视。算法歧视和数据歧视是人工智能本身技术性带来的缺陷。有学者将算法歧视产生的原因归结于以下五点：①公平本身的不确定性，以及人工智能在进行裁量方面的局限性；②算法本身蕴含价值判断，因而算法并不具有完全的价值中立；③设计者会因为偏见、信息不充分等原因，有意或无意地在算法中植入不当目的；④算法无法对规则和数字之外的因素加以充分考量；⑤算法是深度学习的产物，结果的不可预见性会在一定程度上影响算法的公平性。同

[①] 龙卫球、林洹民：《我国智能制造的法律挑战与基本对策研究》，载《法学评论》2016 年第 6 期。

[②] 黄京平：《刑事司法人工智能的负面清单》，载《探索与争鸣》2017 年第 10 期。

时，数据的搜集直接影响算法的产生结果，当数据缺少均衡性和代表性，数据本身存在偏见时，数据歧视也会随之产生。[①]

然而数据歧视和算法歧视总是隐藏在复杂的算法背后，在透明性不足以及算法技术的可理解性不高的情况下，算法的公开即使满足了程序公开对于依据公开的要求，但是复杂和专业的算法对于普通民众来说不具有可理解性，所以传统的对于公开透明性的要求已经难以满足对相对人权利保护的需要。针对透明度提升的挑战，提高算法等技术的可理解性是学界目前较为统一的观点。此外还有学者提出"技术上的透明度"的概念，就包括事先透明度和事后透明度。在适用自动化行政之前对决策的程序进行解释，是谓事先透明度。作出决定前决策程序尚不明确，但是通过对人工智能绩效的监测，可以确证出决策程序，是谓事后透明度。[②] 此外，数据的定期公开以及建立完善的数据追踪和评估制度、引入专业性的技术官员也是提升透明度的有效方式。[③]

但是也有学者对于提升透明度的必要性提出质疑，认为现实世界本来就不是一个完全信息世界，由于保密信息、政策等原因，现行的法律制度实际上也常常是对部分信息予以监督，这并没有什么大不了的。[④] 上述观点虽然具有一定的合理性，但是"公开、透明的追求长久以来已经在公法领域中形成了独立的法律价值。提高透明度不仅可以让自动化决策在一定程度上融入现有法律体系，让一部分现有的法律控制手段继续发挥作用；另外也可以从心理上增强公众的安全感，提高新技术的可接受度"[⑤]。

（2）对程序权利的挑战：听证和说明理由的省略。人工智能由于其技术上的特征，因而其在做出行政行为的过程中省略了听证、说明理由的环

---

① 宋华琳、孟李冕：《人工智能在行政治理中的作用及其法律控制》，载《湖南科技大学学报（社会科学版）》2018 年第 6 期。

② 宋华琳、孟李冕：《人工智能在行政治理中的作用及其法律控制》，载《湖南科技大学学报（社会科学版）》2018 年第 6 期。

③ 宋华琳、孟李冕：《人工智能在行政治理中的作用及其法律控制》，载《湖南科技大学学报（社会科学版）》2018 年第 6 期；转引自胡敏洁：《自动化行政的法律控制》，载《行政法学研究》2019 年第 2 期。

④ 马颜昕：《自动化行政的分级与法律控制变革》，载《行政法学研究》2019 年第 1 期。

⑤ 马颜昕：《自动化行政的分级与法律控制变革》，载《行政法学研究》2019 年第 1 期。

节。但是听证和说明理由在行政程序法当中具有极其重要的价值，一方面可以减少行政决定的错误率，另一方面也是保障相对人权利的重要程序制度。继续适用现有的听证以及说明理由的规定还是提出新的适用标准，是行政程序法应对人工智能必须要解决的问题。

立法在该领域尚没有具体的规定，在理论上有学者认为，不能忽视对这两种程序的保障，但是需要通过更加特殊以及更为贴近人工智能特征的方式来进行程序的构建。具体而言，首先确定程序使用的范围，当自动化行政有可能给行政相对人带来不利影响，涉及行政相对人实体权利、程序权利及救济权利，以及涉及"最低限度的公正"时，这应该是人工智能进行理由说明的基本情形。其次关于说明的内容，除了对算法进行前述透明化的解释之外，还应该包括人工智能系统的运营过程、运营结果、做出行为的推理等内容。最后关于相关的权利影响，当自动化行政过程当中正当程序未实现时，相应的行政决定应当有被确认无效或被撤销的可能，相对人具有要求其被确认无效和撤销的救济权利。①

3. 权利救济周延性的挑战

无权利即无救济，自动化行政的完整性需要完善的权利救济才能更好地保障相对人的权利。权利的救济需要包括行政主体的确认、规则方式的确定等内容，其中人工智能带来的最大挑战即是责任主体的认定。一般的行政行为当中责任追踪比较清晰，但是自动化行政因为算法，主体不仅涉及技术的设计者，同时一些技术人员因为需要对技术进行运作、监督等操作，所以从一定程度上来说可以成为技术的控制者。他们的存在不仅具有隐蔽性，同时也因为在实践当中这类人主要表现为技术运营商，其运营方式主要是通过政府外包的方式，所以并不能认定为是行政诉讼法的责任主体——行政机关的一部分。根据《行政诉讼法》第二条规定："公民、法人或者其他组织认为行政机关和行政机关工作人员的行政行为侵犯其合法权益，有权依照本法向人民法院提起诉讼。前款所称行政行为，包括法律、法规、规章授权的组织做出的行政行为。"当自动化系统出现故障造

---

① 宋华琳：《英国行政决定说明理由研究》，载《行政法学研究》2010 年第 2 期。

成相对人的损失时，责任主体应该如何确定是人工智能对于行政诉讼法的新挑战。

有学者认为，从本质上看，自动化行政行为真正的主体是行政机关，人工智能可以看作是行政行为的载体，其并不会影响真正意义上的行政法律关系。类比公务员，技术主体的错误同样需要由行政机关承担，也正因如此，行政机关需要对技术主体进行及时和长期的监管，自觉承担起相应的责任。① 还有学者认为"在很多旨在以搜集信息为目的的自动化行政中，法律关系上主要围绕数据实际的拥有者以及数据主体展开，这其中可存在彼此基于合同关系再或经过利益衡量，进而到私主体的自我同意而认可数据使用的正当性。进而，应当赋予单纯依靠自动化的违法决定撤销或者无效的法律后果"②。

关于归责方式的确定，目前理论界的争议较大，主要集中于两种规则模式——"物的瑕疵"和"人的行为"。其中"物的瑕疵"归责模式主要是指将自动化行政的实施系统看作是行政设施，以其设置和管理存在瑕疵导致相对人权利受损为前提；"人的行为"归责方式则是将自动化的行政实施系统看作是特殊的公务员种类，以违法性和有责性为前提。③ 因为自动化行政的特殊性，所以很难将其完全归于一种归责方式。学者建议："鉴于自动化行政行为的运用越来越广泛，在行政活动中的地位越来越重要，将其单独类型化，通过立法与理论修改，确定专门的责任构成要件，也许是一种更为可取的路径。"④

4. 人工智能行政法监管难题

袁曾提出政府介入人工智能监管是明智的选择。他认为人工智能的行政法监管应该完整地包括三个方面，即事前备案、事中授权、事后惩处。在事前监管方面要进行行政备案，即要求相关的设计者以及开发人进行原则性的申报；事中授权的核心目的是对人工智能的应用风险进行评估，在

---

① 马颜昕：《自动化行政的分级与法律控制变革》，载《行政法学研究》2019 年第 1 期。
② 胡敏洁：《自动化行政的法律控制》，载《行政法学研究》2019 年第 2 期。
③ 蔡志方：《行政救济与行政法学（三）修订版》，正典出版文化有限公司 2004 年版。
④ 马颜昕：《自动化行政的分级与法律控制变革》，载《行政法学研究》2019 年第 1 期。

评估的基础上开放人工智能的适用领域；关于事后的惩处则需要行政机关结合具体的情况，以"以人为本"为根本原则进行违法性的判断。此外，主管行政机关还可以在总结现有发生事件的基础上构建和完善人工智能安全监测预警机制。[①]

张建文和潘林青认为人工智能的行政法监管应该形成一个体系化的制度。具体而言，"应从国家层面加快理顺人工智能的监管体制，构建政府监管和行业自律机制，通过国家主导、行业自律，大型企业引领、社会舆论监督等多方面多管齐下，建立高效联动、动态的人工智能安全发展体制机制"[②]。

总之，在人工智能与行政法的问题上，学界的讨论热度并不及其他部门法。虽然已经有一些学者尝试性地提出了问题，但仍有不少理论尚未梳理清楚。特别是在行政法领域本身尚未解决的问题上，人工智能的出现将进一步增加一些理论问题的复杂性。

六、人工智能立法问题研究

（一）1997 年前：人工智能立法初现

人工智能与法的研究开始于 20 世纪 50 年代，而我国立法以及学界对于人工智能的关注开始于 20 世纪 80 年代。

1. 人工智能特殊性的初现

随着技术的快速发展，学界认识到对于技术产品相关问题的法律保护具有很强的特殊性。我国从 20 世纪 80 年代中期开始研究和制定软件保护的法律规定，其中《计算机软件保护条例》就是在著作权法律保护当中针对计算机软件进行的特别保护，其中对软件的主体、客体、权利、内容、

---

① 袁曾：《人工智能有限法律人格审视》，载《东方法学》2017 年第 5 期。

② 张建文、潘林青：《人工智能法律治理的"修昔底德困局"及其破解》，载《科技与法律》2019 年第 5 期。

权利的归属、权利的限制、权利保护期、软件登记管理以及软件著作权侵权等内容进行了规定。何红锋等认为相较于一般的著作权，软件著作权含有更多的财产权，同时他还首次对人工智能与自然人的关系进行阐述："软件开发是以自然人的思维活动为基础的，任何社会、组织或者人工智能都不能取代自然人的思维过程。"① 孙建红认为对计算机软件进行单独保护的原因在于软件有一些不同于一般著作权客体的特性。从客体内容上来看，软件需要通过特有的计算机语言来表现，执行创作者设计的逻辑步骤，从本质上来讲是一种代码化的指示序列，功能直接表现为一种实用工具。② 丁卫也对这一观点表示了支持，他还特别提出了数据保护的特殊性，他认为将数据库归为传统的编辑作品有诸多不妥，因而数据库的版权保护会时常受到质疑和责难。③

2. 隐私权保护的首次提出

丁卫首次提出了关于人工智能引入下的隐私权保护问题。他认为社会公众的个人信息也越来越多地进入了政府及私营的数据库中，而这对个人隐私权构成威胁的可能性也随之增大。他预测这一问题在我国"迟早会出现"，建议在我国的隐私法或者数据库方面的法律中加以详细的规定。具体来说他认为可以规定："对数据库生产者的信息采集行为的要求，如信息的采集须征得当事人的同意及审查，保证所采集的信息的安全，如未经当事人许可，不得将有关数据转让移交第三者，保证所掌握的个人信息的准确、真实、完整和时新，要随时更换错误、老旧信息，补充变化了的信息。同时要让公众有权支配自己的信息，除了与国家利益有密切关系或其他法律规定的豁免以外，公众应具有决定自己的信息是否被搜集、传播的权利，有要求查看、更正自己的信息记录的权利等等。"④

---

① 何红锋、翁瑞琪：《软件著作权讲座之三 软件著作权的主体》，载《软件》1995 年第 8 期。

② 孙建红：《计算机软件的著作权保护》，载《中国出版》1992 年第 11 期。

③ 丁卫：《数据库产业的有关法律问题》，载《情报科学》1994 年第 2 期。

④ 丁卫：《数据库产业的有关法律问题》，载《情报科学》1994 年第 2 期。

3. 立法保护的针对性弱、回应性不足

丁卫认为现有的版权法以"编辑作品"为形式的模式不能实现对数据库"有力的""具有针对性的"保护，体现出很明显的困难和牵强。数据保护方面，单纯地依据商业秘密法、商标法等的保护事实上不利于社会信息的自由流通。在数据库侵权认定方面都仅仅是由具体的法律原则进行规定的，尚未有具体的专门法律提供适用方案。此外，技术发展还提出很多新问题，包括"专家系统的知识产权问题""多媒体、超文本的版权问题""隐私权问题"以及"数据库业者的法律责任问题"，对这些问题的特殊性保护在法律中尚未得到体现。① 针对立法保护不足方面，翁建平等也持相同的观点，他们认为，现行法律尚不能回答自然科学向法律提出的诸多新问题，但是，法学研究应有超前法律的意识和预测学的知识，以消弭自然科学带来的挑战，法律可以主动地干预自然科学。②

总体而言，在这一发展阶段，"新型技术产品"的法律规制更多地侧重于版权方面的保护，立法目的和方向是实现科技应用，促进技术的发展。虽然很多领域未建立相应的具体规范，但是学界对人工智能立法保护特殊性的初步感知和认识以及对应用各方面问题的细致关注，为人工智能立法奠定了基础。

（二）1998—2012 年：人工智能在法律领域的突破

张保生解释了人工智能之所以在法律领域进行突破的原因。他提出"20 世纪 90 年代以后，人工智能法律系统进入了以知识工程为主要技术手段的开发时期"，人工智能之所以与法律产生更为深入的结合，是因为法律具有以下特征：①法律有相对稳定的对象、相对明确的前提及严格的程序规则，且须得出确定的判决结论；②法律推理中的司法推理，以明确的

---

① 丁卫：《数据库产业的有关法律问题》，载《情报科学》1994 年第 2 期。
② 翁建平、齐育华、吴丽青：《自然科学介入法律领域的必然性及途径》，载《中国科技论坛》1994 年第 2 期。

规则、理性的标准、充分的辩论，为观察思维活动的轨迹提供了可以记录和回放的样本；③法律知识长期的积累、完备的档案，为模拟法律知识的获得、表达和应用提供了丰富、准确的资料；④法律活动所特有的自我意识、自我批评精神，对法律程序和假设进行检验的传统，为模拟法律推理提供了良好的反思条件。① 梁庆寅等对于这一观点也表示赞同，他们强调人工智能与法的研究得以产生，主要是由于法律存在以下若干特点：①法律拥有不同种类的知识；②法律有清晰的结构和证成；③法律允许不同类型的推理模型；④法律有具体的知识储备；⑤法律有多样的任务定位；⑥法律拥有开放结构的概念；⑦法律是一个通过对抗性产生真理的领域；⑧法律具有高度的自我反省的特点，这些特点引起了科学家的注意。②

在这一阶段，人工智能技术日渐成熟，因为法律领域逻辑推理的特殊性，虽然很多技术在实践中尚未得到应用，但是人工智能在立法方面的应用可以预见。法学界对于人工智能更加深入地关注，对于人工智能本身法律问题的思考也突破了版权保护的局限，思考得更加深入。这些基础问题的探索和研究为人工智能立法提供了更为深刻的理论基础。

（三）2013年至今：人工智能立法基础基本形成

2016年，阿尔法围棋（AlphaGo）使人们惊叹于人工智能的"能力"。在这一阶段人工智能与法的结合更加紧密，人工智能实现了在法律领域的广泛应用，从人工智能机器人"律师"罗斯到可以"自学"的机器人律师系统，"从前人们认为法律迈向自动化时会遇到的不可逾越的鸿沟，现在看来已经可以逾越：一个是让机器具备自然语言处理的能力，另一个则是将法律人引以为傲的'像律师一样思考'的能力转变为算法"③。跨越了技术鸿沟，新的应用领域和深度使得法律与人工智能的交融更加深入，思考人工智能与法之间的关系成为学界在人工智能立法方面首先要考虑的问题。

---

① 张保生：《人工智能法律系统的法理学思考》，载《法学评论》2001年第5期。
② 梁庆寅、魏斌：《法律论证适用的人工智能模型》，载《中山大学学报（社会科学版）》2013年第5期。
③ 张宸宸：《机器人：法律行业的终结者还是开路者?》，载《读书》2016年第10期。

1. 人工智能与立法

（1）科技与立法。科技的不可预期性使得法律很难量身定制地为科技提供规制，但科技的发展需要法律提供安全的、可靠的、可信任的外部环境。龙卫球和林洹民认为协调法律与科技之间的矛盾需要立法者首先尝试通过创新立法技术的方法对此进行协调，例如"日落规则""智能预期草案""反思'技术中立'"等方式。但是这种立法技术使得法律大多只能起到缰绳的功效，而无法积极推动科技的发展；更何况，法律特定的程序要求也使得其运行起来仍然不够灵活。相较而言，具有灵活性的政府政策或许更有利于协调法律和科技发展的关系。进展缓慢的立法使得人们在一个"权利义务都不明晰的环境中行为"，但是适当的立法滞后并不必然是一种缺陷。因此，"在对未来发展脉象尚未清晰的情况下，不宜过早地修法或出台新法，以免桎梏了工业的发展"。但是"法律不可轻动"并不意味着法律要对科技所产生的种种问题听之任之。在科技发展的过程中不应对法律进行仓促的修改和制定，而应及时反思科技发展带来的法律问题，并对其进行"及时但不冒进"的研究。具体而言，这些法律问题主要包括企业数据保护问题、个人数据保护问题、法律责任承担问题、网络安全、网络平台和反垄断、《标准化法》修改、劳动法改革以及既有法律和法学理论与时俱进的问题。①

郑戈也提出了对科技发展带来的立法挑战的担忧。他认为起源于农业社会的"现代"法律体系，能否成功应对人工智能所带来的新的风险和不确定性，能否在人工智能时代继续维持秩序与变革、守护与创新、价值与事实之间的动态平衡，这是今天的法律人所必须面对的紧迫问题。他将人工智能可能带来的法律风险概括如下：第一，削弱个人隐私和自由；第二，使得其他与互联网无直接关联的行业处于明显劣势；第三，企业掌握大量的数据使得公权力与私权利的边界模糊；第四，在"算法统治人"的时代，算法缺乏法律的"无偏私性"与"一般性"，而是直接服务于

① 龙卫球、林洹民：《我国智能制造的法律挑战与基本对策研究》，载《法学评论》2016 年第 6 期。

算法的设计者的目的；第五，"事后追责型的法律对策，无法阻止人们在巨大利益的引诱下，利用人工智能进行这种损害范围无法控制的赌博式行为"。①

（2）科技法与人工智能立法。人工智能应以科技法为立法基础。龙卫球指出："人工智能在本质上属于科技事物，应当将其作为科技事物加以审视。"对于人工智能的规范思考，从回溯事物本源的意义上说，要考虑人工智能"科技本质属性"以及"具有认知能力的特殊性"。对于人工智能的规范，应当秉持法治主义的基本立场，强调"人们应当遵守法律"。人工智能立法应当自觉遵循人类既有的科技规范路径，充分利用现有的科技法加以规范评价，在立法思路方面要"自觉体现'历史－发展''社会－技术'的连接性"。②

在人工智能立法的理论构造问题上，张清、张蓉撰文提出人工智能法律规制的理论构造主要包括以下三点：①人工智能"三定律"和"八原则"。"三定律"当中，第一定律是人工智能机器人不得伤害人，也不得见人受到伤害而袖手旁观；第二定律是人工智能机器人应服从人的一切命令，但不得违反第一定律；第三定律是人工智能机器人应保护自身的安全，但不得违反第一、第二定律。"八原则"包括人类优先原则、服从命令原则、保护秘密原则、限制利用原则、安全保护原则、公开透明性原则、个人参加原则、责任原则。②法律吸纳风险理论。一方面，法律制度的价值在于规范即使很小的风险和灾难；另一方面，法律秩序客观上表征了法律制度实施的效果，现代社会是法治社会，制度风险及风险法律控制是风险社会法学研究理论的基本内涵。③法律责任理论。③

郑戈提出了更加详细的立法应对方向。首先，由法律人和程序员、人工智能专家合作制定一种"人工智能社会的宪法"作为人工智能法律的"顶层设计"，使法律与算法相互规制、相互影响，使人工智能的基础操作系统符合人类的伦理和法律。其次，政府应该吸纳更多的专业人才参与立

---

① 郑戈：《人工智能与法律的未来》，载《探索与争鸣》2017年第10期。
② 龙卫球：《科技法迭代视角下的人工智能立法》，载《法商研究》2020年第1期。
③ 张清、张蓉：《"人工智能＋法律"发展的两个面向》，载《求是学刊》2018年第4期。

法工作，保障人工智能发展的当中实现公共利益的目的。再次，仓促修改现有的法律制度并非明智之选，既不利于鼓励创新，也不利于保障公民的权利。最后，伦理性规范的建立需要立法者、执法者、司法者以及公众都具有一定的人工智能知识，现阶段为了避免算法黑箱带来的风险，可以由相关领域专家和法律职业人士共同组成的伦理委员会或"人工智能法院"，按照风险防范而不是纠纷解决的思路来处理相关规则的落实问题。①

2. 人工智能立法对现有法律制度的挑战

（1）人工智能法律主体地位。目前我国对于人工智能法律人格并没有相关的法律进行明确，学界关于这一问题主要分为"肯定说""否定说"以及"折中说"。由于本书前文已有对该问题的详细总结，因此便不在这里进行赘述。

（2）法律责任承担问题。本部分内容同样在本书前文已进行了较为详细的论述，此处不再赘述。

（3）个人数据保护问题。"数据财产权"的概念在全球范围内引发了激烈的争论。龙卫球和林洹民②认为目前在对于人工智能数据保护的立法问题主要集中于以下几点：首先，是否该通过设立数据所有权的方式，通过财产权的路径保护个人数据，并以此实现数据使用和数据保护之间的平衡？其次，在智能制造背景下，哪些数据属于个人数据？数据财产权的边界在哪里？宁立志、傅显扬认为数据权力化与非权力化的争论并不有益于我国当前数据发展的立法实践。他们将当前的数据规制模式归纳为"立法赋权模式"和"行为规制模式"两种，并通过立法的方式对两种模式进行选择。③张建文、潘林青则认为人工智能中的数据保护应该更多地聚焦于"匿名化处理"。数据匿名化能够有效地控制算法风险给个人和社会造成的

① 郑戈：《人工智能与法律的未来》，载《探索与争鸣》2017年第10期。
② 龙卫球、林洹民：《我国智能制造的法律挑战与基本对策研究》，载《法学评论》2016年第6期。
③ 宁立志、傅显扬：《论数据的法律规制模式选择》，载《知识产权》2019年第12期。

不利影响，因而立法应当明确规定数据处理者应当负有数据匿名化的义务。①

（4）人工智能对劳动法的挑战。人工智能法律人格的定位直接影响了现有劳动法的规定。人工智能的兴起和应用可能会使大量劳动者因为不符合要求而下岗，这对于现行劳动法提出了新的挑战。龙卫球和林洹民提出，在产业转型的情况下，恐怕会有大量的员工不能符合劳动能力要求，此时是否即允许企业将之解聘？在转型期应当如何处理雇员和雇主之间的劳动关系？② 田野认为人工智能换人应严格遵循技术性裁员的规定。在立法保护中，应该将劳动者隐私作为重点保护，对劳动法应进行系统化的因应性调整，在当下加强职业培训、完善失业救济和社会保障法制尤为重要。③ 此外，吴汉东④提出了"机器'工人群体'的劳动法问题"。他认为这一问题主要可以概括为如下两方面：一是传统劳动法的调整功能消减，二是未来劳动法将面临新的对象。而田野认为人工智能并不是劳动者，在人工智能"代劳"的过程中，避免因数据和算法的机械性导致的新型歧视是核心。⑤ 关于新的劳动法的立法范式，汪银涛、吴延溢从立法理念以及立法实践的角度提出了合理化的建议。"在立法理念层面，需要对'和谐'与'稳定'的劳动法价值进行重新诠释，继而推动劳动关系从属性理论的创新；在立法实践层面，为平衡资方的用工弹性与劳方的就业安定，应合理调整劳动基准的具体标准，重构强制性规范与自治性规范，以实现劳动法对灵活用工形式的认可与兼容。"⑥

---

① 张建文、潘林青：《人工智能法律治理的"修昔底德困局"及其破解》，载《科技与法律》2019 年第 5 期。
② 龙卫球、林洹民：《我国智能制造的法律挑战与基本对策研究》，载《法学评论》2016 年第 6 期。
③ 田野：《劳动法遭遇人工智能：挑战与因应》，载《苏州大学学报（哲学社会科学版）》2018 年第 6 期。
④ 吴汉东：《人工智能时代的制度安排与法律规制》，载《法律科学（西北政法大学学报）》2017 年第 5 期。
⑤ 田野：《劳动法遭遇人工智能：挑战与因应》，载《苏州大学学报（哲学社会科学版）》2018 年第 6 期。
⑥ 汪银涛、吴延溢：《人工智能时代劳动法立法范式的转型》，载《人文杂志》2019 年第 10 期。

3. 人工智能立法展望

龙卫球和林洹民认为，对目前的基本法律制度应首先保持稳定。我国目前的法律制度经过近 40 年的发展基本可以被认为是适应于转型和有利于技术创新的。在此前提下，可以考虑"政策试验先行、法律巩固后进"的策略，初期首先借助于政策的手段，集中力量试验性地推动和调整智能制造的发展。① 黄京平也赞同运用政策对现阶段的人工智能进行规制。他认为现阶段运用立法对人工智能进行规制很难进行操作，因为"立法内容如过于原则，会不具操作性，难以形成规制效果；立法内容如超前性把握失准，恐有妨碍人工智能技术发展之虞"②。涂永前同样认为现阶段人工智能带来的非颠覆性冲击可以通过法律框架内的调整实现，具体的手段包括对条文的解释、修正抑或新设。③ 郑戈认为在目前这个阶段，"美国式的公法模式"是较为稳妥的方案，"指定一个现有的政府部门负责确立相关的行业技术标准、安全标准和个人数据保护标准"，标准的制定应当是行业自身的综合考量，但是标准的制定程序需要受到公法原则以及程序法的限制。④

对于人工智能日后的立法构建，涂永前提出了一种"原则性的框架"。他认为未来立法的首要特点是具有"前瞻性"，主要任务是对人工智能进行一般性的价值指引，实现主体多元与协作互补。具体就构建原则包括社会共治原则、最小化风险原则、透明原则、效率优先兼顾公平原则。⑤ 龙卫球认为人工智能需要特别法进行规制，人工智能立法应当被定为科技法的特别法，就立法的形式而言，对于我国来说，目前"科技政策法对于当前人工智能的开发和应用更加具有可适用性"，能够使人工智能科技的发

---

① 龙卫球、林洹民：《我国智能制造的法律挑战与基本对策研究》，载《法学评论》2016 年第 6 期。

② 黄京平：《刑事司法人工智能的负面清单》，载《探索与争鸣》2017 年第 10 期。

③ 涂永前：《规制人工智能：一个原则性法律框架研究》，载《人工智能法学研究》2018 年第 1 期。

④ 郑戈：《人工智能与法律的未来》，载《探索与争鸣》2017 年第 10 期。

⑤ 涂永前：《规制人工智能：一个原则性法律框架研究》，载《人工智能法学研究》2018 年第 1 期。

展与科技进步、科技转化政策契合。① 就人工智能立法的范式而言，龙卫球提出了"技术—社会 + 经济"的概念，强调在人工智能立法中对于"人的价值"的关切，以经济性、社会性的双重架构以及相应的"坚持维护人的尊严的原则""坚持技术创新、经济效率和社会保护一体化原则""坚持科技风险和监管一体化原则，或者叫作科技风险和安全防范一体化原则""坚持行为治理和技术治理协同的原则"四项原则等，来推进对人工智能的合理规范。就立法范畴而言，他还提到人工智能立法应注意"一般与具体"的结合以及与其他法律的交叉。② 吴汉东认为应该"以人工智能的发展与规制为主题，形成制度性、法治化的社会治理体系"，在治理背景下要实现法律、政策与伦理的协同，包括以安全为核心的法律价值目标，以伦理为先导的社会规范调控体系和以技术、法律为主导的风险控制机制。针对专门立法，他认为我国应该在借鉴优秀域外经验的基础上，基于本土需要，尽快出台"国家发展战略"，及时制定"机器人伦理章程"，适时进行机器人专门立法。③ 潘铭方认为人工智能立法应该理性对待人工智能技术的双面性，目的应该实现人工智能效用的最大化。在立法过程中应该保持开放和宽容的态度，吸纳专业人士、社会团体、产业界以及政府机构的意见。④ 张建文、潘林青则从价值之维、权利之维、义务之维以及行政监管之维四个方面对人工智能立法提出如下展望：①"价值之维"要树立"以人为本"的人工智能伦理观，特别是要将人工智能的价值观转化为具有可操作性的算法；②"权利之维"要求保障数据主体的反自动化权利与自我决定权；③"义务之维"要保障算法的透明性与数据的匿名化处理；④"行政监管之维"则要求构建人工智能的监管机制。⑤

在这一阶段，人工智能在技术方面以及理论方面都实现了实质性的突

---

① 龙卫球：《科技法迭代视角下的人工智能立法》，载《法商研究》2020 年第 1 期。

② 龙卫球：《人工智能立法的"技术—社会 + 经济"范式——基于引领法律与科技新型关系的视角》，载《武汉大学学报（哲学社会科学版）》2020 年第 1 期。

③ 吴汉东：《人工智能时代的制度安排与法律规制》，载《法律科学（西北政法大学学报）》2017 年第 5 期。

④ 潘铭方：《人工智能：从规划迈向立法》，载《电子知识产权》2018 年第 4 期。

⑤ 张建文、潘林青：《人工智能法律治理的"修昔底德困局"及其破解》，载《科技与法律》2019 年第 5 期。

破。人工智能领域的相关立法已被列入十三届全国人大常委会立法规划，按照《新一代人工智能发展规划》在 2021—2025 年的第二阶段，人工智能法律法规、伦理规范和政策才有体系化的建构，但这个体系也只是"初步建立"。以上的讨论已为人工智能立法奠定了良好的理论基础，但值得注意的是，在人工智能立法的问题上，各个学者在讨论时存在如下潜在的矛盾：一方面，其认识到人工智能可能对法律的冲击而呼吁尽快立法；另一方面，又由于这种冲击大多是预测性的，如果目前立法也很难有很多实质性的内容。究其本质而言无非是由于人工智能未来发展的不确定性所导致的，在这种不确定性下，学者们既担心其可能存在风险，又无法确认具体的风险形态。因此，对于人工智能立法的问题很多都走向了原则性、口号性、引导性立法的路径。而这种路径虽然也可能发挥一定作用，但最终的作用较为有限。

七、人工智能司法应用研究

（一）1997 年前：对人工智能司法应用的预测

在我国，翁建平等人首先预测了人工智能在司法实践当中的应用，他们认为自然科学影响着法律思想和司法实践，尽管技术开发尚存在难度，但一旦这些技术被开发并使用，就将司法工作推向人工智能配合的新阶段。[1]

（二）1998—2012 年：人工智能技术实现突破但尚未应用于司法实践

张保生将人工智能法律系统的司法实践方面的价值概括为辅助司法审判以及促进司法公正。他认为一方面，制定法制度下检索有关的法律、法规和司法解释需要耗费大量的精力和时间，同时还可能存在检索不全面、

---

[1] 翁建平、齐育华、吴丽青：《自然科学介入法律领域的必然性及途径》，载《中国科技论坛》1994 年第 2 期。

记忆不准确的问题。人工智能法律系统强大的记忆和检索功能，可以将律师和法官从简单的法律检索工作当中解放出来，从而从事更加复杂的法律推理活动。另一方面，法官对于同一法律标准的执行可能会出现个体性的差异。人工智能可能避免这种差异，但是这并不意味着让计算机完全取代法官。在人工智能的发展策略和应用前景方面，他认为应当"确定研究与应用相结合、以应用为主导的研发策略"。对于人工智能与律师、法官之间的关系，他预测"未来的计算机不会完全取代律师和法官，然而，律师和法官与智能机器统一体的出现则可能具有无限光明的前景"。值得注意的是，其对于人工智能技术对司法问题的影响的判断是具有极强的前瞻性和预测性的，他认为"目前国外人工智能法律系统的研究大多停留在实验室领域，还没有在司法实践中加以应用。但是，任何智能系统包括相对简单的软件系统，如果不经过用户的长期使用和反馈，是永远也不可能走向成熟的。从我国的实际情况看，如果不能将初期研究成果尽快地转化为产品，我们也难以为后续研究工作提供雄厚的资金支持"[1]。

（三）2013年至今：人工智能与司法实践的深度融合

人工智能与法的研究，正是源于司法活动的实践。随着计算科学和人工智能技术的发展，法律论证的人工智能模型将进一步完善，更加贴近司法实践的要求。

1. 人工智能司法应用现状

（1）应用状态。在这一阶段，人工智能技术逐渐成熟，实现了深度应用。2016年，在世界互联网大会智慧法院暨网络法治论坛上，最高人民法院周强院长提出："将积极推动人工智能在司法领域的应用……司法机关以高昂的热情、巨额的投入、异乎寻常的速度和规模，实现人工智能与司法操作的对接，众多成果已经实际启动司法运行。"[2]

---

[1] 张保生：《人工智能法律系统的法理学思考》，载《法学评论》2001年第5期。
[2] 黄京平：《刑事司法人工智能的负面清单》，载《探索与争鸣》2017年第10期。

在最高人民法院的推动下，以"数据法院、智慧法院"为理念，人工智能技术得到广泛应用。"部分法院尝试开发了人工智能办案系统，在公检法共享办案平台上初步实现了证据标准和证据规则统一、单一证据合法性校验、证据链逻辑性判断和比对、类案推送、量刑参考和文书自动生成等方面的智能化。"① 如北京法院的"睿法官"智能研判系统、上海法院的刑事案件智能辅助办案系统、苏州法院的"智慧审判苏州模式"都是人工智能司法应用的典型代表。

智能语音输入法、智能语音会议系统、智能语音讯（询）问系统、智能语音办案系统、语音阅卷示证系统等已广泛应用于检务工作当中，在保障当事人权利的同时，提升了工作效率。② 在防控、司法办案、案件管理、决策支持、队伍管理、基层法律监督方面均实现了与人工智能的对接和应用，并实现深度融合。③

王禄生撰文认为现阶段人工智能司法应用特征主要包括技术特征与时代特征。技术特征当中，相较于传统信息技术，人工智能技术具有数据前置性、算法依赖性、自我适应性的特征，而区别通用大数据与人工智能技术的关键则是领域限定性特征。由于人工智能的不再是某一片断、局部场景的小范围应用，因而呈现出范围全面性、功能根本性、地位关键性与态度开放性的时代特征。④ 黄京平则总结了当前刑事司法领域人工智能的两个特点。第一，人工智能的司法适用涉及了形式诉讼的所有阶段，包括专用人工智能以及通用人工智能；第二，尚未有"禁区设置措施"，人工智能可以介入不同层次的刑事司法判断。⑤

（2）融合困境

① 认知困境。马治国等在文章当中将"认知困境"概括为"法官是否将被人工智能所取代？"。其中分为两种理论，即人工智能"取代论"和

---

① 潘庸鲁：《人工智能介入司法领域的价值与定位》，载《探索与争鸣》2017 年第 10 期。

② 张棉：《拥抱智能语音新科技 打造智慧检务新引擎》，载《人民检察》2017 年第 20 期。

③ 王效彤：《顺应人工智能时代 推进智慧检察》，载《人民检察》2017 年第 20 期。

④ 王禄生：《司法大数据与人工智能技术应用的风险及伦理规制》，载《法商研究》2019 年第 2 期。

⑤ 黄京平：《刑事司法人工智能的负面清单》，载《探索与争鸣》2017 年第 10 期。

人工智能"无用论"。两种理论对于"法官是否将被人工智能所取代？"这一问题的回答呈现"是"与"否"两种完全不同的答案。① 罗维鹏则将这一困境称为"人工智能裁判的原理问题"。"首先，人工智能裁判是一种什么样的裁判？其次，人工智能裁判运行的内在机理是什么？再次，就人工智能裁判与人类智能裁判（法官裁判）的关系而言，计算机能够像法官一样思维并作出裁判吗？如果能，意味着司法裁判能够由机器人来完成吗？"他认为这一问题的解决是人工智能在司法应用当中必须要解决的基本问题。②

②应用困境。马靖云从技术局限性的角度将人工智能在应用方面的困境概括为概率建模下的司法要素限缩、裁决算法的价值偏见及裁决算法黑箱。③ 马治国等则主要从司法实践的角度将应用困境概括如下：第一，难以彰显司法的人文性。人工智能的刚性算法很难在行政个案当中实现"情、理、法"的有机统一。第二，容易滋生司法人员惰性。对人工智能的过分依赖，将会限制审判人员的主观能动性。第三，可能引发隐私泄露问题。对人工智能运用出现偏差时，将可能出现私人信息泄露等不可预知的风险。罗维鹏④则将应用困境概括为人工智能裁判的技术与价值问题。具体而言，人工智能裁判的技术问题是指在应用当中"计算机是否能像法官一样思维并作出裁判"；人工智能裁判的价值问题则是指"人工智能裁判在法律上和法理上的正当性"。⑤ 杨焘、杨君臣通过对现实"智慧法院"的实践调研发现，人工智能在应用当中还存在人工智能所依托数据具有"不完整性"的困境。⑥ 马靖云在文章中将这一问题称为"数据鸿沟"，数据鸿沟会在一定程度上削减公民的程序权利，影响司法过程中公民私权利

---

① 马治国、刘宝林：《人工智能司法应用的法理分析：价值、困境及路径》，载《青海社会科学》2018 年第 5 期。

② 罗维鹏：《人工智能裁判的问题归纳与前瞻》，载《国家检察官学院学报》2018 年第 5 期。

③ 马靖云：《智慧司法的难题及其破解》，载《华东政法大学学报》2019 年第 4 期。

④ 罗维鹏：《人工智能裁判的问题归纳与前瞻》，载《国家检察官学院学报》2018 年第 5 期。

⑤ 马治国、刘宝林：《人工智能司法应用的法理分析：价值、困境及路径》，载《青海社会科学》2018 年第 5 期。

⑥ 杨焘、杨君臣：《人工智能在司法领域运行的现状及完善对策研究——以成都法院为样本进行分析》，载《科技与法律》2018 年第 3 期。

的保障，可能会产生新的"不公平"的现象。除此之外，人工智能的司法应用可能导致"司法改革目标被替代"。[①]王禄生提出，人工智能的应用可能导致司法改革陷入"技治主义"的路径，"司法改革的复杂性被化约为简单计算，司法改革的难题被通过技术性手段回避，最终导致司法改革发生'目标被替代'的风险"。[②]

③ 治理困境。因为人工智能技术本身存在一定的局限性，因而其带来的风险也在一定程度上具有不可预知性。马治国等将治理困境概括为"法律治理困境"以及"政策治理困境"。其中法律治理困境主要与人工智能的发展状态与阶段有关，核心是关于"责任主体的确定"。随着人工智能由"弱人工智能"到"强人工智能"的不断发展，人工智能载体是否能够以独立主体的身份承担相应的法律责任，对于这一问题的回答将会对传统法律体系产生巨大的影响。政策治理困境则是指，人工智能将对社会就业产生全面的冲击，社会就业结构的改变会产生各种严峻的社会问题。当下传统的治理理念、制度、机制及现有的治理能力明显滞后于人工智能的技术发展和实践应用，这些问题的解决需要政策体系的全面调整。[③]

2. 司法论证框架的构建

人工智能与司法的结合是指将法律推理和论证交给计算机系统进行处理，所以明确司法实践当中的论证结构是人工智能应用于司法的前提。技术上对于人工智能结构模拟的探索短期内很难出现重大的突破，所以学界主要从逻辑分析以及法律推理的方法等角度对人工智能法律系统的基础理论进行了研究。

梁庆寅等将司法论证结构分为框架模型和语义模型两类。"论证框架相当于逻辑句法，关注论证的构造；论证语义相当于逻辑语义，关注论证的评价。"其中框架模型包括"刻画司法三段论的演绎论证框架""刻画法

---

① 马靖云：《智慧司法的难题及其破解》，载《华东政法大学学报》2019 年第 4 期。
② 王禄生：《司法大数据与人工智能技术应用的风险及伦理规制》，载《法商研究》2019 年第 2 期。
③ 马治国、刘宝林：《人工智能司法应用的法理分析：价值、困境及路径》，载《青海社会科学》2018 年第 5 期。

律可废止推理的 ASPIC＋论证框架"和"一种刻画法律论证渐进强度的可废止论证框架"等。"司法三段论是在法律规范得到确定、案件事实经过梳理的前提下，将法条应用于案例得出法律判决的演绎推理。""刻画法律可废止推理的 ASPIC＋论证框架"要求通过对前提、结论或推论关系的反驳，不断引入新的反论证，从而废止原论证。"一种新的刻画法律论证渐进强度的论证框架"要求在比较论证的优劣的前提下，评估前提支持结论的强度，以强度来表达法律论证的渐进性质更加符合法律实践的要求。语义模型包括"刻画法律论证证成状态的语义""刻画法律命题证成强度的渐进语义"以及"一种新的刻画法律论证渐进可接受性的语义"。法律论证适用的语义模型有助于起、应、审三方在庭审阶段厘清思路，分辨出论证的证成状态或证成强度。[①]

张保生将法律论证模型称为"法律推理模拟"。他将法律推理定义为法庭裁决的过程，作为审判方式的法律推理包括控、辩、审三方，以及事实认定和法律适用构成两个阶段。具体来说，法律推理由证成、法律检索、解释、规则适用、评价、学习、简述七个阶段构成。通过证据推理和事实认定的证成过程，案件被分为简单案件和疑难案件两类。简单案件的判断标准为"事实清楚、法律规定明确"，进而其可以适用"法律规则＋事实真相＝判决结论"三段论式的推理模式。与之相较，疑难案件则需要通过完整的七段推理过程，其中最重要的是证据推理和法律解释两部分。针对疑难案件的人工智能法律系统的推理模型的构建需要注意明确如下方面：首先复杂案件的法律推理需要核心技术的深入研究，其次人工智能技术与法律推理逻辑互为基础，相互促进。我国目前人工智能法律系统的应用，实际上都是"简单案件—法律适用量刑系统"，并未涉及"复杂案件—法律推理系统"。他还提醒在法律推理当中警惕如下两种倾向：一是侧重实质推理忽视事实认定对法律推理的作用；二是无视事实认定方面的疑难案件。[②]

---

① 梁庆寅、魏斌：《法律论证适用的人工智能模型》，载《中山大学学报（社会科学版）》2013 年第 5 期。

② 张保生：《人工智能法律系统的法理学思考》，载《法学评论》2001 年第 5 期。

对于法律论证模型，人们不仅关注它的构建和它对法律属性的刻画能力，而且关注基于论证模型生成的可视化软件及其在司法实践中的应用前景。这就推动了对法律论证应用系统的研究，并且产生了若干成果。应用系统是在法律论证模型的基础上，结合不同的司法实践目的，利用人工智能技术和计算机编程技术生成的软件系统。

3. 人工智能司法的规范适用

（1）人工智能司法应用的定位。关于人工智能司法应用的定位，主要有"积极说"与"谨慎说"两种观点。"积极说"认为"技术无价值，技术无禁区"，不应限制人工智能司法应用的空间。"积极说"受到技术界的广泛支持。黄京平撰文梳理了技术界对"积极说"的主要看法。他总结在技术界看来，人工智能的本质是对人的意识与思维的信息过程的模拟，随着技术的发展，人工智能会实现"替代法官实现非规范判断"直至最终"代替法官直接作出裁判"。[①]

"谨慎说"则主要是指实现"有限智能化"，即人工智能并不能取代法官直接作出裁判。这种观点受到司法界以及法学界的主要支持，具有一定的代表性。在人工智能适用于司法的过程中，容易出现海量数据的残缺性悖论；同时算法的"程序刚性"和"不透明性"与司法实践的"复杂性"和审判程序的"公开性"相冲突。如果"以毫无节制的'人工智能＋'方式改造审判空间后，这样的法官定位势必发生极大的动摇，甚至造成审判系统乃至司法权的全面解构"。[②] 潘庸鲁在撰文中直接提出"人工智能无法取代法官"，由于人工智能本身的局限性、法官裁判工作的系统性以及法官的职业性和经验性的存在，因而人工智能只能被定位为"法官办案辅助工具"。[③] 倪震从"浅层"与"深层"两个方面分析了人工智能只能处于"辅助性"地位的原因，他认为："从浅层面观之，现阶段人工智能所依托的司法大数据质量本身难以保证。"司法大数据仍然有可能沦为"司

---

① 黄京平：《刑事司法人工智能的负面清单》，载《探索与争鸣》2017 年第 10 期。
② 季卫东：《人工智能时代的司法权之变》，载《东方法学》2018 年第 1 期。
③ 潘庸鲁：《人工智能介入司法领域的价值与定位》，载《探索与争鸣》2017 年第 10 期。

法大的数据"。从深层考虑，人工智能的司法应用难以说明得出结论的过程，忽视了法律的生命——形成结论的依据和理由。① 贾章范指出"司法人工智能自身的话语分裂隐含在自我否定的逻辑悖论中，隐含在对技术万能论的否定和驳斥中"。将司法的社会实践通过精简来适应带有刚性和精准性的人工智能无疑是"削足适履之举"。② 吴习彧同样也认为"在处理司法裁判问题上，也许分析法律问题产生的社会环境会比模拟人的思维过程重要得多"。"如何分析和理解问题"才是审理案件的关键。"运用何种技术（电脑还是人脑）去解决，相对并不那么重要。"③ 左卫民也持"谨慎说"的观点，他认为法律人工智能在中国未来中短期内只可能进行有限的辅助判案，并不能应用于核心的裁判工作。他认为我国目前实践当中的以下特点决定了人工智能司法应用的有限性：第一，法律领域并不拥有优质且海量的法律数据资源。我国目前的司法数据收集存在不充分、不真实、不客观以及结构化不足的特点，这些特征的存在使得人工智能司法应用系统的有效"学习"难以进行；第二，法律界并未形成合适且高效的大数据算法；第三，缺乏优秀、适格的法律与计算机人才。④ 冯洁认为至少就目前而言，面对如此复杂的司法裁判活动，人工智能无法完全替代法官。人工智能对司法裁判的挑战主要存在于三个方面，即"对司法裁判之性质理解""裁判程序的标准化与模式重构"以及"法官自由裁量的理性化"。人工智能的应用范围取决于"司法裁判在多大程度上能通过统计建模、分析和计算所决定"。除司法裁判本身的特性限制外，法学研究的状态也是人工智能应用范围的限制因素，尤其是司法裁判理论研究的水平。"有什么样的司法裁判理论，就有什么样的人工智能与司法推理的模式。"实现更有效的人工智能应用需要法学界为司法裁判活动提供更加精致和深厚之

---

① 倪震：《量刑改革中"机械正义"之纠正——兼论人工智能运用的边界及前景》，载《江西社会科学》2018年第2期。

② 贾章范：《司法人工智能的话语冲突、化解路径与规范适用》，载《科技与法律》2019年第6期。

③ 吴习彧：《司法裁判人工智能化的可能性及问题》，载《浙江社会科学》2017年第4期。

④ 左卫民：《关于法律人工智能在中国运用前景的若干思考》，载《清华法学》2018年第2期。

法学理论。① 张保生在肯定"有限智能化"的同时提出了人工智能发展的悖论，他认为"人工智能法律系统的研发目标旨在代替法官或制造机器人法官，但其应用的界限却是不能独立担任法官，这构成一个'旨在代替/不能代替'的悖论"。他认为可以通过立法规制，同时还提出了"人－机系统"的解决方案。② 高翔也认为人工智能难以代替法官。③ 在人工智能推动下的司法改革当中，让机器通过深度学习以认知个案，是人工智能司法应用的前提与薄弱之处。

可见"有限智能化"是学界以及司法界同行的主流观点，明确了人工智能在司法应用当中的辅助性地位。保持人工智能的"有限性"以及"辅助性"，划定必要的司法禁区是应有之义。但是如何划定禁区目前在学术界还尚存争论。黄京平④就刑事司法方面的禁区划定提出了自己的看法。他认为运用立法或者理论分析的方法对人工智能司法禁区进行划定都不是适宜之法，禁区的规定通过"政策制定相应措施"的方式进行在现阶段来说最为稳妥。他提出了在刑事司法方面应该对人工智能作出适当限制的领域，第一是案例规则及其调整，第二是非正式制度。

（2）事实认定中的证据推理的困难。张保生指出，证据推理是事实认定当中首先要突破的难题，也是法律推理的起始点。但是目前学界以及技术界关于证据推理的认识都过度乐观，对于其研究的困难性以及复杂程度认识不足。他将证据推理的困难总结为"证据分析"和"归纳方法"两个方面。证据分析包括相关性、可采性、证明力和可信性。可采性是指"在听审、审判或其他程序中被允许进入证据的品质或状况"，是证据推理的前提。可采性包括两个分析条件，即"不相关证据不可采"与"相关证据排除"。"相关证据排除"中包括了价值推理，解决其中的"主观选择"和"自由裁量"成为人工智能法律推理当中的难点。可信性在"证言三

---

① 冯洁：《人工智能对司法裁判理论的挑战：回应及其限度》，载《华东政法大学学报》2018 年第 2 期。

② 张保生：《人工智能法律系统：两个难题和一个悖论》，载《上海师范大学学报（哲学社会科学版）》2018 年第 6 期。

③ 高翔：《人工智能民事司法应用的法律知识图谱构建——以要件事实型民事裁判论为基础》，载《法制与社会发展》2018 年第 6 期。

④ 黄京平：《刑事司法人工智能的负面清单》，载《探索与争鸣》2017 年第 10 期。

角"中包括感知能力、记忆能力、诚实性和叙述能力四种品质。判断证据的真伪是可信性判断的前提，如何获得基于经验智慧产生的策略和技巧是人工智能推理的另一难题。归纳推理则依赖于经验知识，对"社会知识库"以及"法官个体知识库"的构建提出了要求。其中如何甄别知识库当中应该存储的内容以及如何避免"概括"所带来的危险性，是人工智能在归纳推理中需要思考的问题。张保生认为在证据推理的过程中，"图示法"能够为证据推理提供样板，是解决人工智能推理模型化的有效借鉴。[①]

（3）法律解释的困难。随着人工智能在司法领域的应用，出现了"传统话语"与"新兴技术话语"之间的"话语分裂"。[②]具体表现为人工智能在司法裁判当中的应用重塑了同案同判的公正理念，当用代码和计算来定义规则时，法律解释需要作出新的回应。

张保生认为法律是一种主体思维的过程，人工智能法律系统的致命弱点在于"不通人情"，难以具有法律推理主体具有的"识别良法的判断能力"。法律解释的本质是为判决寻找隐藏在法律规范当中的"标准"，这一过程需要结合立法意图以及社会因素等对法律体系进行整体性的反思，他将之称为法律解释的"建构性"。这一反思分析的过程是"不具有主体意识"的人工智能法律体系难以实现的。另外，法律解释还有辩证性，在语言具有多义性的基础上，对规则的解释不能适用简单的形式逻辑，而应该结合内容和形式进行整体性的判断，破解简单的形式逻辑进行法律解释是"辩证性"对人工智能法律系统提出的挑战。法律解释的"创造性"要求在解释时结合当前需要分析法律目的，如何理解和保障实质正义与形式正义的平衡对于人类法官而言已是一个难题，对于人工智能法律系统来说则是更艰难的挑战。[③] 李飞认为法官的解释任务因为人工智能的应用出现了新的内容，即"对 AI 司法的基础条件进行验证与整合"。实现技术理性与

---

① 张保生：《人工智能法律系统：两个难题和一个悖论》，载《上海师范大学学报（哲学社会科学版）》2018 年第 6 期。

② 王禄生：《大数据与人工智能司法应用的话语冲突及其理论解读》，载《法学论坛》2018 年第 5 期。

③ 张保生：《人工智能法律系统：两个难题和一个悖论》，载《上海师范大学学报（哲学社会科学版）》2018 年第 6 期。

同案同判的目的理性的契合需要法官基于人机协同关注以下四个节点：第一，案例数据是否充足；第二，裁判结果是否合理；第三，因果关系是否相当；第四，正反计算是否对称。人工智能司法当中的"正反计算"是指"将有利和不利、加重或减轻责任的事实转化为可替换、梯度性处理数据的计算参数，进而辩证地对计算过程进行交叉检验，作出更审慎公正的解释和裁判"①。

（4）伦理规制。现有法律体系和通用领域的技术伦理对人工智能在司法领域的应用并不能实现有效的回应。学界对于人工智能司法应用方面的伦理规制的关注相对较少。王禄生认为："从科学哲学的角度看，司法领域技术伦理规则的实质是在司法大数据与人工智能技术的应用过程中嵌入技术伦理价值。"其在文中将伦理规制分为如下：①以保障司法固有属性为终极目标，充分尊重司法的被动性、透明性以及仪式性；②以强化法官主体地位为根本出发点，人工智能的应用应当尊重法官的独立性和亲历性；③以工具主义为功能定位；④以比例原则推动审慎创新，对创新场景进行适当性、均衡性以及必要性的判断。② 李本对于人工智能的伦理规制也强调，如果人工智能发展的重心始终围绕公司的利润而非公正与平等，其将很难取得公众对其在司法中应用的信任，这一点关乎着司法体系是否能够长期、健康地运行。③

（5）避免算法风险。左卫民认为："算法的要害在于正确认识、提炼、总结法律决策的规律，并据此归纳人类法律决策的模型尤其是成功模型，并用于预测未来裁判，为当下裁判提供参考。"他将算法的类型主要总结为五类，即符号学派、联结学派、进化学派、贝叶斯学派与类推学派，不同派别的应用特征不同，适用领域也有所区别。目前我国技术界主要适用"知识图谱＋深度学习"的算法，但是从实践的角度来看，"知识图谱"对

---

① 李飞：《人工智能与司法的裁判及解释》，载《法律科学（西北政法大学学报）》2018年第5期。

② 王禄生：《司法大数据与人工智能技术应用的风险及伦理规制》，载《法商研究》2019年第2期。

③ ［美］李本：《美国司法实践中的人工智能：问题与挑战》，载《中国法律评论》2018年第2期。

于数据以及模型的颗粒化程度要求非常高，这是我国现有的司法数据统计难以提供的，因而目前法律人工智能预测裁判的效果不佳，正确率较低。所以，他提出为应对这样的现实困境应该进行算法的改进。首先要提高算法的准确性和科学性，契合中国实践；其次要注意算法适用的透明度，在实现算法进一步"开源"的基础上，从基础数据做起；最后则要注意算法的歧视性，认识到人工智能得出的判断可能存在错误，需要人的理性判断与解读。[①] 高鲁嘉将算法比作人工智能司法应用系统的"引擎"。他提出算法的设计导向受制于设计者的专业能力和认知水平，同时司法应用系统使用的数据质量和数量也有可能导致算法歧视或者偏见，这两种因素极有可能影响司法裁判的公正性。他判断我国目前的人工智能司法应用系统已经存在很大的算法偏见带来的隐患。[②] 沈寨侧重关注了算法风险与个案正义之间的关系，他认为价值判断是实现个案正义的关键，正因如此个案才成了直觉和偏见的常见领域。他虽然肯定了人工智能对纠正价值偏见的价值，但是他也同样赞同算法风险对于人工智能司法应用带来的不利影响。他认为算法风险主要产生于表征的语境化瓶颈、数据的真实性和完整性不足及算法黑箱等问题。[③] 周尚君、伍茜也提出"对于新技术予以规制要警惕牺牲它的使用价值"。他认为对于人工智能司法应用当中的算法风险不应持未来主义文学对人工智能的担忧态度，而可以采用一种最低程度的干预。[④]

而针对算法的风险，学者们也尝试性地提出了解决路径。第一，培养"算法监督员"。程凡卿认为"算法暗箱操作的源头就是算法技术垄断"，解决该问题的最佳途径就是打破算法技术垄断。对于司法实践来说，"司法机关必须培养自己的人工智能监督人才，才能有效防止算法的暗箱操

---

① 左卫民：《关于法律人工智能在中国运用前景的若干思考》，载《清华法学》2018 年第 2 期。

② 高鲁嘉：《人工智能时代我国司法智慧化的机遇、挑战及发展路径》，载《山东大学学报（哲学社会科学版）》2019 年第 3 期。

③ 沈寨：《个案正义视角下司法人工智能的功能与限度》，载《济南大学学报（社会科学版）》2019 年第 4 期。

④ 周尚君、伍茜：《人工智能司法决策的可能与限度》，载《华东政法大学学报》2019 年第 1 期。

作"①。第二，完善司法工作人员素质培养和考核标准。杨焘、杨君臣认为，可以以收案数、结案数、长期未结案数、涉稳案件数、案件难易程度等因素为参数，完善人工智能评估机制，对法官、司法辅助人员进行评估和考核。② 程凡卿表示应该通过树立正确的人工智能发展观，注重人工智能专业知识的培养，建立与人工智能工作失误归责制度配套的监督考核机制，一方面调动工作人员对于人工智能应用的积极性，另一方面避免司法工作者怠于履行责任、过度依赖人工智能的情况。③ 周江洪认为培养专业化的人才需要侧重解决以下五个方面的问题：第一，要坚持法律思维的培养，一方面助力智能审判系统的开发，另一方面能够更有效地实现对人工智能司法系统的监督；第二，侧重类案技术的培养；第三，保持对于新知识学习动力的训练；第四，侧重对于职业伦理和技术伦理的养成；第五，注重新技术方法的养成。④ 左卫民也赞同在人才培养中实现法学与技术的融合，他认为要推动法律人士与技术人士在知识结构上的深度融合。⑤

（6）归责制度。关于人工智能是否具有法律人格，目前学术界尚存争议，因而以法律人格为出发点确定人工智能司法应用当中的归责制度并不能妥善解决现有的问题。程凡卿阐释了外国实务界对于这一问题的解决方案，即将人工智能视为"产品"，以产品侵权责任的承担方式来解决人工智能责任承担的问题。但是司法工作有其特殊之处，它以保护人民群众的公共利益为目标，不能只为单一个体服务，而是为全体社会成员服务。因此，"人工智能司法工作失误的责任承担必须以保护公共利益为优先"。对其失误责任的承担，应当适用"过错推定原则"，由使用人工智能的司法工作者优先承担。程凡卿将原因概括为如下两方面：一方面，只有司法工作者与公共利益联系最为紧密，对于公共利益的侵害也最为直接；另一方面，司法工作者在使用人工智能时还负有监督审核并在第一时间进行问题

① 程凡卿：《我国司法人工智能建设的问题与应对》，载《东方法学》2018年第3期。
② 杨焘、杨君臣：《人工智能在司法领域运行的现状及完善对策研究——以成都法院为样本进行分析》，载《科技与法律》2018年第3期。
③ 程凡卿：《我国司法人工智能建设的问题与应对》，载《东方法学》2018年第3期。
④ 周江洪：《智能司法的发展与法学教育的未来》，载《中国大学教学》2019年第6期。
⑤ 左卫民：《关于法律人工智能在中国运用前景的若干思考》，载《清华法学》2018年第2期。

矫正的义务。①

（7）现代化司法数据库。现代化司法数据库首先是统一的数据库。高鲁嘉判断现有的司法数据无法满足人工智能司法应用的现状。他认为作为"油料"的数据达到"海量"和"优质"才能实现真正的人工智能，而目前司法数据的体量不足，质量也存在缺陷，非体系化的数据表达将直接影响人工智能的识别和学习，进而影响人工智能司法应用的精准性与普适性。他认为建立统一的现代化司法大数据库整合平台、打破不同司法机关之间的数据库壁垒是关键。② 龙飞也关注到了法律大数据对于人工智能司法应用的影响。他认为数据的不充分、不客观、结构化不足将会使人工智能司法应用的基础不牢。③ 程凡卿指出，"司法机关在数据库建设上必须打破传统，实现跨区域、跨部门的统一司法数据库建设"。具体而言要从以下三个方面进行构建：①打破司法机关内部信息壁垒，实现司法数据共享；②由适合对各司法机关进行统筹引导的部门牵头；③建立与科研机构数据库共享的机制。④ 针对司法机关之间内部信息的共享，马靖云指出，"公检法基于其职业角色不同，逻辑思维不同，必然导致其数据系统存在不同的设计理念。不同的设计理念就意味着不同的司法要素产生，如何进行有效整合与衔接，为司法裁判所用，这也是智慧司法需要解决的技术与理念问题"⑤。

总体而言，相较于其他领域"人工智能＋司法"这一领域的研究已经处于较为领先的地位，对于人工智能对司法各个方面的影响已经有了一定程度的探索。但是，受限于当下人工智能的发展状况，对该问题的讨论难以深入下去。这主要表现为因核心技术问题无法解决而导致的人工智能只能作为工具或是"辅助"。尽管也有论者对未来的时代进行预测并提出前瞻性的观点，但这似乎太过遥远。

---

① 程凡卿：《我国司法人工智能建设的问题与应对》，载《东方法学》2018年第3期。
② 高鲁嘉：《人工智能时代我国司法智慧化的机遇、挑战及发展路径》，载《山东大学学报（哲学社会科学版）》2019年第3期。
③ 龙飞：《人工智能在纠纷解决领域的应用与发展》，载《法律科学（西北政法大学学报）》2019年第1期。
④ 程凡卿：《我国司法人工智能建设的问题与应对》，载《东方法学》2018年第3期。
⑤ 马靖云：《智慧司法的难题及其破解》，载《华东政法大学学报》2019年第4期。

八、人工智能与知识产权保护

人工智能对于知识产权领域的挑战主要是人工智能生成物对于著作权法的挑战以及人工智能生成的技术方案对于专利法的挑战。

（一）人工智能对著作权的挑战

人工智能对于著作权的挑战主要是基于人工智能生成物的著作权问题，包括人工智能生成物是否应当获得著作权保护、人工智能生成物的权利应当归属于哪方主体、人工智能生成物的保护路径与具体的权利内容是什么等。

1. 人工智能生成物的法律问题

（1）人工智能生成物的可版权性争议。对于人工智能可版权性的问题主要存在"肯定说"和"否定说"两种观点。

在"肯定说"中，易继明认为人工智能创作物可以作为版权法意义上的作品，其主要提出了以下三点理由：首先在独创性上，如果在没有明确标明来源的情况下人工智能创作物与自然人的作品已无法区别，那么再以自然人来认定最低限度的创造性，是不合理的；其次，人工智能的创作也并非是简单的机械的延伸；最后类比法人制度，公司作为拟制的主体，也是被认为劳动了的。[①] 孙山则从对"独创性"这一概念的深度分析着眼，论证了人工智能生成物属于智力成果，并且如果与既有表达不同，则具有独创性。[②] 石冠彬也认为有必要对人工智能生成物给予著作权法保护，原因如下：第一，如果智能机器人创作物能够得到著作权法的保护，必然将促使开发者进一步投入人工智能的研发之中，人们对研发智能机器人产生

[①] 易继明：《人工智能创作物是作品吗?》，载《法律科学（西北政法大学学报）》2017 年第 5 期。

[②] 孙山：《人工智能生成内容的著作权法规制——基于对核心概念分析的证成》，载《浙江学刊》2018 年第 2 期。

更多更好的作品才具有期待可能性；第二，人工智能不是创作而是"计算"并不能成为反对智能机器人创作物应当得到著作权法保护的理由，两者并不存在内在的逻辑关系；第三，承认人工智能在创作之时本质上是利用了作为开发者、设计者的智能，并不能因此就得出智能机器人所生成的智能物不能成为受著作权法保护的作品这一结论；第四，借鉴域外立法经验，英国已经规定了计算机生成物的版权问题。① 陶乾认为在客观实际层面，人工智能生成物这项具有财产价值的客体应当为法律所认可，明确其权利归属，利于保护也利于侵权时责任主体的确定。在立法价值层面，第一，只有肯定人工智能生成成果的价值，人们才会愿意购买此类人工智能程序的使用权或所有权；第二，著作权法所要求的独创性很低，目的是鼓励更多的潜在价值新成果；第三，人工智能生成物只有通过传播才能使社会受益；第四，人工智能生成物提高了已有成果的效用，使得已有成果的价值得以发掘。② 刘影将人工智能生成物依据人工智能是否完成了自我进化，划分为第一类生成物与第二类生成物。第一类生成物依赖人类的控制和输入，具有可版权性；第二类生成物则是人工智能完成了自我进化，无需人类事先定义规则，机器人为独立的创作主体。③ 梁志文认为，由人工智能独立完成的创作物法律地位不易确定，应当赋予其著作权法的保护。④ 黄姗姗认为赋予人工智能著作权保护的理论基础如下：第一，知识产权制度是在财产权劳动理论下的，相对于人类创作者随性、浪漫的创作，人工智能是以严谨的数学方式构建表达，但不管是哪种方式，都属于智力劳动的付出，从财产权劳动理论的角度，都应予以财产权保护；第二，著作权的立法宗旨是激励创新与鼓励创作，人工智能生成物是对文学、艺术和科学领域作品的有益丰富，也是对人类作品创作的良好补充，是科技革命下新的创新之源，对人工智能生成物予以著作权保护，符合知识产权法之宗

---

① 石冠彬：《论智能机器人创作物的著作权保护：以智能机器人的主体资格为视角》，载《东方法学》2018 年第 3 期。

② 陶乾：《论著作权法对人工智能生成成果的保护——作为邻接权的数据处理者之证立》，载《法学》2018 年第 4 期。

③ 刘影：《人工智能生成物的著作权法保护初探》，载《知识产权》2017 年第 9 期。

④ 梁志文：《论人工智能创造物的法律保护》，载《法律科学（西北政法大学学报）》2017 年第 5 期。

旨；第三，这是著作权随技术进步而扩张的历史宿命，透过人工智能生成作品的运作方式看其本质，是人发明人工智能，并利用人工智能进行创作，人工智能只不过是科技革命下的新型创作工具而已。①谢琳、陈薇认为从著作权法产生的根源进行分析，应赋予人工智能可版权性。第一，在必要性上，对其加以著作权保护是激励使用者使用的必然要求；第二，在著作权保护的可行性上，在人工智能时代下，独创性标准应当从作者中心主义转向作品中心主义，采用客观标准即从形式上考察作品内容本身是否具有最低限度的创造性，以满足公众的文化需求。客观独创性标准的关键是能否为公众提供与人类作品相同的利益，这一点对于人工智能生成物而言是确定的。②

在"否定说"中，王迁不考虑主体因素，以生成物的产生过程作为切入点，认为即便在表现形式上人工智能生成物与人类创作作品几乎没有差别，但是仍然不能认定其为作品。③熊琦也认为必须坚持将独创性来源视为人的行为，人工智能生成内容的可版权性也只能是人在其中所起的作用。基于权利主体与权利客体不可互换的私法基本原理，不能给予人工智能独立的著作权主体地位，也不能将独创性标准调整为人工智能独立完成的结果。④李俊也认为应当从人工智能创作的过程分析，不宜将人工智能生成物认定为作品。首先，人工智能的创作过程更多受到"已有作品"的影响；其次，人工智能的生成物也并不具备独创性；最后，人工智能生成物应当属于可财产化信息。⑤

（2）人工智能生成物的权利归属。易继明认为基于剧本模式，人工智能生成物的权利与程序设计者之间已经划清界限，其权利归属之争主要集

---

①　黄姗姗：《论人工智能对著作权制度的冲击与应对》，载《重庆大学学报（社会科学版）》2020 年第 26 卷第 1 期。

②　谢琳、陈薇：《拟制作者规则下人工智能生成物的著作权困境解决》，载《法律适用》2019 年第 9 期。

③　王迁：《论人工智能生成的内容在著作权法中的定性》，载《法律科学（西北政法大学学报）》2017 年第 5 期。

④　熊琦：《人工智能生成内容的著作权认定》，载《知识产权》2017 年第 3 期。

⑤　李俊：《论人工智能生成内容的著作权法保护》，载《甘肃政法学院学报》2019 年第 4 期。

中在所有者和使用者之间。[①] 姚志伟、沈燚认为应当建立一个以人工智能所有者为著作权主体，同时辅之以合同约定的人工智能创造物归属制度安排。[②] 孙山认为人工智能生成物的权利归属存在两种选择，即归属设计者或所有者。若赋权给设计者，所有人对生成物的使用都要经过设计者许可，不利于人工智能的购买，存在许多荒谬；若赋权给所有人，有助于积极推动人工智能生成物的推广，有助于作品利用与再创作，几方主体可以实现共赢。[③] 陶乾基于将人工智能生成物纳入邻接权范畴设定数据处理者权的保护方式，在其权利归属上，认为人工智能程序的开发者与使用者在协议中明确人工智能生成成果权属的，从其约定；在没有作出约定时，该成果的权利人为人工智能程序的使用权人，因其是人工智能生成物的促成者、责任者，也是人工智能生成物的实际支配者和传播决策者。[④] 更为妥适的说法是，对特定人工智能程序或设备享有使用权者是其所生成数据成果的邻接权人。梁志文提出建立新的权利归属规则的设想方案。第一种方案将人工智能生成物放入公有领域，这是从著作权法的根本目的，即保障公共利益、文化创作传播的角度出发的。第二种方案是提供专有权保护，具体而言可以借鉴英国法模式，即权利归属于对人工智能生成物采取了"必要安排"的人。若人工智能编写者同时也是使用者，则权利归属于程序员；若使用者或所有者不是程序员，则由其之间的合同确定权利归属。[⑤] 熊琦认为，人工智能不可能成为权利主体和初始著作权人，因而在独创性之"独"的判定上，必须考虑以人的行为为基础，根本不存在归属于人工智能的作品或完全由人工智能创作的作品，无论来源如何，被认定为作品

---

① 易继明：《人工智能创作物是作品吗?》，载《法律科学（西北政法大学学报）》2017 年第5 期。

② 姚志伟、沈燚：《论人工智能创造物的著作权归属》，载《湘潭大学学报（哲学社会科学版）》2018 年第 3 期。

③ 孙山：《人工智能生成内容的著作权法规制——基于对核心概念分析的证成》，载《浙江学刊》2018 年第 2 期。

④ 陶乾：《论著作权法对人工智能生成成果的保护——作为邻接权的数据处理者权之证立》，载《法学》2018 年第 4 期。

⑤ 梁志文：《论人工智能创造物的法律保护》，载《法律科学（西北政法大学学报）》2017年第 5 期。

的对象只可能归属于人。① 黄姗姗认为人工智能生成物的著作权归属可以参照"电影制片人模式"，将人工智能作品著作权归属于投资者。② 孙正樑认为人工智能生成物的归属应当遵循著作权属于作者的基本原则，同时需要激励机制的特殊考虑。在作者的判断上，谁对于生成物的贡献大，谁就是作者，但难以判断设计者和使用者谁发挥的作用更多。需要区分不同类型的人工智能，对二者所发挥的作用进行具体分析，谁的创造性劳动投入更大，谁就应该是作者。③ 秦涛、张旭东认为通过研究人工智能创作过程不难发现，人工智能之所以能够创作，在于人类对人工智能进行反复不断的训练。因此，应当将人工智能生成物的权利归属于使用者；同时基于私法意思自治的考量，应允许人们通过合同约定来确定权利归属。故而，人工智能创作的权利主体可采用"使用权人说"和"合同约定说"。④ 易玲、王静认为人工智能生成物符合独创性的客观标准，应当受到著作权保护，权利归属判断应当采用"视为作者"模式。⑤

（3）人工智能生成物的保护路径。当下学界中最为主流的观点就是通过邻接权进行保护。在理论证成上许明月、谭玲认为，对人工智能生成物采取邻接权保护符合人工智能投资人对利益保护的需求，可以维持著作权法律制度体系的完整与逻辑自洽，与邻接权制度功能高度契合，体现知识产权法利益平衡原则。在具体的制度设计上，许明月、谭玲认为，需要设置权利保护的条件，明确权利归属，确立权利内容，界定权利边界。⑥ 易继明也认为对于人工智能作品，可以类推剧本模式，即表演者对剧本的表演行为，从这个角度分析，人工智能的创作行为是对设计版权的某种演绎。因此，应当利用广义上的版权来保护智能作品的政策选择，一方面要

①　熊琦：《人工智能生成内容的著作权认定》，载《知识产权》2017 年第 3 期。

②　黄姗姗：《论人工智能对著作权制度的冲击与应对》，载《重庆大学学报（社会科学版）》2020 年第 26 卷第 1 期。

③　孙正樑：《人工智能生成内容的著作权问题探析》，载《清华法学》2019 年第 6 期。

④　秦涛、张旭东：《论人工智能创作物著作权法保护的逻辑与路径》，载《华东理工大学学报（社会科学版）》2018 年第 6 期。

⑤　易玲、王静：《论人工智能生成内容著作权法保护》，载《湘潭大学学报（哲学社会科学版）》2019 年第 6 期。

⑥　许明月、谭玲：《论人工智能创作物的邻接权保护——理论证成与制度安排》，载《比较法研究》2018 年第 6 期。

以大陆法"著作权＋邻接权"的版权思维为基础；但另一方面，也要更多地从经济利益出发（而非完全从创作者的创造性劳动出发）来重新审视著作权与邻接权保护的对象。① 秦涛、张旭东认为虽然人工智能生成物需要得到著作权法的保护，但是又无法落入著作权的客体之内，应当使用与著作权平行的邻接权制度加以保护。② 许辉猛则认为采用邻接权制度对其进行保护比其他保护方式成本更低。③

孙山却对采取邻接权对人工智能生成物加以保护提出了质疑。按照通说，邻接权旨在规范作品的传播行为，其间无独创性可言。但是对人工智能生成物而言，"智力"的限定目的在于有效赋权，而不是满足纯粹逻辑思辨的偏好，独创性判断的对象只能是表达，所谓的"实质意义上的独创性"掺杂了法律无法调整、评价的"主观的思考"和"一定的构思"，没有立法和司法上的价值。而且，人工智能内容生成过程中的智力选择又是人类所能理解的，同时也是受到人的客观影响的，即便从正当性上来考虑，它的独创性符合著作权法要求。可见人工智能生成内容具有独创性，不必也不能借助邻接权获得保护。④

第二种保护的路径是债权模式。刘强认为，有必要将对人工智能创造物的知识产权保护从财产权模式转变为债权模式，注重多主体利益分享。在债权保护模式下，知识产权权利人只能获得费用赔偿，而无权禁止行为人继续使用其知识产品。一方面，确实对人工智能生成物提供了一定的保护；另一方面，相对于人类作品而言也将是力度较弱的保护，这样相对的保护较为合理。⑤

此外，也有观点认为应对该问题进行单独规制。例如，李俊认为应当

---

① 易继明：《人工智能创作物是作品吗？》，载《法律科学（西北政法大学学报）》2017年第5期。

② 秦涛、张旭东：《论人工智能创作物著作权法保护的逻辑与路径》，载《华东理工大学学报（社会科学版）》2018年第6期。

③ 许辉猛：《人工智能生成内容保护模式选择研究——兼论我国人工智能生成内容的邻接权保护》，载《西南民族大学学报（人文社会科学版）》2019年第3期。

④ 孙山：《人工智能生成内容的著作权法规制——基于对核心概念分析的证成》，载《浙江学刊》2018年第2期。

⑤ 刘强：《人工智能对知识产权制度的理论挑战及回应》，载《法学论坛》2019年第6期。

单独制定人工智能法规，对于人工智能生成物加以利用和控制。可以效仿欧洲无独创性数据库的保护模式，创设数据库权并将权利内容界定为提取权和利用权两种，分别对数据库内容的复制、下载、上传行为以及提供、利用等行为进行控制，并且将权利赋予委托数据库开发的委托方，而不是具体的设计开发人。①

2. 著作权权利行使与权利限制

陶乾认为在对人工智能生成物加以保护的同时，也应当基于公共利益对其权利内容与行使作出必要的限制。首先，在权利内容上，数据处理者权的权利内容应少于著作权的权利内容，不能像作品那样享有著作人身权和更广泛的诸如表演权、广播权等其他著作财产权的保护；其次，就权利的保护期而言，数据成果的保护期应短于著作财产权的保护期和一般邻接权的保护期；最后，关于权利的行使，鉴于人工智能生成成果本身来源于程序对已发表作品和信息的深度学习，不应限制其他主体运用技术对人工智能生成成果进行再次提取和利用。②

黄姗姗认为人工智能生成物的著作权保护期限应当与作品的著作权保护相同。第一，在法律实施过程中，受众难以区分作品来源，即几乎无法识别作品是由人类还是由人工智能创作的；第二，著作权人受益多少最终取决于作品价值，而不是作品创作效率；第三，作品经济价值应由市场评判，不应由法律直接划分保护期限的长短。可见其主张不能因为人工智能生成物在创作效率、创作效果方面的特殊性，而在保护期限上加以特殊的限制。③

秦涛、张旭东认为我国的邻接权制度以财产权为主，以人格权为辅。人工智能创作物是由机器产生的，不具有人格内容，但是机器人的"署名权"可以保留，这可以使其与人类联系起来，有利于区分与出售。具体的

---

① 李俊：《论人工智能生成内容的著作权法保护》，载《甘肃政法学院学报》2019 年第 4 期。

② 陶乾：《论著作权法对人工智能生成成果的保护——作为邻接权的数据处理者权之证立》，载《法学》2018 年第 4 期。

③ 黄姗姗：《论人工智能对著作权制度的冲击与应对》，载《重庆大学学报（社会科学版）》2020 年第 26 卷第 1 期。

权利内容上，人工智能的权利内容可以包括发行权、复制权和网络传播权，并且法律不应禁止其他主体使用人工智能技术对已有人工智能创作物进行限制。在保护期限上，秦涛、张旭东认为对数据再生成者权的保护水准不应太高，但为平衡投资人利益，他认为5—10年是合理的。过长的保护期限会导致信息爆炸，并且相关的算法程序本就可以著作权、商业秘密等进行保护。①

许辉猛认为在具体的权利内容及保护期限上，鉴于人工智能的非人格性特征，应该排除其人格权保护，但是保留其署名，一方面作为区分人工智能生成内容的标记，另一方面帮助其积累声誉。在财产权上，由于人工智能生成物内容巨大，因此有必要将保护限制在大量的原样复制和传播的情形，排除演绎权。保护期限应该缩短，许辉猛建议借鉴我国版式设计权的保护期限，定为10年，从创作完成之日起计算，这主要是基于其较短的商业价值周期、控制人工智能生成内容的数量、降低管理成本的需要。②

3. 人工智能创作的侵权问题

曾田详细论述了人工智能创作的侵权相关问题。首先，人工智能创作所学习的作品集属于表达而非思想，以及作品集属于独创性的表达（当然并非所有的作品都属于），故在人工智能创作过程中，未经许可使用训练作品集的创作规律，存在版权侵权风险。其次，关于人工智能创作侵权的主体与客体，曾田认为侵权主体应当是人工智能程序的使用者，而侵权客体的认定较为复杂，侵害的客体多是版权人的作品合集，并且被侵权客体可能归属于多个版权人，由此增加了被侵权人的举证难度，难以通过比对具体表达的方式举证侵权。紧接着曾田便提出了关于人工智能创作的侵权认定标准，即使用"市场替代"来取代传统的"接触和实质性相似"。③

---

① 秦涛、张旭东：《论人工智能创作物著作权法保护的逻辑与路径》，载《华东理工大学学报（社会科学版）》2018年第6期。

② 许辉猛：《人工智能生成内容保护模式选择研究——兼论我国人工智能生成内容的邻接权保护》，载《西南民族大学学报（人文社会科学版）》2019年第3期。

③ 曾田：《人工智能创作的版权侵权问题研究》，载《河北法学》2019年第10期。

徐小奔、杨依楠则指出在人工智能进行深度学习的过程之中，可能会对学习对象，即输入的作品集产生侵权，此时应当将人工智能的学习纳入在先著作权合理使用的范畴。其认为人工智能进行深度学习包含复制与知识增值两个过程，其中复制是在先作品在互联网上的原样呈现，之后的知识增值则具备相当的独立性。[1] 张金平也认识到人工智能进行创作时可能会面临的对在先作品合理使用的困境。[2] 在人工智能创作的过程中存在着两种对在先作品的利用形式，一种是对知识和信息进行数字化，另一种是对作品进行改编或者演绎等。后一种利用方式类似于人们对于作品的阅读与欣赏，本身并不是著作权法意义上的利用形式，无需考虑其著作权法意义上的合法性问题。所以，存在合理使用困境就集中在第一种利用方式上。这一困境体现为如下两方面：第一，现行例外与限制的可用性挑战，人工智能对在先作品的利用无法落入《著作权法》第二十二条中规定的合理使用情形；第二，在司法实践中创设新合理使用情形存在不确定性，我国仍然难以合理预测类似复制行为的合法性，反而容易因创设新的合理使用而被诟病为法官造法。

（二）人工智能对专利法的冲击

1. 人工智能生成技术方案的专利保护

刘鑫认为人工智能生成技术方案获得专利保护可以化解理论争议，并且指出在具体的专利保护之中存着许多实践难题，并提出法律应对方案。在专利保护的理论争议上，虽然"自然权利论"要求人格要素，但随着人工智能技术水平的不断提升，人工智能逐步开始具备一定的自由意志，可以与自然权利论相契合；"创新激励论"通过对激励对象的扩大解释，成为证成人工智能自动生成技术方案专利保护正当性的重要理论依据。[3]

---

[1] 徐小奔、杨依楠：《论人工智能深度学习中著作权的合理使用》，载《交大法学》2019年第3期。

[2] 张金平：《人工智能作品合理使用困境及其解决》，载《环球法律评论》2019年第3期。

[3] 刘鑫：《人工智能生成技术方案的专利法规制——理论争议、实践难题与法律对策》，载《法律科学（西北政法大学学报）》2019年第5期。

吴汉东认为对人工智能生成的技术方案予以专利保护是可以预见的世界潮流，同时在智能专利主体界定上，未来应当从发明人与专利权人"二元主体结构"出发，并且智能专利对于专利授权的条件形成了冲击。吴汉东认为人工智能生成发明可以作为可专利主题，理由如下：第一，可专利主题在不断地扩张之中，可以接纳新形式的人工智能生成发明；第二，也需要明确人工智能发明的专利排除，包括有悖公共秩序的发明、不属于技术方案的发明、在某些特定领域的发明，如动物、植物品种等。①

刘友华、魏远山也认为人工智能的生成方案需要专利法对其加以保护，并且也属于可专利主题范围。在这一问题下最核心的问题便是人工智能是基于计算机技术而发展的，那么计算机程序算法是否受专利法保护？其认为程序算法并没有颠覆经典专利理论基础，并严格遵循这些理论的指引，承认程序算法的可专利性并不会导致专利制度的萎靡。在人工智能技术成果的可专利性分析上也应该遵循这样的进路。②

2. 人工智能生成技术方案的专利判断标准

吴汉东指出人工智能专利也对专利授权的判断标准产生了冲击。③ 在新颖性问题上，第一，人工智能自动发明降低了防御性或进攻性公开，以破坏竞争对手可能专利的新颖性；第二，现有技术文献的不完全检索比对，会使几乎所有的已授权专利都面临着因新颖性缺陷而被无效的风险；第三，海量现有技术文献和专利申请书是否对专利审查工作带来冲击。在创造性问题上，人工智能的跨领域发明使得创造性的客观判断主体的"所属技术领域"难以确定；人工智能技术的发明能力（数量和速度）将重塑"普通技术人员"的含义。在实用性上，实用性要求可实施性，敦促着技术方案的充分公开，但人工智能的发明创造活动具有一定程度的技术性和隐蔽性。刘友华、魏远山也认为人工智能生成技术成果对于传统的专利"三性"产生了冲击。实用性要求技术能够再现，并且技术具有积极效果，

---

① 吴汉东：《人工智能生成发明的专利法之问》，载《当代法学》2019 年第 4 期。
② 刘友华、魏远山：《人工智能生成技术方案的可专利性及权利归属》，载《湘潭大学学报（哲学社会科学版）》2019 年第 4 期。
③ 吴汉东：《人工智能生成发明的专利法之问》，载《当代法学》2019 年第 4 期。

以及能够达到实用程度；在新颖性上，在进行新颖性审查时，以人工智能强大的检索能力为助力；在创造性的判断上，需要提高"本领域普通技术人员"的标准。① 刘鑫同样指出在具体的实践中存在一些难题，如技术方案可专利性判断中的标准失灵，在"算法 + 数据"的特殊运作方式下，难以对是否具备新颖性作出判断；在创造性判断上，由于人工智能超强的数据检索与处理能力，现行标准仍旧难以判断；在实用性的判断上则不存在障碍。应当创立人工智能生成技术方案的可专利性标准，应对新形势下可专利性判断标准失灵的情形。②

3. 人工智能生成技术方案的权利归属

吴汉东认为在主体界定上，因为人工智能发明物"技术的反映"的特殊性，应当作出发明人与权利人的区分。在发明人上，对于人工智能独立完成的发明，可以认定其是独立的发明人，发明的认定不涉及主体的自然属性判断。专利法意义上的发明人不应当限制为自然人，人工智能的发明人身份有两种类型。在独立生成发明中，人工智能可以视为单一发明人；在智能机器和自然人的共同发明中，人工智能可以具有"共同发明人"身份。③ 刘鑫认为技术方案获得专利保护后存在权责分配不明问题，在权利的归属上，简单地将专利权归属于制造者、所有者、使用者、数据提供者都不具备充分的理由，应当根据各个主体在人工智能工作中的地位以及其对于成果的贡献来确定专利权到底归属于谁或由几方共有。④ 刘友华、魏远山在专利权归属的问题上，认为首先人工智能本身虽然能够部分脱离人为干预，但是不能体现人的思维过程，不能成为专利法的主体，否则与激励理论、劳动理论、人格权理论产生冲突。但确实这一技术方案并非人类创造，所以应当确立人工智能名义上的发明生成主体地位，将发明主体一

---

① 刘友华、魏远山：《人工智能生成技术方案的可专利性及权利归属》，载《湘潭大学学报（哲学社会科学版）》2019 年第 4 期。

② 刘鑫：《人工智能生成技术方案的专利法规制——理论争议、实践难题与法律对策》，载《法律科学（西北政法大学学报）》2019 年第 5 期。

③ 吴汉东：《人工智能生成发明的专利法之问》，载《当代法学》2019 年第 4 期。

④ 刘鑫：《人工智能生成技术方案的专利法规制——理论争议、实践难题与法律对策》，载《法律科学（西北政法大学学报）》2019 年第 5 期。

栏分为自然人和人工智能主体。而最终的利益归属者应当是人工智能的使用者，因为最终的技术成果，在一定程度上体现了人工智能使用者的精神情感或智力投入。从经济效益角度看，将人工智能生成的技术方案的权利赋予人工智能使用者更属最优化配置。①

九、人工智能应用监管研究

（一）无人驾驶汽车

无人驾驶汽车又称轮式机器人，是人工智能汽车的高级形态。人工智能开始于 20 世纪 60 年代，无人驾驶汽车相对较迟，大约始于 20 世纪 80 年代。美国学者杰姆·安德森、尼迪·卡拉等认为无人驾驶汽车经过了三个阶段。第一阶段是 1980—2003 年，主要是大学研究中心关于无人驾驶汽车愿景的研究；第二阶段是 2003—2007 年，美国国防部高级研究计划局面临的"三大挑战"推动了无人驾驶汽车技术的发展；第三阶段是 2007 年至现在，私人企业对无人驾驶汽车技术的推进与发展。按照美国国家公路交通安全管理局对自动驾驶等级的界定，无人驾驶汽车可分为五个等级。等级一，协助驾驶，由驾驶员操纵汽车，配有个别辅助驾驶功能；等级二，半自动驾驶，配有多项自动驾驶功能，但驾驶员必须在任何时间都要观察驾驶环境并执行驾驶任务；等级三，附条件自动驾驶，驾驶员虽然不需要观察驾驶环境，但必须在取得提示后及时恢复对汽车的人工操纵；等级四，高度自动驾驶，汽车能够在一定条件下进行自动驾驶；等级五，完全自动驾驶，汽车能够在任何条件下进行自动驾驶。② 目前对无人驾驶汽车的研究主要在刑法及侵权责任法法域。

1. 刑法

在刑法领域，无人驾驶汽车的出现对刑法项下的交通肇事罪带来不小

① 刘友华、魏远山：《人工智能生成技术方案的可专利性及权利归属》，载《湘潭大学学报（哲学社会科学版）》2019 年第 4 期。
② 方跃平、汪全胜：《无人驾驶时代交通肇事罪的立法完善》，载《齐鲁学刊》2018 年第 6 期。

的冲击。

（1）犯罪主体。对这一问题目前存在两种观点。

① 认为犯罪主体应是人工智能产品。例如刘宪权认为，弱人工智能产品不具有认识和辨认能力，其本质在于工具属性，这类人工智能产品不可能作为犯罪主体而承担刑事责任；而强人工智能产品因具有很强的自主意识，可以将其行为分为两种，一种是在设计之初就已包含在数据程序范围之内的行为，另一种是超出设计和编制的程序、自主决策所实施的行为。对于前一种行为，强人工智能体与弱人工智能体无异。而后一种行为，完全是人工智能体为了实现自己的意志、自主决策并自主实施的行为。在这个层面上讲，人工智能产品应当具有犯罪主体资格。[①]

② 认为人工智能产品不具有相应的法律主体资格。例如黄京平等人认为，智能机器人在刑事法律领域不应具有法律资格，即便其他部门法律承认人工智能体具有相应的法律主体资格，刑法也不应把人工智能机器人作为犯罪主体看待。也有学者从社会学层面考虑，认为人工智能与人类主体的社会和文化属性不同，其本质属性是自然性和机械性。人工智能复制和强化了大脑思维的物质基础和局部功能，它只是执行人类指令而不考虑社会意义、社会责任和社会后果，也就不能形成主体真正的实践活动和社会属性。[②]

（2）犯罪主观方面。现行交通肇事罪的主观方面是"过失"，关于无人驾驶汽车发生交通肇事时的主观状态如何考证存在不同观点。有学者认为，至少是驾驶员或乘客不存在过错，"在无人驾驶中，驾驶者或乘客选择无人驾驶汽车或无人驾驶模式本身并无犯罪的故意或过失，不存在因选择无人驾驶汽车或无人驾驶模式而具有以此来侵害他人权益的心态……车辆在行驶过程中违反法律法规，也不存在明知故犯等只有人类才具备的心理态度"[③]。有学者认为，"实行过错责任制度，这是以驾驶人是自然人为

---

① 刘宪权：《人工智能时代的"内忧""外患"与刑事责任》，载《东方法学》2018 年第 1 期。

② 庄永廉、黄京平、高艳东等：《人工智能与刑事法治的未来》，载《人民检察》2018 年第 1 期。

③ 陈晓林：《无人驾驶汽车致人损害的对策研究》，载《重庆大学学报（社会科学版）》2017 年第 4 期。

基本伦理和法理基础的。一旦进入对自动驾驶的事故责任评价，传统的过错判定原则将无法直接适用，而可能会出现多种不同负责原则的法律选择或同时适用的问题"①。也有学者认为，在无人驾驶时代有很大可能存在过失，但过失的主体认定还需要通过相关证据证明，"到底是车辆的操纵者，还是程序的设计者，当然还包括其他主体，无人驾驶网络的经营者、管理者"②。

（3）因果关系。有学者认为，"在无人驾驶中，并非是由于驾驶者或乘客的选择导致了交通事故，而是由车辆智能系统的原因或外来非法干预所致，即选择行为非事故发生的原因"③。另有学者认为，在无人驾驶状态中，驾驶员或乘客没有过错，但无人驾驶的控制系统可能会存在"过错"，"需要立法机构对无人驾驶系统的人工智能决策流程和水平有清晰深刻的了解，由于涉及人工智能与人的伦理问题，也考验着立法者对于技术与伦理的权衡能力"④。

2. 侵权责任法

目前针对无人驾驶汽车侵权案件的讨论主要集中在两个方面，即无人驾驶汽车侵权案件的现存问题和如何构建无人驾驶汽车侵权责任体系。

（1）针对无人驾驶汽车侵权案件的现存问题，有学者认为最大的问题在于现有立法难以有效规范无人驾驶汽车的侵权责任问题。主要体现在两个方面。一是既有的无人驾驶汽车致人损害责任承担机制存在缺陷，体现在《道路交通安全法》无法确定无人驾驶汽车侵权性行为的过错以及《产品责任法》不能确定无人驾驶汽车产品的缺陷；二是将类推理论适用于无人驾驶汽车侵权责任的承担存有不足，其中类推理论有电梯理论、飞机或轮船的自动驾驶系统理论、动物理论、理性汽车标准理论等。⑤

---

① 孙铭溪：《"无人驾驶汽车"挑战现行法律》，载《经济参考报》2018 年 2 月 7 日第 A08 版。

② 徐红亮：《无人驾驶的情况下，交通肇事罪会成为"水中月"吗?》，载德衡商法网，访问日期：2020 年 4 月 1 日。

③ 陈晓林：《无人驾驶汽车致人损害的对策研究》，载《重庆大学学报（社会科学版）》2017 年第 4 期。

④ 代灿：《无人驾驶汽车能够驶过法律这道槛》，载《学习时报》2017 年 7 月 24 日第 3 版。

⑤ 许中缘：《论智能汽车侵权责任立法：以工具性为中心》，载《法学》2019 年第 4 期。

（2）针对如何构建无人驾驶汽车侵权责任体系的讨论主要集中在责任主体及责任承担类型两方面。在责任主体方面，主要存在两种分类方式。有学者认为应是三方结构，分别是研发者、制造者以及驾驶者，其中研发者应承担合理研发义务，制造者应承担安全义务，驾驶者应承担谨慎义务。① 另有学者认为无人驾驶侵权责任应呈链式分配，较于三方主体结构而言，链式结构将侵权事故的涉及主体即研发者、生产者、使用者、保险人、监管者与其他主体全部包含在内。在这种结构下，链条内的主体均有恰当的责任制度予以规制，形成风险责任负担闭环。② 在责任承担类型方面，持产品责任论者认为应适用严格责任，而对于应由何人承担严格责任也有争议。有学者认为应由驾驶者承担严格责任，因为无人驾驶汽车致人损害通常是由驾驶者的不当行为所引起的，驾驶者能更好地控制风险的发生。"侵权法通常阻碍技术革新，鼓励不思进取的制造商。"③ 也有学者认为应由制造商承担严格责任，如此可以促进无人驾驶汽车制造商提供更加安全的产品。④ 但也有学者表示反对，认为"从长期来看，将系统生产者解释为无人驾驶汽车驾驶者的解释论构造会导致机动车责任转移给生产者，使生产者负担过重的责任。从技术进步的角度来看，这种责任的移转并不合理，需要通过立法予以纠正"⑤。

（二）无人机

美国在 2012 年的《联邦航空局现代化与改革法》中将无人机定义为

---

① 许中缘：《论智能汽车侵权责任立法：以工具性为中心》，载《法学》2019 年第 4 期。

② 袁曾：《无人驾驶汽车侵权责任的链式分配机制——以算法应用为切入点》，载《东方法学》2019 年第 5 期。

③ Jeffrey K Gurney. Sue My Car Not Me：Products Liability and Accidents Involving Autonomous Vehicles，U. III. J. L. 13，2013，p. 247，p. 272；Kyle Graham, Of Frightened Horses and Autonomous Vehicles：Tort Law and Its Assimilation of Inventions，Santa Clara L. Rev. 51，2012，p. 1241，p. 1270.

④ Jeffrey K Gurney. Sue My Car Not Me：Products Liability and Accidents Involving Autonomous Vehicles，U. III. J. L. 13，2013，p. 247，p. 272；Kyle Graham, Of Frightened Horses and Autonomous Vehicles：Tort Law and Its Assimilation of Inventions，Santa Clara L. Rev. 51，2012，p. 1241，p. 1270.

⑤ 冯洁语：《人工智能技术与责任法的变迁——以自动驾驶技术为考察》，载《比较法研究》2019 年第 2 期。

不存在人在机上或机内进行操控可能性的航空器。欧盟在《对无人机监管的"标准"委员会规则》中将无人机定义为在运行设计以及实际运行中没有驾驶员在机上的航空器。在我国，中国民用航空局飞行标准司于 2015 年 12 月下发的《轻小无人机运行规定（试行）》指出，无人机是指由控制站管理（包括远程操纵或自主飞行）的航空器，也称为远程驾驶航空器。中国民用航空局航空器适航审定司于 2017 年 5 月下发的《民用无人驾驶航空器实名制登记管理规定》将民用无人机定义为：没有机载驾驶员操纵、自备飞行控制系统，并从事非军事、警察和海关飞行任务的航空器，不包括航空模型、无人驾驶自由气球和系留气球。2018 年 1 月中国民用航空局发布的《无人驾驶航空器飞行管理暂行条例（征求意见稿）》规定，无人机分为民用无人机和国家无人机。民用无人机，是指用于民用航空活动的无人机；国家无人机，是指用于民用航空活动之外的无人机，包括用于执行军事、海关、警察等飞行任务的无人机。

目前针对无人机的讨论主要集中在社会风险及监管对策方面。针对法律风险，有学者认为民用无人机给公共安全带来的社会风险主要如下：民用无人机操作飞行无执照，飞行事故频发；民用无人机扰乱航空秩序，危害公共安全；民用无人机飞行空域缺乏法律规制，容易侵犯公民的隐私权；民用无人机飞行系统对网络安全带来新的挑战。[①]

针对监管对策，有学者提出对民用无人机的监管在内容上主要包括（驾驶员）行为过错和（生产商）产品质量两大方面。在无人机监管早期，世界各国主要聚焦于驾驶员的行为过错。经过一段时期的发展，监管焦点逐步从驾驶员行为向无人机生产企业前移，更加关注对产品质量的监管。从行为监管转向产品监管，实际是公共风险应对理念的调整，主要表现为从具体赔偿向总体权衡、从个体正义向整体安全转变。[②] 另有学者提出具体的监管对策，例如完善无人机立法，明确民用无人机的法律属性；明晰法律监管主体和厘清监管对象，设立无人机专门监管机构；严打无人机违法犯罪行为，保护国家公共安全和公民的合法权益；完善无人机事故应急

---

① 刘明远：《民用无人机社会风险防控与法律监管》，载《行政管理改革》2019 年第 8 期。
② 韩春晖：《无人机监管的法治变革与公法建构》，载《河北法学》2019 年第 10 期。

处理法律机制，明确法律责任等。①

（三）智能投资顾问的法律问题

1. 智能投资顾问基本概念

（1）智能投资顾问的概念辨析。在我国，投资顾问这一概念最开始的使用领域是金融界但事实上它是我国金融界从英美国家引入的概念。美国《1940 年投资顾问法》中规定，投资顾问是包含证券咨询和资产管理在内的广义概念。因此，在其概念下，智能投资顾问的业务范围也包括证券资讯与资产管理两部分。② 在我国，《证券投资顾问业务暂行规定》第二条规定，证券投资顾问接受客户委托，按照约定，向客户提供证券及证券相关产品的投资建议服务，辅助客户作出投资决策，并直接或间接获取经济利益。智能投资顾问是由投资顾问所衍生出来的一个概念，是指通过智能技术而开展的投资顾问业务，业务范围为向客户提供证券及证券相关产品的投资建议服务，但不包括资产管理业务。但针对智能投资顾问的业务范围是否包括资产管理服务问题，目前学界还存在争议，有的学者认为智能投资顾问应涉及资产管理和资产配置等内容，甚至认为我国现有的法律法规已经无法对智能的本质进行准确定位。③

（2）智能投资顾问运营模式。目前，实践中智能投资顾问主要分为三类。第一类是依托于传统金融公司的智能投资顾问，如招商银行的摩羯智投和广发证券的贝塔牛等；第二类是依托于互联网金融公司或财富管理公司的智能投资顾问平台，如同花顺 iFind 智能投资顾问和宜信旗下的投米 RA 等；第三类是独立的智能平台，如理财魔方、蓝海智投、弥财等。④

学术界对智能投资顾问的运营模式进行了进一步的探讨。鄂春林认为智能投顾是被动型智能投资模式，通过与信托公司、证券公司、基金公司

---

① 刘明远：《民用无人机社会风险防控与法律监管》，载《行政管理改革》2019 年第 8 期。
② 吴烨、叶林：《"智能投顾"的本质及规制路径》，载《法学杂志》2018 年第 5 期。
③ 于文菊：《我国智能投顾的发展现状及其法律监管》，载《金融法苑》2017 年第 6 期。
④ 高丝敏：《智能投资顾问模式中的主体识别和义务设定》，载《法学研究》2018 年第 5 期。

等金融机构合作而获取金融资产权益，借助金融机构的风控技术及信用支持，交叉整合不同类别资产，设计满足客户风险和收益偏好的投资产品。李晴①认为智能投顾并非只有如文义解释只提供投资建议的功能，其还有自动资产配置和资产账户管理等功能，并且"智能化"是"自动化"更高级别程序，用"自动化投资工具"表述比较合理，这类"自动化投资工具"是"终端设备""专业自动化服务""专业自动化程序"等软件与硬件结合提供的综合自动化投资理财服务。②郭雳、赵继尧介绍了美国Betterment模式，是美国智能投顾的典型模式，也是最为主流的真正的智能投顾模式。其业务模式包括在线问卷测评、基于算法推荐组合、资金进入Betterment证券自动代理理财、实时追踪与自动调仓、税收损失收割等其他服务。③

（3）智能投资顾问的法律关系。李晴从多个角度深入研究了智能投顾中的法律关系。首先是横向角度的智能投顾的基础法律关系，即智能投顾运营者在全程服务过程中为客户提供的服务法律关系。其次是纵向角度之一，即服务协议双方与智能投顾运营者之间的法律关系，因具体的运营模式可以分为"通道业务"与"自营平台"而有不同的法律关系。此外，李晴对投资者与智能投顾运营者之间的法律关系进行了进一步的探讨，主要集中于自动调仓业务的账户全权委托法律关系尚未定性且存在法律空白。由于管理方式的不同而可能涉及信托和委托等多种法律关系，而在委托之中又分为内外法律关系两个部分。第一类是投资者与运营者内部概括的委托关系，第二类是三方外部法律关系。④

2. 我国智能投资顾问运营现状

我国现存的智能投顾产品受制于法律法规，运行模式并不如同上述，

---

① 李晴：《互联网证券智能化方向：智能投顾的法律关系、风险与监管》，载《上海金融》2016年第11期。

② 鄂春林：《互联网金融资产管理：业务模式与发展路径》，载《南方金融》2016年第8期。

③ 郭雳、赵继尧：《智能投顾发展的法律挑战及其应对》，载《证券市场导报》2018年第6期。

④ 李晴：《互联网证券智能化方向：智能投顾的法律关系、风险与监管》，载《上海金融》2016年第11期。

无法完成完整的运行流程。市场对于智能投顾的追求和法律法规的限制，催生出了许多名为"智能投顾"，但实际上并非真正智能投顾的"伪智能投顾"，并且有着不同的运行模式。

郭雳、赵继尧指出，我国智能投顾的主要模式包括三种，即主流模式、资产配置建议模式以及证券投资模式。主流模式类似美国真正智能投顾，采取与海外证券公司合作的模式，全世界范围内甄选投资标的；资产配置建议模式同样为客户提供投资组合建议，但是不提供后续调仓服务，事实上多以销售金融产品为主；证券投资模式只是为客户提供基于股票市场的分析服务，通常依托于股票交易及看盘软件。[①] 曹宇青认为我国现存的智能投顾有两种运营模式。一类是以招商银行的摩羯智投为代表的黑盒策略产品，用户并不知道系统的逻辑；另一类是以凤凰金融的魔镜智投为代表的白盒模式，所有的策略都是公开透明的。[②] 袁淼英将我国现存的智能投顾分为四类。第一类，"信息媒介业务型"智能投顾，这种证券智能投顾的主要业务是根据用户的需求，向其提供资本市场的各类原始数据和信息；第二类，"通道业务型"智能投顾，这种智能投顾扮演居间人的角色，主要业务是促成用户与持牌金融机构的合作；第三类，"证券投资咨询型"智能投顾，这种类型的证券智能投顾具备一定的数据处理和分析能力，能够为用户提供个性化的投资建议，但最终的投资决策仍需由用户本人实施；第四类，"证券全权委托型"智能投顾，这种证券智能投顾不仅为用户提供投资建议，也在用户授权的范围内，直接对用户的账户进行操作、执行各类交易。[③] 李晴则从实践出发，对我国市场上现存的 20 家号称智能投顾客户端进行研究，发现真正符合智能投顾理念并真正运行的机构寥寥无几。[④] 周正指出，国内的智能投顾市场已初步形成了互联网金融公

---

① 郭雳、赵继尧：《智能投顾发展的法律挑战及其应对》，载《证券市场导报》2018 年第 6 期。

② 曹宇青：《金融科技时代下商业银行私人银行业务发展研究》，载《商业银行经营管理》2017 年第 11 期。

③ 袁淼英：《我国证券智能投顾运营商市场准入制度的构建》，载《西南政法大学学报》2018 年第 3 期。

④ 李晴：《互联网证券智能化方向：智能投顾的法律关系、风险与监管》，载《上海金融》2016 年第 11 期。

司、传统金融机构以及智能金融服务企业三足鼎立之势。[①]

3. 我国智能投顾的功能定位

吴烨、叶林认为智能投顾混合了多种业务形态，在功能上是复合的，可以分为本质功能和从属功能。其本质功能应当为资产管理，从属功能则是投资咨询。[②] 陈娟、熊伟也指出智能投顾的核心业务不仅包括投资组合管理，同样应当包括投资咨询，即只有主要业务属性涵盖上述一种或两种活动的服务商，才属于真正意义上的智能投顾。[③]

4. 我国智能投顾发展的法律风险

（1）分业管理与分业经营的限制。李晴认为智能投顾的特点之一在于作为一种集合提供组合投资建议、证券分析和资产管理等功能的机器人投顾服务，会涉及各类证券，包括各类股票、债权、基金等，其业务边界比较模糊，而不同的金融领域在我国都需要相应的金融牌照。[④] 李瑞雪、闫正欣认为数字普惠金融下智能投顾业务涉及证券、基金、期货等多个行业，监管要求散见于《证券法》《证券投资基金法》《证券投资顾问业务暂行规定》等法规中，虽然出台了《资管新规》，但内容多为原则性规定，可操作性有限，缺乏一个明确的监管主体。[⑤] 李苗苗、王亮认为智能投顾业务所需的牌照门槛很高，需要取得券商牌照、证券投资咨询牌照、基金销售牌照等，大多数互联网金融公司都无法满足这些条件。[⑥] 赵吟认为，资产管理业务项下的具体牌照分类别许可也是智能投顾面临的困境。智能投顾服务提供商要想在一站式服务层面完全依法合规地运行，需要耗费大量的时间和精力，而经营收益还可能远远不能弥补在获得相应资质道路上

---

① 周正：《境内外智能投顾业务模式对比》，载《银行家》2017 年第 12 期。

② 吴烨、叶林：《"智能投顾"的本质及规制路径》，载《法学杂志》2018 年第 5 期。

③ 陈娟、熊伟：《智能投顾的业务属性和准入监管研究》，载《金融监管研究》2019 年第 4 期。

④ 李晴：《互联网证券智能化方向：智能投顾的法律关系、风险与监管》，载《上海金融》2016 年第 11 期。

⑤ 李瑞雪、闫正欣：《数字普惠金融下智能投顾发展与监管问题研究》，载《价格理论与实践》2019 年第 9 期。

⑥ 李苗苗、王亮：《智能投顾：优势、障碍与破解对策》，载《南方金融》2017 年第 12 期。

所付出的成本。①

（2）市场准入制度缺失。郭雳、赵继尧认为我国智能投顾发展面临的首要问题是市场准入障碍，具体体现在牌照短缺和从业资质认定困难两方面。② 李瑞雪、闫正欣认为一方面，较低的准入成本造成资质不健全的智能投顾机构可能基于"逐利性"趋向损害金融投资者的利益，造成市场的无序竞争；另一方面，当前我国行业监管体制不健全，导致智能投顾机构多以提供投资策略为主，缺失科学准入标准，在一定程度上限制了智能投顾市场未来的发展。③ 李文莉、杨玥捷也指出智能投顾面临着牌照制度与停发牌照的现实冲突。④ 赵吟指出机器算法取代了传统人工投资顾问地位，那么算法机器人是否需要取得相应的职业资格并注册登记为证券投资顾问呢？若仍然将算法机器人认定为金融平台提供智能投顾服务的机器，是否需要关于算法的审批许可？这些问题仍旧没有清晰的答案。⑤

（3）全权委托的禁止。郭雳、赵继尧指出我国法律明确规定证券公司不能接受客户的全权委托。这样的禁止使得自动化投资和动态调仓不得不被强行中断，束缚了其优势的发挥。通过真正的智能投顾服务流程可以知道，实时追踪、自动执行、自动调仓、再平衡是智能投顾最为核心的特征，但一旦全权委托受到限制，其业务模式便被拦腰斩断。⑥ 刘沛佩指出，根据我国法律规定，目前仅有商业银行可以开办代客境外理财业务，而智能投顾的实际营运者大多集中在资本市场领域，各自遵守差异化的业务规则，尚无明文规定可以开展代客理财业务。⑦ 李苗苗、王亮指出依据我国现行法律法规和部门规章的有关规定，在开展投资咨询业务过程中，证券投资咨询公司不能为投资者提供证券买卖操作服务，无法为客户带来全流

---

① 赵吟：《智能投顾的功能定位与监管进路》，载《法学杂志》2020 年第 1 期。

② 郭雳、赵继尧：《智能投顾发展的法律挑战及其应对》，载《证券市场导报》2018 年第 6 期。

③ 李瑞雪、闫正欣：《数字普惠金融下智能投顾发展与监管问题研究》，载《价格理论与实践》2019 年第 9 期。

④ 李文莉、杨玥捷：《智能投顾的法律风险及监管建议》，载《法学》2017 年第 8 期。

⑤ 赵吟：《智能投顾的功能定位与监管进路》，载《法学杂志》2020 年第 1 期。

⑥ 郭雳、赵继尧：《智能投顾发展的法律挑战及其应对》，载《证券市场导报》2018 年第 6 期。

⑦ 刘沛佩：《我国证券市场智能投顾发展的监管思考》，载《证券市场导报》2019 年第 1 期。

程的资产管理服务。① 李文莉、杨玥捷也指出真正智能投顾模式中平台所提供的全权委托服务，与我国《证券法》第一百七十一条之规定相冲突，此规定无疑使得智能投顾产品难以深入开展后续流程，只可做荐股等初级业务。②

（4）对传统信义义务的挑战。郭雳、赵继尧指出，智能投顾对于传统投资顾问的信义义务形成了挑战，具体包括投资者适当性评测难以到位、信息披露不充分及投资者保护的缺失。③ 郑佳宁指出，在智能投顾中，如果仍然一味坚持传统投顾模式中的信义义务内容，必然"水土不服"。④ 刘沛佩指出智能投顾投资者和运营商的信任表达方式更加虚拟化，使得运营商与投资者之间的信息偏差巨大。⑤ 赵吟指出在智能投顾中存在着广泛的"信用风险"，首先，智能投顾运营商为了追求盈利，存在自我交易的风险；其次，智能投顾运营商为了以较低的成本与第三方达成合作，还存在利益输送的风险。⑥ 陈娟、熊伟则指出智能投顾运行过程中容易出现道德风险，特别是允许合法持牌机构从事投资组合管理业务后，可能集中引发的侵犯客户合法经济利益的道德风险。⑦ 李文莉、杨玥捷也指出业务界限的模糊性给传统的信义义务带来了挑战，其中首先导致了利益冲突的复杂性，其次存在机会分配的易操性。⑧

（5）算法黑箱难题。袁康介绍了金融科技之中的算法黑箱难题，认为在智能投顾中，算法设计者可以通过算法程序将某几支金融产品有限推荐给投资者；并且算法将决策过程隐藏在黑箱中，其流程的隐蔽性和不透明性存在欺诈风险；算法成为决策责任主体剥离责任的理由，从而存在欺诈

---

① 李苗苗、王亮：《智能投顾：优势、障碍与破解对策》，载《南方金融》2017 年第 12 期。
② 李文莉、杨玥捷：《智能投顾的法律风险及监管建议》，载《法学》2017 年第 8 期。
③ 郭雳、赵继尧：《智能投顾发展的法律挑战及其应对》，载《证券市场导报》2018 年第 6 期。
④ 郑佳宁：《论智能投顾运营者的民事责任——以信义义务为中心的展开》，载《法学杂志》2018 年第 10 期。
⑤ 刘沛佩：《我国证券市场智能投顾发展的监管思考》，载《证券市场导报》2019 年第 1 期。
⑥ 赵吟：《智能投顾的功能定位与监管进路》，载《法学杂志》2020 年第 1 期。
⑦ 陈娟、熊伟：《智能投顾的业务属性和准入监管研究》，载《金融监管研究》2019 年第 4 期。
⑧ 李文莉、杨玥捷：《智能投顾的法律风险及监管建议》，载《法学》2017 年第 8 期。

风险。① 李苗苗、王亮认为算法黑箱容易导致监管缺位，造成"老鼠仓"、利益输送等违法违规行为发生，进而损害投资者的合法权益。并且算法本身可能存在技术上的缺陷，导致客户偏离预期投资目标。②

（6）算法程序责任承担问题。郭雳、赵继尧指出提供投资建议的机器人不具备民事责任能力，如果出现算法失灵引发赔偿纠纷，最后的法律追究将落在机器人所属机构和开发者身上，但是径直追责至背后运营者又不甚合理。③ 郑佳宁认为在责任的性质上，难以简单地将智能投顾归为侵权或违约责任。④

（7）资产违规风险。何飞、唐建伟认为绝大部分智能投顾都采取"黑盒策略"，即在进行资产组合推荐及调仓时，并不说明具体原因。在此意义上，银行很可能将不良资产纳入资产池，或将风险高的资产组合推荐给风险承受能力低的客户，这些行为都存在资产违规风险。⑤

（8）信息安全冲击。李瑞雪、闫正欣认为在流量模式下，需要收集、处理大量的客户数据，可能存在过度收集用户信息和侵犯用户隐私的情况。目前对于信息安全问题还未形成完善的监管制度，导致智能投顾市场中出现买卖具有安全等保资质的壳公司、挪用客户资金、倒卖客户资料、通过"一键授权＋不合理格式合同"方式设置圈套等市场乱象。⑥

（9）投资者评价与教育制度不足。李瑞雪、闫正欣认为目前对智能投顾中的投资者适当性管理不足，必须抓紧构建与数字普惠金融原则融合一致的智能投顾合格投资者制度。⑦ 刘沛佩认为欠缺对智能投顾的投资者适当性管理衡量标准，且在指标的设置上，目前暂没有一套可供参考的衡量

①　袁康：《社会监管理念下金融科技算法黑箱的制度因应》，载《华中科技大学学报（社会科学版）》2020 年第 1 期。

②　李苗苗、王亮：《智能投顾：优势、障碍与破解对策》，载《南方金融》2017 年第 12 期。

③　郭雳、赵继尧：《智能投顾发展的法律挑战及其应对》，载《证券市场导报》2018 年第 6 期。

④　郑佳宁：《论智能投顾运营者的民事责任——以信义义务为中心的展开》，载《法学杂志》2018 年第 10 期。

⑤　何飞、唐建伟：《商业银行智能投顾的发展现状与对策建议》，载《银行家》2017 年第 11 期。

⑥　李瑞雪、闫正欣：《数字普惠金融下智能投顾发展与监管问题研究》，载《价格理论与实践》2019 年第 9 期。

⑦　李瑞雪、闫正欣：《数字普惠金融下智能投顾发展与监管问题研究》，载《价格理论与实践》2019 年第 9 期。

标准。过于标准化的操作流程与其说是对投资者适当性管理的践行，还不如说是模糊了投资者适当性管理的要求。① 李苗苗、王亮也认为智能投顾存在投资者适当性风险，目前智能投顾平台大多使用问卷调查的方式采集客户信息，但问卷问题的设计并没有统一标准，大多数平台仅仅依靠问卷预设的若干问题来了解客户的投资目标和风险偏好，无法全面、准确地获得客户数据并精准绘制用户"画像"。② 另外，赵吟也指出现在的智能投顾产品存在投资者的"画像风险"。③

（10）智能投顾运行环节的监管难点。刘沛佩指出由于智能投顾尚未形成明确的行业标准，监管意见也没有成形，鱼龙混杂的市场发展让监管者对"系统性风险"和"企业自身的经营风险"难以有效识别。④ 徐慧中认为监管的难点包括账户实际控制人认定困难、"一致行动人"现象带来交易风险及监管人才风险。⑤ 李文莉、杨玥捷指出服务的跨界性对于分层监管提出了挑战，算法的专业性对于传统的监管手段提出了挑战，以及决策集中性对于"一致行动人"监管提出了挑战。⑥

5. 智能投资顾问法律监管的应对建议

（1）完善智能投顾监管法律法规。

① 完善智能投顾市场准入制度。郭雳、赵继尧认为有必要研究启动证券投资咨询牌照的重新发放工作，满足市场研发需求；加强对于智能投顾决策能力的外部审核，优化与提高算法的准入门槛，保障投资者利益。⑦ 李瑞雪、闫正欣认为应当从监管主体和参与者门槛两个层面设计市场准入机制。⑧ 刘沛佩认为从事智能投顾业务的主体必须具备相应的金融业务许

---

① 刘沛佩：《我国证券市场智能投顾发展的监管思考》，载《证券市场导报》2019 年第 1 期。
② 李苗苗、王亮：《智能投顾：优势、障碍与破解对策》，载《南方金融》2017 年第 12 期。
③ 赵吟：《智能投顾的功能定位与监管进路》，载《法学杂志》2020 年第 1 期。
④ 刘沛佩：《我国证券市场智能投顾发展的监管思考》，载《证券市场导报》2019 年第 1 期。
⑤ 徐慧中：《我国智能投顾的监管难点及对策》，载《金融发展研究》2016 年第 7 期。
⑥ 李文莉、杨玥捷：《智能投顾的法律风险及监管建议》，载《法学》2017 年第 8 期。
⑦ 郭雳、赵继尧：《智能投顾发展的法律挑战及其应对》，载《证券市场导报》2018 年第 6 期。
⑧ 李瑞雪、闫正欣：《数字普惠金融下智能投顾发展与监管问题研究》，载《价格理论与实践》2019 年第 9 期。

可证，从事基金销售的智能投顾机构，必须具备基金销售牌照，擅自从事公募证券投资基金销售业务的，证监会将依法对相关机构和人员进行处罚。① 袁淼英认为首先应当明确智能投顾市场准入制度的适用对象不应该是智能投顾算法程序本身，而应当是智能投顾的运营商。② 赵吟认为应当分类实施准入监管。将智能投顾区分为全智能和半智能，全智能投顾运营商应当取得投资顾问牌照。半智能投顾运营商则只需要根据《关于规范金融机构资产管理业务的指导意见》第二十三条的规定取得投资顾问资质。③ 陈娟、熊伟则认为准入制度分为长远方案与短期应对。④

② 打开全权委托的法律禁止。郭雳、赵继尧认为应当赋予符合条件的证券投资咨询机构代客进行账户管理的资质，加快推进《账户管理业务规则（征求意见稿）》的落地，为智能投顾的发展扫除障碍。⑤ 李苗苗、王亮也认为有关部门可考虑适当放宽投资顾问的业务范围，允许智能投顾平台为客户提供投资咨询和资产管理服务。⑥ 李文莉、杨玥捷认为应当确立全权委托服务的合法性，若不然，所谓智能投顾将被局限在荐股的初级形态，成为"伪智能"。⑦ 赵吟认为，经过一段时间的过渡期之后，后续则需尽快推进开放全权委托账户。⑧

但袁淼英对于放开全权委托的限制持反对态度。第一，证券全权委托容易曲解证券市场的价格形成机制，损及投资信赖；第二，证券全权委托容易导致证券公司实施双方代理行为；第三，我国不具备实施全权委托的理论基础和配套制度措施。⑨

③ 打破分业经营、分业监管的壁垒。徐慧中认为国内应对投资顾问和

---

① 刘沛佩：《我国证券市场智能投顾发展的监管思考》，载《证券市场导报》2019 年第 1 期。
② 袁淼英：《我国证券智能投顾运营商市场准入制度的构建》，载《西南政法大学学报》2018 年第 3 期。
③ 赵吟：《智能投顾的功能定位与监管进路》，载《法学杂志》2020 年第 1 期。
④ 陈娟、熊伟：《智能投顾的业务属性和准入监管研究》，载《金融监管研究》2019 年第 4 期。
⑤ 郭雳、赵继尧：《智能投顾发展的法律挑战及其应对》，载《证券市场导报》2018 年第 6 期。
⑥ 李苗苗、王亮：《智能投顾：优势、障碍与破解对策》，载《南方金融》2017 年第 12 期。
⑦ 李文莉、杨玥捷：《智能投顾的法律风险及监管建议》，载《法学》2017 年第 8 期。
⑧ 赵吟：《智能投顾的功能定位与监管进路》，载《法学杂志》2020 年第 1 期。
⑨ 袁淼英：《我国证券智能投顾运营商市场准入制度的构建》，载《西南政法大学学报》2018 年第 3 期。

资产管理业务分开管理，适用不同的法律法规。建议借鉴英美经验，对智能投顾在产品设计、用户服务、监管等方面制定法律法规，明确监管范围，从源头上避免不必要的理财纠纷。① 吴烨、叶林对牌照管理提出建议，真正的智能投顾运营商只要持有"资产管理"牌照，即可从事具有资产管理性质的智能投顾业务。②

（2）搭建利益冲突防范机制。吴烨、叶林认为智能投顾模式中可能存在直接利益冲突与间接利益冲突。直接利益冲突的防范应当禁止自我交易和双方代理。间接利益冲突的类型多样，立法者很难事先作出整齐划一的无遗漏规定，需要建立一种张弛有度的、针对性强的内部风险防控体系。③

还有许多学者认为对于利益冲突的防范应当通过完善的信息披露制度加以防控。

（3）强化投资者保护。李瑞雪、闫正欣认为应当创建合格投资者监管规则。①事前监管，进一步加强投资者问卷的设计，加强投资者教育；②事中监管，采用多种方式及时处理矛盾；③事后监管，注重客户资料的更新。④ 刘沛佩认为应以风险提示和信息披露为核心强化投资者保护。⑤ 徐慧中认为一方面应该提高投资信息透明度，使消费者投资决策自主化；另一方面，强化信息管理，保障消费者权益，加强对消费者个人信息的保护，明确消费者信息的使用方式，避免因泄露或者滥用消费者信息而产生纠纷。⑥ 李苗苗、王亮认为智能投顾平台可考虑引进混合投顾的模式，配备一定数量的专业投资顾问。⑦ 姜海燕、吴长凤认为监管部门应建立并维持投资者保护机制，在投资者接受自动化的投资咨询服务之前，引导其充分了解智能投顾的服务方式和风险隐患，避免当事实与期望不符或出现预期

---

① 徐慧中：《我国智能投顾的监管难点及对策》，载《金融发展研究》2016年第7期。
② 吴烨、叶林：《"智能投顾"的本质及规制路径》，载《法学杂志》2018年第5期。
③ 吴烨、叶林：《"智能投顾"的本质及规制路径》，载《法学杂志》2018年第5期。
④ 李瑞雪、闫正欣：《数字普惠金融下智能投顾发展与监管问题研究》，载《价格理论与实践》2019年第9期。
⑤ 刘沛佩：《我国证券市场智能投顾发展的监管思考》，载《证券市场导报》2019年第1期。
⑥ 徐慧中：《我国智能投顾的监管难点及对策》，载《金融发展研究》2016年第7期。
⑦ 李苗苗、王亮：《智能投顾：优势、障碍与破解对策》，载《南方金融》2017年第12期。

外的情况时，引起不必要的纠纷。① 李文莉、杨玥捷认为完善投资者适当性制度、强化投资者保护应当评估投资者的风险容忍度，引入智能投顾的承诺担保制度。② 赵吟认为应当严格把关问卷设计，加强提高风险意识。③

（4）加强算法监管。刘沛佩认为应当做好算法有效性检验与备案管理，适宜的做法是明确要求智能投顾定期检测算法模型的有效性，并根据市场动态波动和变化对模型进行不定期校验，开展情景分析与压力测量，并在及时更新、修改后向监管部门备案。④ 李苗苗、王亮认为应当强化对智能投顾算法的审查和管理，尽快建立起完整的监督和测试框架，填补智能投顾算法的监管空白，具体包括对算法进行测试和评估、在适合的时机更新算法等。⑤ 姜海燕、吴长凤认为，应当要求智能投顾适当披露其模型或算法，并向监管部门备案；监管部门应对模型或算法进行大致分类，掌握智能投顾对各类模型或算法的应用程度，避免同质化；明确要求智能投顾定期回顾和检测模型或算法的有效性，一旦有重要修改，应再次向监管部门备案；相关细则应明确客户信息安全保护、账户管理、风险隔离等严格要求。⑥ 赵吟认为监管部门应当制定算法监控准则，对运营商提出如下要求：公开适当的系统设计文件；拥有适当的算法管理程序；具有适当的算法调整能力；留存算法检测、更新、终止等记录。⑦

（5）强化信息披露。李文莉、杨玥捷认为监管部门应尽快制定智能投顾信息披露的细化标准，根据信息披露的真实、准确、完整、及时与易解等特点，并结合智能投顾的特性作出具体化的特殊性要求。⑧ 赵吟认为首先，智能投顾运营商应当披露自己与系统开发商、与第三方合作金融机构关系以及自营产品等信息；其次，运营商应披露收费情况，包括是否收费及具体的收费标准和收费环节以及营利方式；最后，运营商应当及

---

① 姜海燕、吴长凤：《智能投顾的发展现状及监管建议》，载《证券市场导报》2016 年第 12 期。
② 李文莉、杨玥捷：《智能投顾的法律风险及监管建议》，载《法学》2017 年第 8 期。
③ 赵吟：《智能投顾的功能定位与监管进路》，载《法学杂志》2020 年第 1 期。
④ 刘沛佩：《我国证券市场智能投顾发展的监管思考》，载《证券市场导报》2019 年第 1 期。
⑤ 李苗苗、王亮：《智能投顾：优势、障碍与破解对策》，载《南方金融》2017 年第 12 期。
⑥ 姜海燕、吴长凤：《智能投顾的发展现状及监管建议》，载《证券市场导报》2016 年第 12 期。
⑦ 赵吟：《智能投顾的功能定位与监管进路》，载《法学杂志》2020 年第 1 期。
⑧ 李文莉、杨玥捷：《智能投顾的法律风险及监管建议》，载《法学》2017 年第 8 期。

时披露法律关系的变更情况和可能影响客户决策的突发性事件，并对免责情况予以专门说明，或在电子合同中用突出显示的方式提醒投资者注意。[①]

（6）其他监管建议。袁康提出运用社会监管理念对于金融科技算法黑箱进行监督，解决算法的可靠性、透明性、可解释性及可问责性问题。[②]李文莉、杨玥捷认为，应当确立分层监管体系，兼顾监管成本与效率，建分层监管体系。[③] 吴烨、叶林指出智能投顾的监管方式应当贯彻"穿透式"监管。穿透式监管的目的在于落实投资者适当性原则，难点则在于如何将该原则适用于多层嵌套的金融产品，智能投顾中存在着明显的产品分层与投资者分层，都是穿透式监管的必要也是难点。[④] 郭雳、赵继尧认为，应当出台智能投顾监管指南，构建风险防控体系。[⑤] 姜海燕、吴长凤认为监管部门应从功能监管的角度详细了解智能投顾的服务模式，突出"过程监管"理念，审查新技术在投资管理价值链上各个环节的功能以及影响。[⑥]

---

① 赵吟：《智能投顾的功能定位与监管进路》，载《法学杂志》2020 年第 1 期。

② 袁康：《社会监管理念下金融科技算法黑箱的制度因应》，载《华中科技大学学报（社会科学版）》2020 年第 1 期。

③ 李文莉、杨玥捷：《智能投顾的法律风险及监管建议》，载《法学》2017 年第 8 期。

④ 吴烨、叶林：《"智能投顾"的本质及规制路径》，载《法学杂志》2018 年第 5 期。

⑤ 郭雳、赵继尧：《智能投顾发展的法律挑战及其应对》，载《证券市场导报》2018 年第 6 期。

⑥ 姜海燕、吴长凤：《智能投顾的发展现状及监管建议》，载《证券市场导报》2016 年第 12 期。

第三篇

人工智能法学教育进展

一、人工智能法学研究机构和联盟协会

（一）人工智能法学研究机构

2014 年 12 月，北京航空航天大学法学院成立了工业和信息化法治研究院，下设人工智能与智能制造法律研究中心、无人机发展与政策法律研究中心等，是我国最早成立人工智能法律研究机构的院校。[①]

2015 年 1 月，中国政法大学犯罪大数据研究中心成立。[②] 该中心着重研究犯罪心理、犯罪危险性评估与矫治、智能评估与矫治理论和算法、犯罪情报动静态采集、犯罪情报数据预处理、犯罪情报大数据智能研判分析算法模型、犯罪预测和感知模型、犯罪计算方法、微表情与犯罪情感识别、犯罪评估矫治大数据与云计算平台等基础理论；建立社区服刑人员分类矫治及危险性评估体系与软件网络平台，利用智能评估与矫正算法使危险性评估及矫治更加贴合实战需求；建立犯罪情报采集和预测的大数据平台，基于在线机器学习不断培育进化犯罪大数据挖掘模型，为司法战线提供实战平台技术；基于犯罪大数据平台，研究和试验犯罪情感识别的前端装备，为国家反恐和犯罪预测提供技术手段；利用智能软件系统、犯罪大数据和犯罪感知云计算平台能够更大范围更快地应用于实践；积极组织犯罪心理、犯罪评估与矫治和防控、犯罪云计算与犯罪大数据、人工智能在犯罪预测中的使用等学术活动；为国家为社会提出犯罪防控的法律对策和建议。

2016 年 6 月，上海交通大学法律与认知科学研究中心成立。[③] 该中心的研究方向之一是法律与人工智能的相关研究，主要关注法律实务、实践

---

① 北京航空航天大学法学院官网，http：//fxy. buaa. edu. cn/xygk/jgsz. htm。
② 徐学敏：《99% 的人都不知道的法律与人工智能研究机构》，载微信公众号"法宝智能"。
③ 上海交通大学法学院官网，https：//law. sjtu. edu. cn/Detail18971. aspx。

领域有关行为认知、判断、决策的理论、实践和方法问题。

2017年5月，北京交通大学互联网交通运输法律研究中心成立。[1] 该中心依托本校和兄弟院校的法律及技术双重优势背景，专注于对互联网＋、大数据、人工智能、物联网等新兴行业与交通运输、物流、供应链等产业不断融合出现的新业态的研究，包括智能交通、共享交通、现代物流、交通大数据、无人机、智慧城市等交通运输领域，为政府部门的顶层设计、立法、政策制定，为科研单位的研发，为企业的实践提供法律支持和保障，并为政府、企业培养跨学科的专业人才提供理论和实践教育基地。

2017年9月8日，中国人民大学未来法治研究院（人工智能法学是其重要的研究方向之一）成立。[2] 该研究院成立了如下一系列有关人工智能的法学研究中心：①自动驾驶法律研究中心。该中心联合德国维尔茨堡大学机器人法研究所与德国慕尼黑数字化研究中心，致力于自动驾驶法律风险规制研究，应对自动驾驶技术对交通风险规制与传统责任理论带来的挑战，探索新的风险规制工具及构建新的归责框架，为未来高级别自动驾驶技术的商业应用提供法律解决方案。②智能科技与在线争端解决研究中心。该中心关注迈向数字时代的纠纷解决，结合目前科技发展以及未来可能的走向，围绕在线纠纷解决、大数据与纠纷解决、人工智能与纠纷解决三个方向展开研究。③智慧法律科技创新研究中心。该中心聚焦法律领域中的大数据与人工智能技术，推出系列论文，申请专利，建设大数据智能司法课程，培养交叉学科人才。

2017年12月4日，西南政法大学中国信息法制研究所人工智能与机器人法工作组（简称"人工智能与机器人法工作组"）正式成立。[3] 该工作组主要开展人工智能与机器人相关问题的法律研究、相关示范法草案的起草，接受行业委托提供咨询等专家意见，组织并召集工作组例会，开展有关人工智能与机器人相关法律问题的会议，搜集资料并编辑《人工智能

---

① 北京交通大学法学院官网，http：//law. bjtu. edu. cn/xygk/xyjg/kyjg/index. htm。

② 中国人民大学未来法治研究院官网，http：//lti. ruc. edu. cn/sy/yjyjj/jgsz/yjzx/index. htm。

③ 《西南政法大学中国信息法制研究所成立人工智能与机器人法工作组》，载西南政法大学俄罗斯法研究中心官网2017年12月6日，http：//russian. swupl. edu. cn/zxyw/zyxx/236014. htm。

与机器人法研究》等。

2017 年 12 月 6 日，西南政法大学人工智能法学院、人工智能法学研究院成立，其中人工智能法学院是全国高校首批 23 个人工智能学院中唯一的法学院。[①] 人工智能法学院以"回应国家战略、坚持错位竞争"为发展理念，以"智慧法治研究前沿、法律实务教育高地"为发展目标，致力于为法治中国培养"通识和专才皆备、知识和技能并举"的卓越法治人才，在全国率先实现"人工智能 + 法律"复合型人才的"本、硕、博"贯通式培养。

2017 年 12 月 29 日，中国政法大学法学院大数据和人工智能法律研究中心成立。[②] 该中心的定位是：加强基础研究，在热烈中保持冷静；服务人才培养，形成相应的经验；心怀美好向往，拥抱大数据时代。

2017 年 12 月 29 日，北京大学法律人工智能实验室、法律人工智能研究中心成立。[③] 该实验室旨在建立国际和国内一流的法律和人工智能产学研一体化基地，努力为法律和人工智能行业发展提供智力支持，并致力于高端法律人工智能复合型人才的培养，与国家人工智能战略规划达成高度契合。

2017 年年底，首都经济贸易大学法学院法律与人工智能研究中心成立。[④] 该研究中心旨在利用大数据分析提升法律研究水平，运用人工智能技术研发法学教学和法律应用产品，开发法律科技与法律实践教学交叉课程，培养法律与人工智能复合型人才，为司法实践和法学教学发展提供技术和智力支持。该研究中心已开展的研究方向包括但不限于大数据纬度分析在法律工作中的应用、人工智能语料加工与知识图谱构建、法律实务中的人工智能应用与研发（包括人工智能合同审查、法律文书生成、法律咨

---

① 西南政法大学人工智能法学院官网，http：//alc. swupl. edu. cn/。

② 《中国政法大学法学院大数据和人工智能法律研究中心成立》，载中国政法大学官网 2018 年 1 月 3 日，http：//news. cupl. edu. cn/info/1011/26207. htm。

③ 《北京大学法律人工智能实验室、北京大学法律人工智能研究中心成立仪式暨第一届北京大学法律与人工智能论坛举行》，载北京大学官网 2018 年 1 月 4 日，pkunews. pku. cn/xwzh/2018 –01/04/content_300916. htm。

④ 《法学院法律与人工智能研究中心》，载首都经济贸易大学法学院官网 2018 年 11 月 23 日，https：//law. cueb. edu. cn/kxyj/kyjg/98792. htm。

询、中小企业法律体检与解决方案提供)、法律人工智能支持下的公共法律服务供给，以及法律科技交叉人才教学培养模式等，并通过与其他研究机构、企事业单位、社会公益组织和司法行政机关的广泛合作，促进研究成果应用转化。该研究中心参与研发的部分法律人工智能产品已服务于法律实务一线。

2018 年 4 月 7 日，天津大学中国智慧法治研究院成立。① 该研究院未来研究领域包括科技法律人才培养、智慧司法基础科学问题与人工智能技术研究、智慧法院核心业务运行关键技术与装备研究、智慧检务核心业务运行关键技术与装备研究、智慧司法行政核心业务运行关键技术与装备研究、智慧司法业务协同与知识支撑体系研究、公正司法与司法为民综合应用示范与效能评价研究等。

2018 年 8 月 3 日，华东政法大学人工智能与大数据指数研究院成立。该研究院旨在进一步整合研究资源和力量，促进对外交流与合作，探索法学与人工智能相互交叉的新发展方向，推动研究成果转化。

2018 年 12 月 15 日，清华大学智能法治研究院成立。② 该研究院由清华大学法学院牵头，联合清华大学计算机系、软件学院、社会科学学院共同设立。该研究院致力于打造一个国际一流、国内领先的交叉学科研究平台和创新型孵化中心，促进法学专业与计算科学等相关专业的学术交流与融合，建设复合型团队，培养综合型人才，推动学术创新与研究成果转化。一方面，为新兴科技的发展提供法律与政策保障；另一方面，为法治中国建设提供智能方案与数据驱动力。

2019 年 3 月 15 日，中南财经政法大学刑事司法学院与南京云思创智信息科技有限公司共同创建人工智能联合实验室③，致力于人工智能多模态情绪识别技术在刑事司法领域中的研究与应用。实验室将进行"产学

---

① 《中国智慧法治研究院落户天津大学》，载正义网 2018 年 4 月 10 日，http：//www. jcrb. com/legal/fzyc/201804/t20180410_1857470. html。

② 《首届计算法学论坛暨清华大学智能法治研究院成立仪式举行》，载清华大学官网 2018 年 12 月 17 日，https：//news. tsinghua. edu. cn/info/1013/67938. htm。

③ 《中南财经政法大学刑事司法学院创建人工智能联合实验室》，载新华网 2019 年 3 月 16 日：http：//www. hb. xinhuanet. com/2019－03/16/c_1124242401. htm。

研"深度融合,进一步提高教学质量,增强科研创新度,为司法改革和"智慧公安""智慧检务"的建设研发人工智能智力成果,并培养具有智能思维的法学学生。

2019 年 5 月,上海政法学院人工智能法学院成立。① 人工智能法学院由原计算机教学部与上海司法研究所合并组建,其主要目标是培养人工智能与法学的复合人才,为公、检、监、法、司等机关,政府机构和企事业单位提供适应人工智能时代的新型法律人才,为人工智能高科技企业提供精通法律业务的技术人才。此外,人工智能法学院还负责全校计算机公共课程教学。

2019 年 5 月 21 日,湖南大学大数据 – 人工智能与司法管理研究中心成立。② 该中心由湖南大学与湖南省高级人民法院、湖南省人民检察院共建,通过建立院校人才双向交流机制、探索建立学习培训新型模式、建设法学实践教学基地、合作开展理论研究、推动优势资源共享、成立大数据 – 人工智能与司法管理研究中心等合作机制,推进法官和检察官队伍革命化、正规化、专业化、职业化建设,提高全省法院和检察院司法质量、效率和效果;强化法学实践教育,提高法学教育水平。

除此之外,我国其他大学也纷纷成立了人工智能法学研究机构,如中国政法大学互联网金融法律研究院、中国政法大学互联网与法律规制研究中心、中国政法大学大数据与法制研究中心、吉林大学司法数据应用研究中心、华东政法大学"互联网 + 法律"大数据平台、上海财经大学大数据法治研究中心、中南财经政法大学大数据研究院、中南财经政法大学律师学院法律人工智能联合实验室、四川大学法律大数据实验室、中国科学技术大学数据信息与人工智能法律研究中心、重庆邮电大学数据信息与人工智能法律研究中心、东南大学法律大数据与人工智能实验室、中国人工智能产业发展联盟(简称"AIIA")政策法规工作组、中国人民大学智慧检务创新研究院、四川大学法学院法律大数据实验室、东吴大学人工智能法

---

① 上海政法学院人工智能学院官网,www. shupl. edu. cn/rgznfxy/xyjj/list. htm。

② 《大数据 – 人工智能与司法管理研究中心》,载湖南大学法学院官网 2019 年 7 月 18 日,http://law. hnu. edu. cn/info/1237/8592. htm。

制研究中心、北京科技大学科技法研究中心等。

上述人工智能法学研究机构具有以下特点：法律研究与技术研究相结合；理论与实践相结合；政产学研分工协作共同推进。①

（二）人工智能法学研究会

1. 国际人工智能与法协会

国际人工智能与法协会（the International Association for Artificial Intelligence and Law，IAAIL）是人工智能与法研究者们发起的一个非营利组织，是为了支持、发展和推动国际层面的人工智能与法领域研究而建立的，其成员遍布世界各地。它始于 1987 年在美国波士顿的东北大学举办的首届国际人工智能与法律会议（ICAIL），在 1991 年成立，旨在推动人工智能与法律这一跨学科领域的研究和应用。国际人工智能与法协会主要关注以下九大议题：①法律推理形式化模型；②论证与决策计算模型；③证据推理的计算模型；④多智能体系统中的法律推理；⑤可执行立法模型；⑥自动法律文本分类与总结；⑦从法律数据库和文本中自动提取信息；⑧电子发现及其他法律应用的机器学习与数据挖掘；⑨基于概念模型或模型的法律信息检索。② 为了支持、发展和推动国际层面的人工智能与法领域研究，该协会每两年组织召开一届国际人工智能与法律会议并承办由美国匹兹堡大学法学院资助、斯普林格出版社出版的《人工智能与法杂志》（季刊）。

2. 陕西省法学会人工智能与大数据法学研究会

2018 年 12 月 8 日，陕西省法学会人工智能与大数据法学研究会成立。③ 西北工业大学人文与经法学院法学系主任张敏教授当选为陕西省法学会人工智能与大数据法学研究会会长，王延川任常务副会长，王思峰、

---

① 徐学敏：《99% 的人都不知道的法律与人工智能研究机构》，载微信公众号"法宝智能"。
② 国际人工智能与法协会官网，http：//www.iaail.org/？q = page/about。
③ 《陕西省法学会人工智能与大数据法学研究会成立大会在我校召开》，载西北工业大学官网 2018 年 12 月 10 日，https：//news.nwpu.edu.cn/info/1002/60197.htm。

杜豫苏、丁道勤、周方、倪楠、李娜、李伟民任副会长，韩文蕾任秘书长，朱喆琳、杜坤、栗鹏飞为副秘书长，聘请中国科学院黄维院士为战略指导专家。该研究会将充分依靠西北工业大学的科技优势与学科特色，以法律与科技交叉融合的研究前沿作为研究特色。

3. 上海市法学会人工智能法治研究会

2019 年 8 月 19 日，上海市法学会牵头，组织上海市法院等公检法系统、政府、相关高校科研机构，在上海市第二中级人民法院成立了上海市法学会人工智能法治研究会，随后举办了主题为"法律人工智能与社会治理"的学术研讨会。① 根据中国法学会章程，成立大会经过组织推荐，个人申请，筹备组和法学会认可，选举出研究会组成机构。上海市法学会人工智能法治研究会第一届理事会通过选举产生了会长、副会长、秘书长、副秘书长，上海市第二中级人民法院院长郭伟清当选会长，杨华、曹红星、刘江、张新、高奇琦当选副会长，黄芹华当选秘书长，陈树森、蔡一博当选副秘书长。

（三）《人工智能法治研究联盟协定》

为了响应国家人工智能发展战略，促进我国人工智能研究的发展，打造一个"合作、研究、创新、共享"的学术交流平台，2019 年 8 月 30 日，上海市法学会、上海政法学院、中国政法大学、西南政法大学、华东政法大学、中南财经政法大学、西北政法大学、甘肃政法大学、山东政法学院、北京大学法学院、清华大学法学院、中国人民大学法学院、复旦大学法学院、上海交通大学法学院、武汉大学法学院、吉林大学法学院、华东师范大学法学院、上海大学法学院、安徽大学法学院、河北经贸大学法学院、上海市法学会人工智能法治研究会、清华长三角研究院法治与社会治

---

① 《人工智能法治研究会成立大会暨"法律人工智能与社会治理"研讨会会议简报》：载上海政法学院人工智能法学院官网 2019 年 9 月 22 日，http：//www. shupl. edu. cn/rgznfxy/2019/0922/c1695a55483/page. htm。

理研究中心等高校和研究机构，在上海共同签署了《人工智能法治研究联盟协定》。① 协定的主要内容如下：

第一，联盟的名称及其性质。联盟全称为"人工智能法治研究联盟"，英文名称为 Research Alliance of Artificial Intelligence and Law，简称 RAAIL。由参加此次大会的高等院校、研究机构及相关企业在平等、自愿基础上，结成的非营利、开放性学术团体，签署本协定单位均为联盟创始成员。

第二，联盟的宗旨。联盟旨在秉承"包容互鉴、合作共享"的理念，联络各相关机构和团体，打造人工智能法治研究的智库平台和协作平台，推动相关领域的科研、教学、智库建设和学术交流，助力国家人工智能发展战略。

第三，联盟的机构。联盟设立理事会，成员由创始成员选举产生，实施轮值理事长制度。理事会是联盟的决策机构，每年召开一次理事会会议。理事会下设秘书处，负责日常服务工作，秘书处设在上海政法学院人工智能法学院。

第四，联盟的日常工作。为了推动人工智能法治研究工作，联盟的常规工作如下：①每年召开一次成员单位例会，对共同关心的议题进行研讨和决策；②推动联盟单位在校际交流、人员互访、人才培养、科研合作、信息共享、社会服务等领域开展合作；③开展成员单位在人工智能法治人才培养课程体系制定、教材编写、网络平台开发、互派学者访问等领域的交流；④开展跨学科、跨地域的人工智能法治领域高端智库建设，在访问交流、联合人才培养、培训、合作办学、联合科研、共建智库、实验室、研究中心等方面展开深度合作；⑤提供政策决策理论基础，树立法律相关行业标准，加强"产研合作"，打通研究－应用的链条，为孵化 AI 企业提供理论体系支持。

---

① 《人工智能法治研究联盟协定》：载上海政法学院人工智能法学院官网 2019 年 9 月 22 日，http：//www.shupl.edu.cn/rgznfxy/2019/0922/c1695a55479/page.htm。

二、人工智能法学学科建设与人才培养

（一）人工智能法学学科建设与人才培养发展规划

2017 年 7 月 8 日发布的《国务院关于印发新一代人工智能发展规划的通知》（国发〔2017〕35 号），从战略态势、总体要求、重点任务、资源配置、保障措施、组织实施等六个方面对我国新一代人工智能发展进行了规划。其中有关人工智能法学学科建设与人才培养的内容主要如下：

第一，重视复合型人才培养，重点培养贯通人工智能理论、方法、技术、产品与应用等的纵向复合型人才，以及掌握"人工智能＋"经济、社会、管理、标准、法律等的横向复合型人才。

第二，建设人工智能学科。完善人工智能领域学科布局，设立人工智能专业，推动人工智能领域一级学科建设，尽快在试点院校建立人工智能学院，增加人工智能相关学科方向的博士、硕士招生名额。鼓励高校在原有基础上拓宽人工智能专业教育内容，形成"人工智能＋X"复合专业培养新模式，重视人工智能与数学、计算机科学、物理学、生物学、心理学、社会学、法学等学科专业教育的交叉融合。加强产学研合作，鼓励高校、科研院所与企业等机构合作开展人工智能学科建设。

（二）首个人工智能法学二级学科建立：西南政法大学人工智能法学

西南政法大学人工智能法学院致力于为法治中国培养"通识和专才皆备、知识和技能并举"的卓越法治人才，在全国率先实现"人工智能＋法律"复合型人才的"本、硕、博"贯通式培养。2018 年，西南政法大学人工智能法学院率先建立"人工智能法学"二级学科，拥有重庆市"人工智能＋"学科群立项建设学科"智能司法"、"重庆市 2011 智能司法协同创新中心"等省部级教学科研平台。该院着力培养人工智能治理法律人才

和法律人工智能产品研发技术人才，于2018年面向全国招收研究生；创新本、硕人才培养模式，开设了人工智能法学实验班。此外，西南政法大学人工智能法学院还推出了人工智能法学文库、人工智能法学系列教材，并创办了《人工智能法学研究》。

2019年7月，根据国务院学位委员会办公室下发的《关于做好授予博士、硕士学位和培养研究生的二级学科自主设置工作的通知》（学位办〔2011〕12号），西南政法大学人工智能法学院拟向教育部申请设立目录外二级学科"人工智能法学"。其公示的论证方案如下：①

一、人工智能法学学科基本概况

（一）学科内涵

人工智能是研究、开发用于模拟、延伸和扩展人类智能的理论、方法、技术及其应用系统的一门新的技术学科，其与法律的结合始于20世纪50年代，由此形成一门新兴综合交叉学科——"人工智能法学"（AI and Law）。人工智能法学以人工智能的法律规制及其法律应用为主要研究对象，其研究内容不是人工智能与法律两个领域知识的简单物理堆砌和叠加，而是广泛涉及法学、计算机科学、伦理学、教义学、行为学、哲学等多学科知识的新兴综合学科。

从词意角度看，来自于英语世界的"AI and Law"所欲描述的对象，并非关乎人工智能的全部法律规则的简单堆砌，而是将人工智能介入人际社会而形成的全新社会关系进行调整后所形成逻辑自洽、体系严密的理论整体，是传统法律概念与推理模式无法有效应对因人工智能的介入而形成的全新社会关系的必然产物。因此，对于作为一门新兴交叉学科的"AI and Law"，不应生硬理解成人工智能和法律两个学科的简单组合，而是应结合学科属性、研究对象、研究方法等将其理解为一门有机的、系统的，有独立规范领域的人工智能法学学科。

人工智能法学的学科内涵，依其研究内容侧重点的不同而有"规则论"和"工具论"之别，并因此分别归属于法学的研究分支或人工智能的

---

① 《西南政法大学拟增设"人工智能法学"博士授权点》，载搜狐网2019年8月8日，https://www.sohu.com/a/332335698_683950。

研究分支。"规则论"认为，人工智能法学研究的侧重点在于人工智能的法律规制，属于法学的研究分支。

换句话说，这种意义上的人工智能法学是用法律共同体所认可和熟知的理论、概念、原则及方法来阐释和处理关乎人工智能的社会问题。

比如，作为人工智能基础的大数据的法律属性及其法律规制，人工智能法律地位的确立及其法律规制，人工智能典型应用场景的法律规制以及人工智能法律责任的承担等诸如此类的内容，都属于这种意义上的人工智能法学的研究范围。

"工具论"则认为，人工智能法学重在研究人工智能技术在各法律职业领域的具体应用，属于人工智能的研究分支。也就是说，这种意义上的人工智能法学是用人工智能学术共同体所认可和熟知的理论、概念、原则及方法来阐释和处理原本属于法律领域的问题。

诸如法律推理的形式模型、论证与决策的计算模型、多智能系统中的法律推理、自动化法律文本的分类与摘录、法律数据库与法律文本中的信息自动化提取、针对电子取证及其他法律应用的机器学习与数据挖掘、基于概念或模型的法律信息检索、自动执行少量可重复性法律事务的法律机器人等内容，皆属于此种意义上的人工智能法学。

无论是"规则论"意义上的人工智能法学，还是"工具论"意义上的人工智能法学，皆因不恰当地人为割裂"规则"与"工具"之间的内在关联而有失偏颇。

在人工智能法学中，"规则"要素和"工具"要素构成了一个有机互动的整体，二者相互依存、共同作用，才构成完整意义上的人工智能法学。

换句话说，欲全面理解人工智能与法学的交互作用，必须同时了解"规则"要素和"工具"要素，二者缺一不可，因此，人工智能法学单纯归属于法学学科或人工智能学科均有失偏颇，而应成为跨越单一学科界限的新兴交叉学科。

打破"规则论"与"工具论"的界限，实现人工智能法学学科在性质上的融合是正确认识其学科内涵的必然要求。尽管交叉学科尚无统一的定义，但对"集成"的强调几乎是所有交叉学科定义的共性。所谓"集成"，即综合两个或两个以上的学科或专业知识领域的信息、数据、技术、工具、视角、概念或理论以解决一个共同问题并达至共享成果。对"规则"与"技术"两个要素的有机融合，解决了单纯的法学或单纯的人工智能科学所无法解决的问题，并由此形成新的概念范畴、理论体系和研究方法，符合人工智能法学作为新兴交叉学科的学科定位。

从人才培养目标看，根据《新一代人工智能发展规划》，"人工智能＋法律人才"大体包括两类：一是服务于"建成更加完善的人工智能法律法规、伦理规范和政策体系"目标的人工智能法律人才；二是服务于"智慧法庭"建设目标的技术人才。

无论是"规则论"意义上的人工智能法学，还是"技术论"意义上的人工智能法学，均无法同时保障上述两类人才培养目标的实现。唯有集成规则要素和技术要素的融合论意义上的人工智能法学，才能确保上述两类人才培养目标的实现。

从域外研究历程看，早期的"AI and Law"为了适应工程应用的需要而侧重于技术层面，将研究的重点放在人工智能与法律推理、专家系统、司法裁量建模、量刑辅助系统等领域，发表的论文多属于计算机或工程类论文。

近年来，"AI and Law"的研究范围有所拓展，开始研究人工智能的法律地位、人工智能的法律责任、人工智能典型应用场景的法律规制等规则层面的问题。技术和规则均成为其研究内容，充分说明人工智能法学是以人工智能的法律规制及其在各法律职业的应用为研究对象，以"规则"和"技术"的取得为其研究目的的新兴交叉学科。

（二）国内外设置该学科的状况和发展情况

1. 国外情况（略）

2. 国内情况（略）

（三）该学科的主要研究方向和研究内容

人工智能技术和产业的兴起一方面为社会生产生活包括法律领域带来新的机遇，另一方面也触发了对其产生的新的社会关系进行调整规制的必要。人工智能法学学科正是顺应这一现实需要，以人工智能的法律规制及其法律应用为主要研究方向和研究内容。

1. 人工智能法律规制

第一，在理论层面上揭示人工智能法学历史演进的基本规律、发展现状，研究人工智能法学的基本概念、主要范畴、学科体系、学科定位以及人工智能法学所蕴含的基本法律关系等人工智能法学的重大问题，确立人工智能法的立法宗旨、价值取向、基本原则、性质特征，并以此科学指导和统领人工智能法学各个具体领域的研究。

第二，从哲学、伦理学等学科视角，研究人工智能技术应用产生的伦理问题。每一次技术革命在解放人类生产力，为人类带来福祉的同时，也会引发对技术正当性以及对不当利用技术，甚至滥用技术带来的负面效应的拷问。人工智能技术同样也引发了关于主体地位、责任承担、隐私保护、失业忧患等诸多伦理问题，并给技术的发展前景带来了困扰。在技术中立的基本前提下解决技术向善的问题是人工智能时代人类伦理、道德、法律规范面临的新课题。虽然社会价值体系日益多元化，但并不能因此改变人类社会基本的价值诉求和伦理观念。恪守基本的伦理立场，用普适性的价值观去认识、分析人工智能所引发的伦理问题，并进一步思考解决方案和规制路径，是本方向需要着力研究的问题。

第三，从部门法角度研究人工智能引发的新的社会关系的规制。运用传统部门法学理念、原则、制度体系和研究方法对人工智能所触及和引发的新的社会关系进行规制是人工智能法学学科的比较优势所在。人工智能技术造就了一系列新产品，因其产生的前所未有的新的社会关系也亟待各部门法予以规制和调整。在民法领域，主要研究包括自动驾驶在内的人工智能产品的侵权责任、数据信息权利界定以及涉及的隐私权保护等；在商法领域，主要研究人工智能产品责任保险的理论与制度构建等；在知识产权法领域，主要研究人工智能技术产生的新的作品、发明等创造、传播和使用方式的变化给既有的利益格局带来的冲击及制度应对；在经济法领域，主要研究智慧金融、智慧医疗、人工智能技术所引发的垄断和不正当竞争等相关法律问题；在刑法领域，主要研究人工智能的刑事责任；在行政法领域，主要研究人工智能的行政法规制与全球治理问题；信息与网络安全法方向的研究，主要从维护网络空间主权和国家安全、社会公共利益出发，依据现有法律体系为实践活动中的信息与网络安全问题提供理论和法律支持。

2. 人工智能在司法中的应用

（1）计算法学。主要是司法大数据的挖掘与分析。它是计算社会科学与法学的交叉学科，主要通过搜集大样本数据，对海量数据进行收集和分析处理，对具有数量变化关系的法律现象进行计量研究，并以数据为中心来思考、设计和实施科学研究。大数据时代必然驱使人们充分利用智能化技术来研究法律数据，分析法律问题，这一趋势将使法学研究的重心逐渐走向"计算法学"。国外针对司法大数据的挖掘与分析的计算法学的研究十分发达，源于司法小数据下运用定量分析方法积累而成的计量法学的发展。计量法学的研究主题主要有三个方面：一是以法律文本和裁判文书为基础，运用符号逻辑分析法律文本和法院判决；二是以法律数据库（主要是法律文本和法律案件）为基础，运用计算机技术对数据进行提取和分析；三是以法官的信息为基础，运用统计学的方法分析法官的行为以及预测法院判决结果。在我国，随着全国法院裁判文书网和全国法院司法信息大数据中心的开放，传统计量法学摆脱了小数据的限制，进入以大数据为研究对象的计算法学时代，上述三个方面的研究因为有了大数据作为基础，研究的质量和水平已有整体性的上升。

（2）法律信息检索。法条、司法解释、指导性案例、公报案例、典型案例及普通的司法裁判文书，均属于司法审判领域所使用的大数据。这些数据以标准的格式存储在数据库中，供法官在审判案件时检索并调取使用。简便、快捷、精准的检索方法是学者长期研究的对象。迄今为止，主要有两种信息检索方法。一是基于文本的信息检索，采取三种基本的数学模型：集合论模型、代数模型和概率模型。在集合理论模型中，文档以单词或短语的集合来表示，通过布尔逻辑进行检索。在代数模型中，文档以向量、矩阵或元组的形式表示，通过数据统计反映单词在文档集合中的重要性，作为信息检索的向量。在概率模型中，文档以用户输入的查询关键词的概率相关性来表示。二是基于语义的信息检索。有学者提出将法律文本或裁判文书视为主题或部分主题的集合，并将多个文档中的类似段落连接起来，通过自然语言处理技术，根据段落来提取相关概念，有效提高了搜索性能。这一方法也为法律文本和裁判文书的数据化提供了思路。

（3）大数据促进审判管理的科学化。大数据将重构审判管理方式，重塑案件审理、执行流程和重建法院扁平化管理机制，促使审判权运行可视化、群众评价可视化、审判监控可视化。司法大数据是法院极为宝贵的信息资产，加强和深化对司法大数据的归纳、整理、加工、建模、解析与开发运用，不仅是人民法院适应信息化时代新趋势的必然要求，更是推动人民法院审判管理能力提升、促进审判管理科学化的现实需要。

（4）用逻辑认知技术实现法律论证与证据推理的自动化。在司法审判中，该技术主要用来表达法律论证和证据推理的论证结构。主要有两个阵营：一是以多层知识为驱动的法律本体研究，如法律知识工程、法律知识图谱；二是以逻辑（主要是非形式逻辑）为驱动的法律论证与证据推理模型的研究。近年来，随着自然语言处理、深度学习、大数据的挖掘与分析等人工智能技术的快速发展，两个阵营呈现融合的趋势。

（5）用自然语言处理技术和深度学习技术实现法律文本和案例文本的语义识别与信息提取。这一类的应用主要有两个方面：一是用于法律知识图谱构建，二是类案识别技术。

（四）该学科的理论基础

人工智能技术对当下的法律规则和法律秩序带来一场前所未有的挑战，现有法律体系已经难以应对人工智能引起的和可能引起的新的法律关系，或者调控由人工智能引发的法律后果。目前人工智能法学理论体系尚未完全形成，但人工智能某些方面或某种形式的法律已经陆续出现。比如，有关网络平台管理、机器人以及网上交易等方面的法律，诸如欧洲议会"关于制定机器人民事法律规则的决议"、韩国的"智能机器人法"、美国众参两院的"自动驾驶法案"等。陆续出现的人工智能法学科理论基础端倪初见。

第一，风险社会理论。德国学者贝克认为，人类面临着威胁其生存的由社会所制造的风险。现代化正在成为它自身的主题和问题，因此变得具有反思性。风险概念表明人们创造了一种文明，以便使自己的决定将会造成的不可预见的后果具备可预见性，从而控制不可控制的事情。在风险理论中，人工智能存在着现代性的负面影响，因此有必要采取风险措施，即预防性行为和因应性的制度。对风险社会问题的法学研究，其重点是法律制度与法律秩序。"法律制度的价值和意义就在于规范和追寻技术上的可以管理的哪怕是可能性很小或影响范围很小的风险和灾难的每一个细节。"而法律秩序是法律制度实行和实现的效果，即社会生活基本方面的法律和制度化。现代社会是法治社会，制度风险及风险法律控制是风险社会法学研究理论的基本内涵。人工智能既是人类文明，也有社会风险。它或是"技术—经济"决策导致的风险，也可能是法律所保护的科技文明本身所带来的风险。换言之，知识问题是现代性风险的根本成因，制度以至法律选择的实质应是基于风险的决策。

第二，规制理论。规制作为一种体系，或者是一种系统，主要是从控制论的角度去分析。控制论本身属于生物学一个概念，后来引入规制研究中。这种观点认为，规制体系可被视为一种控制体系，一个有效的规制体系至少包含三个基本要素：标准制定、合规监督和行为纠正。人工智能技术革命带来的社会风险陡然增强，也是法律规制的前提。人工智能法学体系可以强化规制为出发点，形成逻辑周延的法律基础理论体系，并以人工智能及其相关技术的发展与应用为研究对象，形成多层次的规制方案，涉及的相关部门法理论覆盖民事主体法、行政法、商法、著作权法、侵权责任法、人格权法、行政法等诸多领域。

第三，科技与法律交叉前沿理论。该交叉理论致力于国家开拓先进生产力的法律工具，一方面研究法律与人工智能技术深度融入的方法与路径，另一方面通过协调与规范科技研究开发及其成果产业化实施与应用中的社会关系和规定法律技术规范，以推动科技进步，发展生产力，预防科技发展中可能产生的消极后果；并且探讨国家和政府在组织、推动科技研究开发（即开拓潜在的先进生产力）及科技成果产业化实施与应用（即科技成果转化为现实生产力）方面的职责，规定国家的科技发展计划制度，直接作用于生产力的发展。其中，既有大量的公法规范，也有大量的私法规范，这在我国的《科学技术进步法》和《促进科技成果转化法》等科技法律中表现尤为明显。我校与相关企业合作成立的人工智能实验室和法律人工智能研究中心致力于为法律与人工智能领域提供智力支持，服务社会，积极助力全面依法治国背景下法律与人工智能交叉领域的良性结合与长远发展，为国家法治进步与技术创新贡献新的力量。

第四，人工智能的理论。主要是大数据的挖掘与分析理论、自然语言处理理论（含语义识别、语义分析等）、深度学习理论。

第五，法律逻辑的理论。主要是法律论证与证据推理的逻辑结构理论等。

（五） 该学科与其相近二级学科的关系

1. 与其他二级法学学科的关系

人工智能法学作为法学二级学科，与其他法学二级学科具有千丝万缕的联系，是其他各法学二级学科在人工智能领域的延伸和拓展，但又不是各传统法学二级学科的简单翻版。一方面，人工智能法学的核心范畴、基本概念、思维模式等均脱胎于各法学二级学科。没有法理学、民法学、行政法学、刑法学等各相近二级学科提供的支撑，人工智能法学就无法有效回应社会现实，也就无法健康发展。另一方面，人工智能法学调整对象的特殊性又决定了人工智能法学与各传统法学二级学科存在一定的差别，具有其独立性。在调整对象上，人工智能法学围绕人工智能赖以发展的算法和大数据以及以其为纽带形成的社会关系为调整对象，以此应对人工智能所引起的风险挑战，这是传统法学二级学科均无法系统涉及的领域；在调整手段上，人工智能法学综合运用公、私两种调整手段，克服了基于行为因果关系之上的传统治理逻辑应对人工智能新主体的不适应性，从根本上解决了传统部门法单一手段无法应对人工智能风险挑战的问题。例如，以人工智能法学下的网络与信息法学方向为例，它以网络信息法律现象及其规律为研究对象，随着互联网信息与技术、产业、社群的进一步发展，以及人类交往与行为在这种情况下所发生的变化而形成的新兴领域，其以信息法为核心，主要从信息传输的角度研究网络的监管和市场竞争的维护。在网络安全问题日益严峻的当下，网络与信息法学研究涉及基于网络空间主权的网络信息安全问题，这与人工智能有一定交叉。人工智能、大数据、互联网是紧密结合、相互依存的技术形态，研究人工智能不能不涉及网络安全问题。

2. 与计算机科学的关系

人工智能与大数据应用于法学领域，借助模拟和建模的方式分析法律关系，是人工智能在司法中的应用之——计算法学的主要研究任务。计算法学并非是人工智能的技术直接嫁接到法学领域，而是法学与计算机科学理论的深度融合，即研究发展出适用法学的智能算法和模型，制定的法律规则更适宜技术的发展，让立法与司法互动更密切，进而促进立法系统运行更顺畅。

3. 与哲学下的认知逻辑学的关系

法律推理引擎研发是法律人工智能的核心技术。法律人工智能学界关注的议题无非两类：一是理论研究，即法律推理建模；二是应用研究，即法律应用软件开发。前一类为后一类搭建理论框架。法律推理建模就是要建构法律推理计算模型。这种建模有三种路径：一是规则推理路径，即基于现有法律法规来建构法律推理引擎。对成文法系，这一路径是最根本的。二是案例推理路径，即基于过去判例来建模法律推理引擎。三是大数据推理路径，即充分利用当代互联网与大数据技术来建模法律推理引擎。法律推理建模的基础是认知逻辑学，认知逻辑学也是将法律推理建模从法律专家的认知层面转化为计算机程序的关键桥梁。

二、 在法学一级学科下设置人工智能法学二级学科博士授权点的必要性和可行性

（一） 必要性

1. 设置人工智能法学二级学科博士授权点，是响应国家人工智能发展战略的必然要求

党的十九大报告指出，要大力推动互联网、大数据、人工智能和实体经济的深度融合，以促进实体经济的发展，构建现代化的经济体系。2019年政府工作报告中重点提及人工智能产业发展。与此同时，全国人大常委会也已将一些与人工智能相关的立法项目（如数字安全法、个人信息保护法等）列入本届的五年立法规划。《国务院关于印发新一代人工智能发展规划的通知》（国发〔2017〕35号）也明确提出，要在人工智能领域大力开展跨学科探索性研究，要大力培养掌握"人工智能＋经济、社会、管理、法律等"的横向复合型人才。同时，鼓励高校在原有基础上拓宽人工

智能专业教育内容，形成"人工智能＋X"复合专业培养新模式，重视人工智能与数学、计算机科学、物理学、生物学、心理学、社会学、法学等学科专业教育的交叉融合，重视人工智能法律伦理的基础理论问题研究。

2. 设置人工智能法学二级学科博士授权点，是落实教育部《高等学校人工智能创新行动计划》的实质性举措

2018 年 4 月，为落实《国务院关于印发新一代人工智能发展规划的通知》，引导高等学校瞄准世界科技前沿，不断提高人工智能领域科技创新、人才培养和国际合作交流等能力，为我国新一代人工智能发展提供战略支撑，教育部印发了《高等学校人工智能创新行动计划》。该计划再次重申了高校要完善人工智能领域人才培养体系，加强专业建设。并提出要根据人工智能理论和技术具有普适性、迁移性和渗透性的特点，主动结合学生的学习兴趣和社会需求，积极开展"新工科"研究与实践，重视人工智能与计算机、控制、数学、统计学、物理学、生物学、心理学、社会学、法学等学科专业教育的交叉融合，探索"人工智能＋X"的人才培养模式。

3. 设置人工智能法学二级学科博士授权点，是创新法学高端人才培养机制的切实需要

当前，全球范围内正在掀起人工智能技术革命的热潮，无论是基础研究、技术研发还是社会治理等方面，都需要大量人工智能的人才。一方面，设置人工智能法学二级学科博士授权点，培养人工智能法学方向高端人才，主要是应对国家在人工智能人才方面的巨大缺口，满足创新型国家建设和全国智能产业发展对人工智能人才的迫切需求。另一方面，对法律人才的需求正在悄然发生革命性的变化。随着社会快速发展进步，法律体系日趋复杂，人工智能等技术在司法中的需求日益强烈，其应用也越来越普遍。法官或检察官等司法工作人员的工作越来越依赖于技术辅助，律师行业受此影响也借助技术辅助手段进行司法预测。但是，传统法学教育依然坚持传统教学方法，不能满足当前智能司法工作对于人才培养的需要。设置人工智能法学二级学科博士授权点，培育一批人工智能法学高端人才，不仅是人工智能时代下对法学教育理念、方法改革探索的大胆尝试，也是培育人工智能法学教学、科研人才的间接有效途径。

综上所述，在当前新一代人工智能相关学科发展、理论建模、技术创

新、软硬件升级等整体推进，正在引发链式突破，推动经济社会各领域从数字化、网络化向智能化加速跃升的形势下，法学作为一门专门研究法律现象的人文社会科学，就人工智能领域产生的新的社会问题，以及对相关问题的解决，应当提出独到的见解。通过设置人工智能法学二级学科博士授权点，是响应国家人工智能发展战略，培养人工智能法学高端人才的重要举措和必然选择。

（二）可行性

从师资队伍、教学科研、人才培养等方面来看，人工智能法学院设置人工智能法学二级学科博士授权点的条件已经成熟。

1. 师资队伍建设方面

学院正在组建人工智能法学研究与教学团队，拟设置人工智能法学基础理论、人工智能伦理与政策、信息与网络安全法、法律大数据及其应用研究、人工智能与法律职业共计五个教研团队，每个团队不少于4人，承担全校人工智能法选修课与必修课的教学工作。

为了提升现有师资教学水平，还将每年选派3名教师赴国外专门从事人工智能法学与相关科技法的研究与交流工作，每年支持20名教师参与国内相关领域的学术交流，并组织若干教师进行有针对性的教学与研究方法培训。

人工智能法学院现有专职教师43人，从年龄结构来看，55岁及以上的教师有1人，45—54岁的教师有18人，35—44岁的教师有19人，35岁以下的教师有5人；从职称结构看，学院现有教授4人，副教授20人，讲师12人；从学历学位结构来看，获得博士学位的专任教师有25人。由此可以看出，人工智能法学院的教师队伍是以中青年教师为主体的。

因此，面对人工智能法学这一新兴交叉学科，人工智能法学院的教师更易发挥其学术创造力。以应用法学学科带头人陈亮教授、人工智能法学方向的带头人冯子轩副教授为代表的一批年轻副教授及博士，近一年来潜心于人工智能法学的研究，已经取得了一批具有显示度的科研成果。

除此之外，学院还将通过内培外引，引进（柔性引进）与人工智能法学相关学科国外知名专家1—2名，国内知名专家2—3人，将人工智能法学专职教师队伍扩大，由此形成由知名专家、学科带头人、方向带头人、学科骨干组成的结构合理的人才梯队。

2. 教学科研方法方面

由于人工智能法学是一门新兴的综合性交叉学科，国内对此研究尚处于起步阶段。学院将以促进人工智能产业的健康发展和防范人工智能给社会公众带来的潜在风险为目标，围绕人工智能的法律规制和人工智能的司法应用，凝练出人工智能法学基础理论、人工智能伦理与政策、信息与网络安全法、法律大数据及其应用研究、人工智能与法律职业等五个方向。

以科研平台和基地建设为重点，瞄准国内外人工智能法律的理论与实务前沿，利用二级学科建设契机吸纳校内外有志于人工智能法学研究领域的人才，尤其是研究人工智能法学的专门人才，通过跨学科的研究方法，产出一批高质量、高显示度的学术成果。

具体而言，其一，将凝练特色鲜明的研究方向，形成逻辑自洽的学科体系。按照《新一代人工智能发展规划》的要求，以满足人工智能时代国家治理的社会公共需要为中心，探求人工智能法学各范畴和概念之间的逻辑关联，最终形成定位明确、理论自足、逻辑自洽的人工智能法学学科体系。

其二，将加强人工智能交叉学科研究。学科的融合有利于多角度地诠释问题的本质。总体来说，我国人工智能与法律的交叉研究成果并不丰富，基本还处于研究的起步阶段，理论与实务相结合的相关成果不多。人工智能法学将法学作为支撑学科，在了解人工智能基础理论和应用技术的基础上，意图通过运用法律思维以及法律逻辑去解决人工智能技术领域产生的新的社会问题。但由于人工智能法学也是一门涉及伦理学、教义学、心理学、行为学、哲学等多学科知识的综合性交叉学科，因此，学科建设将努力整合与人工智能法学相关领域的力量，探索不同学科之间的有效合作方式，充分发挥学科间融合发展的优势。

其三，将构筑辐射面广的学科平台，产出显示度高的科研成果。将整合校内外资源，积聚法学、人工智能、哲学、语言学以及人工智能产业的力量，开展系统教学和研究，逐步建设教学、研究一体化的跨学科平台。以科研平台和基地建设为重点，瞄准国内外人工智能法律的理论与实务前沿，通过跨学科的研究方法，产出一批高质量、高显示度的学术成果。例如，人工智能法学院与安徽富驰信息技术有限责任公司联合设立"人工智能法学应用课程研发中心"即将实际发挥效能。

3. 人才培养模式方面

人工智能法学院已经对人才培养模式进行了积极有效的探索。

其一，本方向博士生实行"主导师＋导师组"模式的培养方式。导师组主要由本专业博士生导师及有较高水平的校内外教授组成，并可根据实际情况，适当聘请外校或实践工作部门中有较高理论造诣和丰富实践经验且具有高级技术职称的人员协助指导。

其二，对学生的培养以科研为主。坚持理论联系实际，注重培养学生分析问题、研究问题、解决问题的素质和能力。学生要分别参加由导师主持的科研课题。同时，还要求学生自选课题，结合立法、执法、理论研究中的问题，撰写学术论文。

其三，专业课学习以专题研究为主，区分为导师集体指导课与导师指导课两种。课程教学在内容上应具有广度和深度，导师讲授本专业国内外最新学术动态、成果和前沿问题，引导学生准确地领会和把握，拓宽和加强研究生理论基础、综合能力和全面素质。导师集体指导课由本方向全体导师负责，导师指导课由导师本人独立开设，以问题引导、专题讨论或者课题带动等形式进行面授。

其四，搭建学术交流平台，定期主办"人工智能法学高端论坛"，邀请国内外知名专家莅临指导。此外，学院拟每年暑假举办一期面向全国知名高校博士生的"人工智能法学前沿研习营"。

其五，拓宽学术交流渠道，尽可能提供并创造机会和条件，让博士生到国内外进修、考察、搜集资料，参加国家相关立法和外事、司法活动，提高博士生的科研能力，同时为撰写博士论文做好准备。总之，学院一直在探索"教学与科研相结合、理论与实践相结合、校内与校外相结合"的多元化人才培养模式，健全人才培养管理规范，保障人才培养质量。

4. 学科发展前景方面

人工智能具有技术属性和社会属性高度融合的特点，是经济发展新引擎、社会发展加速器。大数据驱动的视觉分析、自然语言理解和语音识别等人工智能能力迅速提高，商业智能对话和推荐、自动驾驶、智能穿戴设备、语言翻译、自动导航、新经济预测等正快速进入实用阶段，人工智能技术正在渗透并重构生产、分配、交换、消费等经济活动环节，形成从宏观到微观各领域的智能化新需求、新产品、新技术、新业态，改变人类生活方式甚至社会结构，实现社会生产力的整体跃升。因此，人工智能法学二级学科在了解人工智能基础理论和应用技术的基础上，通过运用法律思维以及法律逻辑去解决人工智能技术领域产生的新的社会问题，具有显著的时代意义和发展前景。

除此之外，论证方案还附了人工智能法学博士研究生培养方案，拟设置三个主要研究方向：①人工智能法学基础理论，主要研究人工智能法学基本概念、主要范畴、学科体系、学科定位等问题；②人工智能的法律规制，主要研究现行法律理论与规则面对人工智能风险所存在的缺陷与不足，以及应对的基本原理和制度设计；③人工智能的司法运用，主要研究人工智能在司法中的应用。

（三）上海政法学院人工智能法学学科建立

上海政法学院法学（人工智能法学方向）本科专业简介：①

1. 专业培养目标

本专业培养适应我国社会主义法治和国家人工智能发展战略需要的，基本掌握人工智能和法学基本理论和基础知识，具有法治精神、创新思维、全球视野和实践能力的，能在国家司法机关、行政部门、企事业单位、科研机构等部门从事与人工智能相关的法律应用、法律法规、伦理规范和政策体系研究与实践的高素质复合型、应用型法律人才。为做大做强人工智能法学专业，上海政法学院专门成立了人工智能法学院，是全国第一所正式招收人工智能法学专业本科生的人工智能法学院。人工智能法学院以服务国家人工智能发展战略为目标，以错位竞争、特色发展为理念，

---

① 《上海政法学院2019年新专业介绍之"法学（AI法学方向）"：人工智能时代的法治保障》，载千栀网2019年5月29日，https://www.zjut.cc/article-177806-1.html。

以人工智能与法学双向深度融合为手段，力争将人工智能法学院建成为全国一流的"文理兼备、一专多能"应用型、复合型法律人才培养基地。

2. 专业特色

本专业注重理论联系实际、强调"人工智能＋法学"的有机融合、着重学生实践能力的培养。上海市教委、上海市法学会等政府部门、法学团体大力支持学校建设与发展，科大讯飞、中信信息等知名企业与学校实施校企联合办学，学院依托并发挥实务部门、企业的政策、产业和技术优势，加强与法律实践部门的紧密合作，积极探索建立校企联合、产教融合、学研结合、人工智能与法律交叉融合的产学研一体化办学模式。本专业师生将在"科大讯飞智慧司法研究基地""上海中信信息智慧监狱研究基地"和"人工智能大数据综合实验室"享有一流水平的实践教学与科研平台。

本专业的课程设计也体现了人工智能法学专业知识的交叉融合性和实践应用性。除了法理学、宪法学、民法学、刑法学、行政法与行政诉讼法学、经济法学、商法学、知识产权法、民事诉讼法学、刑事诉讼法学、国际法学等法学核心课程之外，还有一些诸如人工智能原理、Python 语言程序设计、数据统计与分析、知识发现与数据挖掘等涵盖人工智能科技发展前沿的课程，更有一些诸如法律信息系统分析与设计、法律大数据管理与应用、智能辅助办案系统（上海 206 系统）、人工智能法律应用、科技与法律、人工智能法学概论、人工智能法律规制总论、人工智能民法规制、人工智能刑法规制等交叉复合型课程。其中，有些课程由外籍教师全英文授课。

3. 专业毕业前景

人工智能的发展进步对人类社会的生活方式、伦理道德、制度构架所产生的深远影响，对现行的法律体系也提出了挑战，包括对传统伦理道德的挑战，对法律原则、主体制度、权利制度、义务制度、法律责任制度、行业监管等全方位的挑战。我们必须早做准备，正视挑战、回应挑战，这正是法学的使命，也是促进法学专业毕业生就业的源动力。

报考本专业的学生，将成为全国第一批人工智能法学专业本科生。俗话说"早起的鸟儿有虫吃"，在该类人才刚刚兴起、亟须的时代，就业前景看好，就业领域也较为广泛，可到政法委、公安、法院、检察院、司法行政机关等政法系统，税务、工商、海关等政府机关，金融、人工智能、大数据等知名企业，律师事务所、仲裁机构、企业法务等法律实务单位及相关事业单位工作。

三、人工智能法学课程和教材建设

（一）国外人工智能法学课程和教材建设①

国外主要知名大学的法学院在人工智能法学领域大多设置了科研机构，如斯坦福大学 CodeX 法律信息学研究中心、麻省理工学院（MIT）计算法学实验室、多伦多大学创新法律与政策研究中心、新加坡国立大学人工智能与法律中心等。其中斯坦福大学、哈佛大学的法学院最早开设人工智能法学课程，其最早是通过研讨课的形式，后来逐渐发展成多元化的课程体系。

有些法学院师资单一，则只开设单一课程。美国法学院中最早开设人工智能法学这一新兴学科的课程可追溯到斯坦福大学 1984 年的人工智能与法律研讨课，主要讨论当时正热门的"法律专家系统"技术。该校目前设有"法律、科学与技术"的 LLM 项目，包含系统而广泛的法律与科技课程。

斯坦福大学法学院开设过的人工智能法学课程主要有"编程＝法律""计算机与法律""法科技术与信息科学""法律信息科学""人工智能的历史与哲学"等。

紧随其后的是：

（1）哈佛大学法学院，1985 年起便开设人工智能与法律研讨课。哈佛大学法学院目前开设的课程主要有"网络法前沿：人工智能、自动化与信

---

① 此部分主要参考西南政法大学《人工智能法学自主设置目录外二级学科论证方案》，载搜狐网 2019 年 8 月 8 日，https://www.sohu.com/a/332335698_683950。

息安全""数据时代的法律咨询与战略""比较数据隐私""合规与运算"等。

（2）乔治城大学法学院设有"科技法律与政策研究所"，开设的课程主要有"机器人法""科技法律与政策研讨""律师业务的计算机编程""电子化法律调查"等。该院还每年组织"钢铁科技律师竞赛项目"，鼓励学生以新技术进行法律服务的创新。

（3）密歇根州立大学开设的课程主要有"人工智能与法律""电子化法律调查""法律信息工程与技术""诉讼：数据、理论、实践与程序""21世纪的法律实务"等。

（4）纽约大学法学院设立了"竞争、发明与信息法"的LLM项目，并专门开设了"知识产权与信息法"课程。

（5）匹兹堡大学法学院在人工智能方面的教学得益于凯文·阿什利教授的耕耘。他开设的"人工智能与法律推理研讨课"将教学重点放在让学生理解人工智能技术的开发和应用，并且培养学生在人工智能挑战下的法律推理能力。

（6）得克萨斯大学奥斯汀分校开设的"人工智能及其他新兴科技：法律与政策"则聚焦于人工智能对法律规范的挑战，如机器人的人格问题、人工智能对刑事和民事责任理论的冲击、全民失业社会的治理等。

除了上述这些学校，美国还有其他法学院，如华盛顿大学法学院、芝加哥肯特法学院和波士顿的萨福克大学法学院等也都有相当出色的人工智能与法律课程与研究项目。并且，在世界范围内，讲授人工智能的法学院也越来越多。例如，丹麦哥本哈根大学开设了"机器人法：人工智能、机器人技术与法律"、新西兰奥克兰大学法学院开设了"人工智能：法律与政策"、爱丁堡大学法学院开设了"机器人法"等。

（二）西南政法大学人工智能法学学科专业课程

西南政法大学人工智能法学院开设有"法律检索技术""法律大数据的挖掘、分析与应用"等研究生课程。拟设置的人工智能法学二级学科博士研究培养方案中的人工智能相关课程有：①专业必修课，如人工智能法专题、比较人工智能法专题、网络与信息法专题、计算法学；②专业选修课，如科技哲学与伦理、网络法原理与案例、人工智能发展史、智慧司法专题、人工智能与全球治理、大数据、区块链的法律应用。①

（三）上海政法学院人工智能法学学科主要专业课程

上海政法学院人工智能法学学科主要专业课程包括：法理学、宪法学、民法学、刑法学、行政法与行政诉讼法学、经济法学、商法学、知识产权法、民事诉讼法学、刑事诉讼法学、国际法学；人工智能原理、Python语言程序设计、数据统计与分析、知识发现与数据挖掘、法律信息系统分析与设计、法律大数据管理与应用、智能辅助办案系统（上海206系统）、法律人工智能应用；人工智能法学概论、科技与法律、人工智能法律规制总论、人工智能民法规制、人工智能刑法规制以及数学、经济学和统计学等课程。②

（四）清华大学计算法学全日制法律硕士专业课程

清华大学2018年设立跨学科领域法学教育项目"计算法学全日制法律硕士"，并开设一系列与网络、大数据与人工智能结合的技术类课程。③结合清华大学法学院法律与大数据研究中心的优势，全面开展大数据、人工智能等新技术在法律行业的应用研究，打造法律大数据与人工智能领域的产学研用一体化体系，更好地服务于国家大数据战略、人工智能战略和相关学科建设。

---

① 《西南政法大学拟增设"人工智能法学"博士授权点》，载搜狐网2019年8月8日，https：//www. sohu. com/a/332335698_683950。

② 《上海政法学院2019年新专业介绍之"法学（AI法学方向）"：人工智能时代的法治保障》，载千栀网2019年5月29日，https：//www. zjut. cc/article‐177806‐1. html。

③ 《首届计算法学论坛暨清华大学智能法治研究院成立仪式举行》，载清华大学官网2018年12月17日，https：//news. tsinghua. edu. cn/info/1013/67938. htm。

（五）中国人民大学法学院在"法律＋科技"教学领域的改革

中国人民大学法学院也在"法律＋科技"教学领域进行改革，开设了一系列跨学科课程。[①] 例如在"互联网金融"课程中邀请新技术领域专家讲授人工智能技术在大数据征信领域的运用、区块链基本原理及其在金融等领域的应用，另外还开设了"大数据分析导论"课程。

尽管已经有部分高校开设了相关的人工智能法学课程，西南政法大学人工智能法学院也正在推出"人工智能法学系列教材"，但截至目前，人工智能法学教材仍然还未正式出版。

[①] 中国人民大学未来法治研究院官网，http：//lti. ruc. edu. cn/sy/yjyjj/jgsz/yjzx/index. htm。

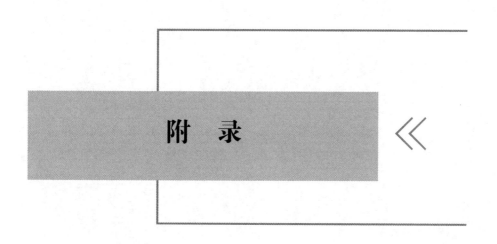

附　录

附录1　人工智能期刊论文一览

序号	文章名称	作者	期刊	期次
1	计算机软件的著作权保护	孙建红	中国出版	1992 年第 11 期
2	数据库产业的有关法律问题	丁　卫	情报科学	1994 年第 2 期
3	自然科学介入法律领域的必然性及途径	翁建平 齐育华 吴丽青	中国科技论坛	1994 年第 2 期
4	软件著作权讲座之三　软件著作权的主体	何红锋 翁瑞琪	软件	1995 年第 8 期
5	人工智能法律系统的法理学思考	张保生	法学评论	2001 年第 5 期
6	法律论证适用的人工智能模型	梁庆寅 魏　斌	中山大学学报（社会科学版）	2013 年第 5 期
7	我国智能制造的法律挑战与基本对策研究	龙卫球 林洹民	法学评论	2016 年第 6 期
8	机器人：法律行业的终结者还是开路者？	张宸宸	读书	2016 年第 10 期
9	由小 i 机器人案再议专利充分公开制度	郭鹏鹏	知识产权	2016 年第 8 期
10	有关"机器人记者"的著作权争议探析	贾媛媛	青年记者	2016 年第 22 期
11	无人驾驶汽车对现行法律的挑战及应对	陈晓林	理论学刊	2016 年第 1 期
12	人工智能创作成果的可版权性问题探讨	孙　那	出版发行研究	2017 年第 12 期
13	人工智能发明成果对专利制度的挑战——以遗传编程为例	季冬梅	知识产权	2017 年第 11 期
14	论人工智能时代的机器人权利及其风险规制	张玉洁	东方法学	2017 年第 6 期
15	拥抱智能语音新科技 打造智慧检务新引擎	张　棉	人民检察	2017 年第 20 期
16	顺应人工智能时代 推进智慧检察	王效彤	人民检察	2017 年第 20 期

序号	文章名称	作者	期刊	期次
17	人工智能与法律的未来	郑 戈	探索与争鸣	2017 年第 10 期
18	刑事司法人工智能的负面清单	黄京平	探索与争鸣	2017 年第 10 期
19	人工智能介入司法领域的价值与定位	潘庸鲁	探索与争鸣	2017 年第 10 期
20	人工智能生成物的著作权法保护初探	刘 影	知识产权	2017 年第 9 期
21	民用无人机的监管与规范探讨	刘 育 孙见忠 李 航	南京航空航天大学学报	2017 年第 1 期
22	论计算机游戏著作权的整体保护	田 辉	法学论坛	2017 年第 5 期
23	论人工智能创造物的法律保护	梁志文	法律科学（西北政法大学学报）	2017 年第 5 期
24	人工智能有限法律人格审视	袁 曾	东方法学	2017 年第 5 期
25	论人工智能的民事责任：以自动驾驶汽车和智能机器人为切入点	司 晓 曹建峰	法律科学（西北政法大学学报）	2017 年第 5 期
26	论人工智能生成的内容在著作权法中的定性	王 迁	法律科学（西北政法大学学报）	2017 年第 5 期
27	人工智能时代的制度安排与法律规制	吴汉东	法律科学（西北政法大学学报）	2017 年第 5 期
28	人工智能创作物是作品吗？	易继明	法律科学（西北政法大学学报）	2017 年第 5 期
29	人工智能创作物著作权问题探析	王小夏 付 强	中国出版	2017 年第 17 期
30	智能投顾的法律风险及监管建议	李文莉 杨玥捷	法学	2017 年第 8 期
31	从老鼠审判到人工智能之法	余成峰	读书	2017 年第 7 期
32	无人驾驶汽车致人损害的对策研究	陈晓林	重庆大学学报（社会科学版）	2017 年第 4 期
33	司法裁判人工智能化的可能性及问题	吴习彧	浙江社会科学	2017 年第 4 期

序号	文章名称	作者	期刊	期次
34	人工智能的法律想象	胡　凌	文化纵横	2017 年第 2 期
35	人工智能生成内容的著作权认定	熊　琦	知识产权	2017 年第 3 期
36	阿西莫夫的教诲：机器人学三法则的贡献与局限——以阿西莫夫短篇小说《汝竟顾念他》为基础	张建文	人工智能法学研究	2018 年第 1 期
37	论人工智能的法律主体地位	赵　磊 赵　宇	人工智能法学研究	2018 年第 1 期
38	智能机器人法律地位的审视	付子堂 赵译超	人工智能法学研究	2018 年第 1 期
39	近代人格理论建构与人工智能民法定位	刘云生	人工智能法学研究	2018 年第 1 期
40	人工智能投资顾问在我国的法律界定——从"智能投顾"到"智能财顾"再到"智能投顾"	邢会强	人工智能法学研究	2018 年第 1 期
41	智能投顾的信义义务	李文莉 杨玥捷	人工智能法学研究	2018 年第 1 期
42	规制人工智能：一个原则性法律框架研究	涂永前	人工智能法学研究	2018 年第 1 期
43	人工智能开发的法律规制对象、目标及措施	岳彩申 耿志强	人工智能法学研究	2018 年第 1 期
44	澳大利亚智能投顾监管及借鉴	李　晴	人工智能法学研究	2018 年第 1 期
45	论智能机器人的民法地位及其致人损害的民事责任	杨立新	人工智能法学研究	2018 年第 2 期
46	阿西莫夫的意图：机器人学三法则的完整教诲——以短篇小说《双百人》为基础的思考	张建文	人工智能法学研究	2018 年第 2 期
47	人工智能时代网络犯罪治理的司法构造研究	王玉薇	人工智能法学研究	2018 年第 2 期
48	区块链视野下网络著作权保护路径——以全国首例区块链存证判决为例	宋伟锋	人工智能法学研究	2018 年第 2 期
49	人工智能与金融深度融合的激励性法律规制——以智能投顾为切入	耿志强	人工智能法学研究	2018 年第 2 期
50	人工智能犯罪的教义学审视	韩　骁	人工智能法学研究	2018 年第 2 期

序号	文章名称	作者	期刊	期次
51	基于大数据的人工智能运用于法学教育研究——以价值证成与模式建构为视角	姚万勤	人工智能法学研究	2018年第2期
52	人工智能对法律监管带来的挑战及制度因应	胡元聪 辛茹茹	人工智能法学研究	2018年第2期
53	基于算法定价的法和经济学——英国《定价算法》报告介评	杨文明	人工智能法学研究	2018年第2期
54	人工智能与法律推理	凯斯·孙斯坦	人工智能法学研究	2018年第2期
55	机器人学与人工智能示范公约——机器人与人工智能创制和使用规则	安德烈·聂兹纳莫夫 维克多·纳乌莫夫	人工智能法学研究	2018年第2期
56	关于人工智能时代新闻伦理与法规的思考	许向东	人民论坛·学术前沿	2018年第24期
57	浅析人工智能技术的专利保护——以医疗领域为例	洪岩	知识产权	2018年第12期
58	论人工智能的法律人格：一种法哲学思考	李俊丰 姚志伟	华侨大学学报（哲学社会科学版）	2018年第6期
59	人工智能体侵权责任承担可行路径研究	卢嘉程	东南大学学报（哲学社会科学版）	2018年第2期
60	人工智能时代刑法的立场和功能	储陈城	中国刑事法杂志	2018年第6期
61	机器人"人格"理论批判与人工智能物的法律规制	张力 陈鹏	学术界	2018年第12期
62	论人工智能行为法律因果关系认定	刘志强 方琨	学术界	2018年第12期
63	人工智能与法律结合的现状及发展趋势	黄俏娟 罗旭东	计算机科学	2018年第12期
64	人工智能出版图书的法律障碍与立法规制	崔汪卫	图书馆	2018年第12期
65	智能媒介环境下个人地理信息的泄露与保护	唐玥蘅	传媒	2018年第23期
66	自动驾驶汽车致损的民事侵权责任	冯珏	中国法学	2018年第6期

序号	文章名称	作者	期刊	期次
67	人工智能对侵犯著作权罪的挑战及刑法因应	陈　萍	中国出版	2018 年第 23 期
68	算法的规训与规训的算法：人工智能时代算法的法律规制	姜　野	河北法学	2018 年第 12 期
69	论人工智能创作物的邻接权保护——理论证成与制度安排	许明月 谭　玲	比较法研究	2018 年第 6 期
70	人工智能法律系统：两个难题和一个悖论	张保生	上海师范大学学报（哲学社会科学版）	2018 年第 6 期
71	人工智能生成内容著作权法保护的困境与出路	孙　山	知识产权	2018 年第 11 期
72	强人工智能时代的刑事责任与刑罚理论	卢勤忠 何　鑫	华南师范大学学报（社会科学版）	2018 年第 6 期
73	人工智能刑事立法图景	李振林	华南师范大学学报（社会科学版）	2018 年第 6 期
74	涉人工智能犯罪刑法规制的正当性与适当性	刘宪权 房慧颖	华南师范大学学报（社会科学版）	2018 年第 6 期
75	劳动法遭遇人工智能：挑战与因应	田　野	苏州大学学报（哲学社会科学版）	2018 年第 6 期
76	纯粹"人工智能创作"的知识产权法定位	宋红松	苏州大学学报（哲学社会科学版）	2018 年第 6 期
77	自动驾驶交通肇事刑事责任的认定与分配	龙　敏	华东政法大学学报	2018 年第 6 期
78	人工智能视阈下我国立法决策模式之转变	钱大军 苏　杭	湖南科技大学学报（社会科学版）	2018 年第 6 期
79	论人工智能的拟制法律人格	杨清望 张　磊	湖南科技大学学报（社会科学版）	2018 年第 6 期
80	无人驾驶时代交通肇事罪的立法完善	方跃平 汪全胜	齐鲁学刊	2018 年第 6 期
81	论人工智能创作物著作权法保护的逻辑与路径	秦　涛 张旭东	华东理工大学学报（社会科学版）	2018 年第 6 期
82	人工智能体可罚性辩疑	张　镭	南京社会科学	2018 年第 11 期
83	人工智能时代应加快智能税收法治系统建设	陈　兵 程　前	兰州学刊	2018 年第 11 期
84	人工智能自主发明物专利保护模式论考	刁　舜	科技进步与对策	2018 年第 21 期

序号	文章名称	作者	期刊	期次
85	人工智能时代网络安全的刑法保护——基于网络犯罪AI化为视角	安柯颖 陆 红	云南民族大学学报（哲学社会科学版）	2018年第6期
86	人工智能民事司法应用的法律知识图谱构建——以要件事实型民事裁判论为基础	高 翔	法制与社会发展	2018年第6期
87	人工智能发展的潜在风险及法律防控监管	马治国 徐济宽	北京工业大学学报（社会科学版）	2018年第6期
88	我国自动驾驶汽车法律规制探析	谢一驰	北京工业大学学报（社会科学版）	2018年第6期
89	风险社会视阈下人工智能犯罪的刑法应对	叶良芳 马路瑶	浙江学刊	2018年第6期
90	人工智能对司法领域的"正负"双重功能	原新利 续圆圆	广西社会科学	2018年第10期
91	论智能投顾运营者的民事责任——以信义义务为中心的展开	郑佳宁	法学杂志	2018年第10期
92	发展人工智能须把好法律关	汪 婧	人民论坛	2018年第29期
93	论人工智能作品的权利主体：兼评人工智能的法律人格	尹卫民	科技与出版	2018年第10期
94	人工智能创作物的著作权定性及制度安排	马治国 刘 桢	科技与出版	2018年第10期
95	人工智能创作物著作权归属问题研究	季连帅 何 颖	学习与探索	2018年第10期
96	人工智慧与未来法治	马长山	河北法学	2018年第10期
97	人工智能司法应用的法理分析：价值、困境及路径	马治国 刘宝林	青海社会科学	2018年第5期
98	AI侵权的理论逻辑与解决路径——基于对"技术中立"的廓清	吴梓源 游钟豪	福建师范大学学报（哲学社会科学版）	2018年第5期
99	"人机交互"：重构新闻专业主义的法律问题与伦理逻辑	喻国明 侯伟鹏 程雪梅	郑州大学学报（哲学社会科学版）	2018年第5期
100	人工智能的法律挑战：应该从哪里开始？	陈景辉	比较法研究	2018年第5期
101	人工智能时代全自动具体行政行为研究	查云飞	比较法研究	2018年第5期

序号	文章名称	作者	期刊	期次
102	人工智能刑事法治的基本问题	皮　勇	比较法研究	2018 年第 5 期
103	自动驾驶型道路交通事故责任主体认定研究	张　龙	苏州大学学报（哲学社会科学版）	2018 年第 5 期
104	人工智能民事主体适格性之辨思	房绍坤　林广会	苏州大学学报（哲学社会科学版）	2018 年第 5 期
105	人工智能生成物著作权法保护研究	孙建丽	电子知识产权	2018 年第 9 期
106	人工智能时代技术风险的刑法应对	刘宪权　林雨佳	华东政法大学学报	2018 年第 5 期
107	论人工智能法人人格	朱程斌	电子知识产权	2018 年第 9 期
108	司法实践中人工智能运用的现实与前瞻——以上海法院行政案件智能辅助办案系统为参照	葛　翔	华东政法大学学报	2018 年第 5 期
109	论人工智能的侵权责任	刘小璇　张　虎	南京社会科学	2018 年第 9 期
110	人工智能对知识产权法的挑战	杨延超	治理研究	2018 年第 5 期
111	人工智能与合同及人格权的关系	管晓峰	法学杂志	2018 年第 9 期
112	康德哲学视点下人工智能生成物的著作权问题探讨	李　扬　李晓宇	法学杂志	2018 年第 9 期
113	机器学习的法律审视	陶　盈	法学杂志	2018 年第 9 期
114	智能投资顾问模式中的主体识别和义务设定	高丝敏	法学研究	2018 年第 5 期
115	人工智能刑事风险的治理逻辑与刑法转向——基于人工智能犯罪与网络犯罪的类型差异	陈　伟　熊　波	学术界	2018 年第 9 期
116	互联网 + 人工智能全新时代的刑事风险与犯罪类型化分析	高铭暄　王　红	暨南学报（哲学社会科学版）	2018 年第 9 期
117	从法律人工智能走向人工智能法学：目标与路径	程　龙	湖北社会科学	2018 年第 6 期
118	论智能机器人的工具性人格	许中缘	法学评论	2018 年第 5 期
119	司法人工智能的中国进程：功能替代与结构强化	钱大军	法学评论	2018 年第 5 期
120	自动驾驶背景下"交强险"制度的应世变革	张　龙	河北法学	2018 年第 10 期

序号	文章名称	作者	期刊	期次
121	人工智能编创过程中的著作权问题探析	张 颖	中国编辑	2018 年第 9 期
122	科技行政法视角下我国民用无人机的法律规制问题研究	杨丽娟 于一帆	科技管理研究	2018 年第 17 期
123	人工智能裁判的问题归纳与前瞻	罗维鹏	国家检察官学院学报	2018 年第 5 期
124	自动驾驶汽车风险的立法规制研究	侯郭垒	法学论坛	2018 年第 5 期
125	大数据与人工智能司法应用的话语冲突及其理论解读	王禄生	法学论坛	2018 年第 5 期
126	人工智能法律主体地位的法哲学思考	龙文懋	法律科学（西北政法大学学报）	2018 年第 5 期
127	智能汽车的侵权法问题与应对	殷秋实	法律科学（西北政法大学学报）	2018 年第 5 期
128	人工智能与司法的裁判及解释	李 飞	法律科学（西北政法大学学报）	2018 年第 5 期
129	人工智能的社会风险及其法律规制	马长山	法律科学（西北政法大学学报）	2018 年第 16 期
130	人工智能刑事主体地位之否定	时 方	法律科学（西北政法大学学报）	2018 年第 6 期
131	高度自动驾驶汽车交通侵权责任构造分析	张 力 李 倩	浙江社会科学	2018 年第 8 期
132	论人工智能出版的版权逻辑	王志刚	现代传播（中国传媒大学学报）	2018 年第 8 期
133	无人驾驶汽车的法律障碍和立法思考	杨 杰 张 玲	电子政务	2018 年第 8 期
134	人工智能时代机器人行为道德伦理与刑法规制	刘宪权	比较法研究	2018 年第 4 期
135	自动驾驶汽车侵权责任研究	赵申豪	江西社会科学	2018 年第 7 期
136	智能机器人法官：还有多少可能和不可能	盛学军 邹 越	现代法学	2018 年第 4 期
137	用现行民法规则解决人工智能法律调整问题的尝试	杨立新	中州学刊	2018 年第 7 期
138	智能互联网时代的法律变革	马长山	法学研究	2018 年第 4 期
139	人工智能生成对象版权法基本理论探讨：历史、当下与未来	胡 光	当代传播	2018 年第 4 期

序号	文章名称	作者	期刊	期次
140	论人工智能生成内容的版权法律问题	王　渊 王　翔	当代传播	2018 年第 4 期
141	"人工智能 + 法律"发展的两个面向	张　清 张　蓉	求是学刊	2018 年第 4 期
142	人工类人格：智能机器人的民法地位——兼论智能机器人致人损害的民事责任	杨立新	求是学刊	2018 年第 4 期
143	人工智能产品侵权的责任承担	梁　鹏	中国青年社会科学	2018 年第 4 期
144	论类型化人工智能法律责任体系的构建	张　清 张　蓉	中国高校社会科学	2018 年第 4 期
145	人工智能作品的版权归属问题研究	袁真富	科技与出版	2018 年第 7 期
146	人工智能创作物版权保护的正当性及版权归属	李宗辉	编辑之友	2018 年第 7 期
147	孳息视角下人工智能生成作品的权利归属	黄玉烨 司马航	河南师范大学学报（哲学社会科学版）	2018 年第 4 期
148	人工智能之于法律的可能影响	任希全	人民论坛	2018 年第 18 期
149	人工智能创作物著作权制度难题及破解	郭　艳	中国出版	2018 年第 12 期
150	反思与优化：人工智能时代法律人格赋予标准论	徐　文	西南民族大学学报（人文社科版）	2018 年第 7 期
151	版权制度应对人工智能创作物的路径选择——以民法孳息理论为视角	林秀芹 游凯杰	电子知识产权	2018 年第 6 期
152	论文学领域人工智能著作权之证伪	袁　博	电子知识产权	2018 年第 6 期
153	人工智能生成物的可版权性与权利分配刍议	李晓宇	电子知识产权	2018 年第 6 期
154	司法审判中人工智能的介入式演进	涂永前 于　涵	西南政法大学学报	2018 年第 3 期
155	人工智能辅助刑事裁判的不确定性风险及其防范——美国威斯康星州诉卢米斯案的启示	朱体正	浙江社会科学	2018 年第 6 期
156	论人工智能的法律主体资格	吴习彧	浙江社会科学	2018 年第 6 期
157	智能投顾发展的法律挑战及其应对	郭　雳 赵继尧	证券市场导报	2018 年第 6 期

序号	文章名称	作者	期刊	期次
158	智能编辑：人工智能写作软件使用者的著作权侵权规制	王晓巍	中国出版	2018 年第 11 期
159	论人工智能作品的权利客体属性	尹卫民	科技与出版	2018 年第 6 期
160	自动驾驶车辆交通事故损害赔偿责任探析	陶 盈	湖南大学学报（社会科学版）	2018 年第 3 期
161	自动汽车程序设计中解决"电车难题"的刑法正当性	储陈城	环球法律评论	2018 年第 3 期
162	论人工智能时代法律场景的变迁	齐延平	法律科学（西北政法大学学报）	2018 年第 4 期
163	人工智能时代我国刑罚体系重构的法理基础	刘宪权	法律科学（西北政法大学学报）	2018 年第 4 期
164	人工智能对公司法的影响：挑战与应对	林少伟	华东政法大学学报	2018 年第 3 期
165	人工智能时代侵财犯罪刑法适用的困境与出路	吴允锋	法学	2018 年第 5 期
166	论人工智能创造物的著作权归属	姚志伟 沈 燚	湘潭大学学报（哲学社会科学版）	2018 年第 3 期
167	论机器人的法律人格——基于法释义学的讨论	陈吉栋	上海大学学报（社会科学版）	2018 年第 3 期
168	互联网、大数据、人工智能与科学立法	江必新 郑礼华	法学杂志	2018 年第 5 期
169	"智能投顾"的本质及规制路径	吴 烨 叶 林	法学杂志	2018 年第 5 期
170	人工智能的宪制想象——从历史的观点切入	张学博	理论视野	2018 年第 5 期
171	人工智能创作物的著作权保护研究	李芳芳	出版广角	2018 年第 9 期
172	人工智能犯罪的理论与立法问题初探	王肃之	大连理工大学学报（社会科学版）	2018 年第 4 期
173	智能时代环境司法机制的再造	徐 骏	理论导刊	2018 年第 5 期
174	智能机器人法律人格问题论析	孙占利	东方法学	2018 年第 3 期
175	法律与人工智能的法哲学思考——以大数据深度学习为考察重点	吴旭阳	东方法学	2018 年第 3 期
176	"电子人"法律主体论	郭少飞	东方法学	2018 年第 3 期

序号	文章名称	作者	期刊	期次
177	人工智能时代对民法学的新挑战	王利明	东方法学	2018 年第 3 期
178	论智能机器人创作物的著作权保护：以智能机器人的主体资格为视角	石冠彬	东方法学	2018 年第 3 期
179	人工智能智力成果在著作权法的正确定性——与王迁教授商榷	李伟民	东方法学	2018 年第 3 期
180	人工智能时代刑法归责的走向——以过失的归责间隙为中心的讨论	储陈城	东方法学	2018 年第 3 期
181	人工智能介入司法领域路径分析	潘庸鲁	东方法学	2018 年第 3 期
182	我国司法人工智能建设的问题与应对	程凡卿	东方法学	2018 年第 3 期
183	智能辅助：AI 下民商事办案系统的建构——以裁判思维与要件标注为切入点	蔡一博	东方法学	2018 年第 3 期
184	"人工智能＋媒体"时代的法律问题	郑　宁	青年记者	2018 年第 13 期
185	人工智能生成新闻稿的法律保护	牛　静	青年记者	2018 年第 13 期
186	自动驾驶车辆犯罪的注意义务	彭文华	政治与法律	2018 年第 5 期
187	人工智能领域亟待增强版权意识	魏岳江　李　珧	青年记者	2018 年第 12 期
188	人工智能：从规划迈向立法	潘铭方	电子知识产权	2018 年第 4 期
189	论著作权法对人工智能生成成果的保护——作为邻接权的数据处理者权之证立	陶　乾	法学	2018 年第 4 期
190	自动驾驶汽车的交通事故侵权责任	郑志峰	法学	2018 年第 4 期
191	人工智能发展过程中的法律规制问题研究	倪　楠	人文杂志	2018 年第 4 期
192	人工智能产品致人损害民事责任研究	张　童	社会科学	2018 年第 4 期

序号	文章名称	作者	期刊	期次
193	人工智能作为法律拟制物无法拥有生物人的专属性	朱程斌 李 龙	上海交通大学学报 （哲学社会科学版）	2018 年第 6 期
194	自动驾驶车辆交通肇事的刑法规制	程 龙	学术交流	2018 年第 4 期
195	论刑法如何对自动驾驶进行规制——以交通肇事罪为视角	卢有学 窦泽正	学术交流	2018 年第 4 期
196	我国自动驾驶民事责任主体的个性和格局——基于技术生态的视角	刘 朝	科学与社会	2018 年第 1 期
197	自动驾驶汽车的伦理、法律与社会问题研究述评	白惠仁	科学与社会	2018 年第 1 期
198	人工智能技术与责任法的变迁——以自动驾驶技术为考察	冯洁语	比较法研究	2018 年第 2 期
199	论中国自动驾驶汽车监管制度的建立	李 磊	北京理工大学学报 （社会科学版）	2018 年第 2 期
200	论大数据人工智能时代司法裁判层级的适用——以商事裁判为例	余 斌	学术研究	2018 年第 3 期
201	格里申法案的贡献与局限——俄罗斯首部机器人法草案述评	张建文	华东政法大学学报	2018 年第 2 期
202	法律的"死亡"：人工智能时代的法律功能危机	余成峰	华东政法大学学报	2018 年第 2 期
203	人工智能对司法裁判理论的挑战：回应及其限度	冯 洁	华东政法大学学报	2018 年第 2 期
204	律师职业人工智能化的限度及其影响	杨立民	深圳大学学报 （人文社会科学版）	2018 年第 2 期
205	关于法律人工智能在中国运用前景的若干思考	左卫民	清华法学	2018 年第 2 期
206	论人工智能体刑法适用之可能性	马治国 田小楚	华中科技大学学报 （社会科学版）	2018 年第 2 期
207	裁判人工智能化的实践需求及其中国式任务	吴习彧	东方法学	2018 年第 2 期
208	机器人税的法律问题：理论争鸣与发展趋势	王婷婷 刘奇超	国际税收	2018 年第 3 期
209	机器写作文本的著作权法适用研究	许辉猛	科技与出版	2018 年第 3 期

序号	文章名称	作者	期刊	期次
210	人工智能生成内容的著作权法规制——基于对核心概念分析的证成	孙 山	浙江学刊	2018 年第 2 期
211	人工智能时代刑事责任与刑罚体系的重构	刘宪权	政治与法律	2018 年第 3 期
212	智媒时代：智能家居的隐私安全和伦理道德——以欧盟 GDPR 和 e-Privacy Directive 立法为例	仲 心	电视研究	2018 年第 3 期
213	人工智能时代的法律因应	朱体正	大连理工大学学报（社会科学版）	2018 年第 2 期
214	量刑改革中"机械正义"之纠正——兼论人工智能运用的边界及前景	倪 震	江西社会科学	2018 年第 2 期
215	人工智能时代的法律主体理论构造——以智能机器人为切入点	王 勇	理论导刊	2018 年第 2 期
216	论人工智能时代智能机器人的刑事责任能力	刘宪权 胡荷佳	法学	2018 年第 1 期
217	论无人驾驶汽车的行政法规制	张玉洁	行政法学研究	2018 年第 1 期
218	人工智能时代的刑事风险与刑法应对	刘宪权	法商研究	2018 年第 1 期
219	欧美人工智能专利保护比较研究	王 瀚	华东理工大学学报（社会科学版）	2018 年第 1 期
220	略论人工智能语境下的法律转型	李 晟	法学评论	2018 年第 1 期
221	论人工智能对未来法律的多方位挑战	高奇琦 张 鹏	华中科技大学学报（社会科学版）	2018 年第 1 期
222	人工智能时代的司法权之变	季卫东	东方法学	2018 年第 1 期
223	人工智能时代的"内忧""外患"与刑事责任	刘宪权	东方法学	2018 年第 1 期
224	人工智能安全的法律治理：围绕系统安全的检视	吴沈括 罗瑾裕	新疆师范大学学报（哲学社会科学版）	2018 年第 4 期
225	证券投资智能化冲击：信义义务的再认识	赵 吟 马汉祥	人工智能法学研究	2019 年第 1 期
226	资管新规背景下的智能投顾规制之优化	刘学彬	人工智能法学研究	2019 年第 1 期

序号	文章名称	作者	期刊	期次
227	人工智能与证券监管问题研究	王毛路 韩开创	人工智能法学研究	2019 年第 1 期
228	证券监管中人工智能技术的引入与制度安排	姚舜禹	人工智能法学研究	2019 年第 1 期
229	我国证券市场中人工智能的应用与法律监管问题研究	佴 澎 杨丰合	人工智能法学研究	2019 年第 1 期
230	人工智能在城市交通领域应用的法律问题研究	钟 凯 刘章荣	人工智能法学研究	2019 年第 1 期
231	人工、智能与法院大转型	程金华	上海交通大学学报（哲学社会科学版）	2019 年第 6 期
232	人工智能时代的范式转移与法律变革	余成峰	科学与社会	2019 年第 4 期
233	论数据的法律规制模式选择	宁立志 傅显扬	知识产权	2019 年第 12 期
234	中国首例人工智能生成内容著作权争议与前瞻分析	林嘉琳	新闻爱好者	2019 年第 12 期
235	AI 法律、法律 AI 及"第三道路"	马长山	浙江社会科学	2019 年第 12 期
236	刑法上的自由意志与自由意志中的 AI——基于现代泛心论的分析视角	王耀彬	浙江社会科学	2019 年第 12 期
237	司法人工智能的话语冲突、化解路径与规范适用	贾章范	科技与法律	2019 年第 6 期
238	人工智能民事主体资格论：不同路径的价值抉择	石冠彬	西南民族大学学报（人文社科版）	2019 年第 12 期
239	刑事合规视野下人工智能的刑法评价进路	于 冲	环球法律评论	2019 年第 6 期
240	人工智能生成物著作权伦理探究	曹新明 杨绪东	知识产权	2019 年第 11 期
241	人工智能生成的技术方案的创造性判断标准研究	刘友华 李新凤	知识产权	2019 年第 11 期
242	立法权回收中人工智能的应用及其悖反	钱大军	上海师范大学学报（哲学社会科学版）	2019 年第 6 期
243	自动驾驶汽车编程者的刑事责任——以规定参数进行紧急避险的角度	黎安·沃尔娜	上海师范大学学报（哲学社会科学版）	2019 年第 6 期
244	人工智能创作物的作品认定及法律保护	张 倩	出版广角	2019 年第 21 期

序号	文章名称	作者	期刊	期次
245	人工智能法律人格问题的思考	唐辰明	云南社会科学	2019 年第 6 期
246	人工智能生成物刑法保护的基础和限度	刘宪权	华东政法大学学报	2019 年第 6 期
247	人工智能创作物的著作权归属：投资者对创作者的超越	陈全真	哈尔滨工业大学学报（社会科学版）	2019 年第 6 期
248	论人工智能生成内容著作权法保护	易　玲 王　静	湘潭大学学报（哲学社会科学版）	2019 年第 6 期
249	人工智能时代的法律议论	季卫东	法学研究	2019 年第 6 期
250	人工智能视野下医疗损害责任规则的适用和嬗变	李润生 史　飚	深圳大学学报（人文社会科学版）	2019 年第 6 期
251	智能互联网能为民主立法贡献什么	王　怡	北方法学	2019 年第 6 期
252	计算法学：法律与人工智能的交叉研究	张　妮 徐静村	现代法学	2019 年第 6 期
253	人工智能生成内容的著作权问题探析	孙正樑	清华法学	2019 年第 6 期
254	我国智能投资顾问发展的法律挑战及其监管应对	郭金良	江海学刊	2019 年第 6 期
255	著作权法意义上的“作品”——以人工智能生成物为切入点	卢海君	求索	2019 年第 6 期
256	人工智能“创作”的人格要素	徐小奔	求索	2019 年第 6 期
257	人工智能风险规制的困境与出路	郭传凯	法学论坛	2019 年第 6 期
258	人工智能对知识产权制度的理论挑战及回应	刘　强	法学论坛	2019 年第 6 期
259	法律如何可能？——自动驾驶技术风险场景之法律透视	王　莹	法制与社会发展	2019 年第 6 期
260	论“深度伪造”智能技术的一体化规制	王禄生	东方法学	2019 年第 6 期
261	人工智能算法黑箱的法律规制——以智能投顾为例展开	徐　凤	东方法学	2019 年第 6 期
262	论人工智能创作物刑法保护路径	姚　杏 陶姜华	中国出版	2019 年第 21 期
263	自动驾驶汽车网络安全的法律规制	李若兰	行政管理改革	2019 年第 10 期

序号	文章名称	作者	期刊	期次
264	人工智能的风险预测与行政法规制——一个功能论与本体论相结合的视角	李　帅	行政管理改革	2019 年第 10 期
265	智能机器人"权利主体论"之提倡	周　详	法学	2019 年第 10 期
266	自由意志、道德代理与智能代理——兼论人工智能犯罪主体资格之生成	彭文华	法学	2019 年第 10 期
267	人工智能的知识产权适格主体研究——一种国际法进路	王玫黎 胡　晓	电子知识产权	2019 年第 10 期
268	人工智能时代数据竞争的法律规制	曹胜亮 张晓萌	学习与实践	2019 年第 10 期
269	人工智能时代劳动法立法范式的转型	汪银涛 吴延溢	人文杂志	2019 年第 10 期
270	VR 出版物的作品属性探究	韩赤风 刁　舜	出版发行研究	2019 年第 10 期
271	人工智能法律治理的"修昔底德困局"及其破解	张建文 潘林青	科技与法律	2019 年第 5 期
272	新时代人工智能技术发展的法律规制	杨勤法 丁庭威	科技与法律	2019 年第 5 期
273	智能司法模式理论建构	邹军平 罗维鹏	西南民族大学学报（人文社科版）	2019 年第 10 期
274	论无人驾驶汽车的法律监管	樊云慧	兰州学刊	2019 年第 10 期
275	人工智能对个人信息侵权法保护的挑战与应对	王晓锦	海南大学学报（人文社会科学版）	2019 年第 5 期
276	论智能时代的技术逻辑与法律变革	周佑勇	东南大学学报（哲学社会科学版）	2019 年第 5 期
277	论人工智能生成物著作权权利的秩序重构	徐珉川 马文博	东南大学学报（哲学社会科学版）	2019 年第 5 期
278	论人工智能生成内容的邻接权保护——从立论质疑出发的证伪	陈　虎	电子知识产权	2019 年第 9 期
279	论人工智能的电子法人地位	张志坚	现代法学	2019 年第 5 期
280	人工智能与刑法发展关系论——基于真实与想象所做的分析	董玉庭	现代法学	2019 年第 5 期
281	人工智能的刑法规制	彭文华	现代法学	2019 年第 5 期

序号	文章名称	作者	期刊	期次
282	论智能投顾技术性风险的制度防范	蒋辉宇	暨南学报 （哲学社会科学版）	2019 年第 9 期
283	智慧社会的治理难题及其消解	马长山	求是学刊	2019 年第 5 期
284	人工智能传播环境下隐私权的法律保护及完善	夏梦颖	当代传播	2019 年第 5 期
285	对强智能机器人刑事责任主体地位否定说的回应	刘宪权	法学评论	2019 年第 5 期
286	无人驾驶碰撞算法的伦理立场与法律治理	李　飞	法制与社会发展	2019 年第 5 期
287	如何研究新技术对法律制度提出的问题？——以研究人工智能对知识产权制度的影响为例	王　迁	东方法学	2019 年第 5 期
288	"人机共驾"模式下交通肇事罪的适用困境及突围	袁　彬 徐永伟	广西大学学报 （哲学社会科学版）	2019 年第 5 期
289	人工智能刑事主体资格之否定及其进路	王殿宇	广西大学学报 （哲学社会科学版）	2019 年第 5 期
290	刑法领域的新挑战：人工智能的算法偏见	陈洪兵 陈禹衡	广西大学学报 （哲学社会科学版）	2019 年第 5 期
291	人工智能时代的法律责任理论审思——以智能机器人为切入点	李政权	大连理工大学学报 （社会科学版）	2019 年第 5 期
292	人工智能时代数据孤岛破解法律制度研究	叶　明 王　岩	大连理工大学学报 （社会科学版）	2019 年第 5 期
293	人工智能创作的版权侵权问题研究	曾　田	河北法学	2019 年第 10 期
294	论人工智能时代的算法司法与算法司法正义	杜宴林 杨学科	湖湘论坛	2019 年第 5 期
295	弱人工智能时代的法律回应——构建以产品责任为核心的责任分配体系	钱思雯	中国科技论坛	2019 年第 9 期
296	人工智能犯罪的可归责主体探究	魏　东	理论探索	2019 年第 5 期
297	人工智能创作物版权保护可行性研究	方　元 曾庆醒	出版广角	2019 年第 15 期
298	马克斯普朗克创新与竞争研究所专题研讨"人工智能、创新和竞争：新工具抑或新规则？"	郑友德	电子知识产权	2019 年第 8 期

序号	文章名称	作者	期刊	期次
299	智能汽车对保险的影响：挑战与回应	邢海宝	法律科学（西北政法大学学报）	2019年第6期
300	人工智能生成内容的著作权问题研究	崔皓	出版广角	2019年第14期
301	人工智能法学研究的反智化批判	刘艳红	东方法学	2019年第5期
302	全球风险社会下人工智能的治理之道——复杂性范式与法律应对	张富利	学术论坛	2019年第3期
303	人工智能时代刑法中行为的内涵新解	刘宪权	中国刑事法杂志	2019年第4期
304	人工智能的民事法律主体地位及民事责任问题研究	袁洋	中州学刊	2019年第8期
305	智能投资顾问服务之法律风险承担	王灏	暨南学报（哲学社会科学版）	2019年第8期
306	人工智能时代著作权刑法保护的困境与出路	武良军	出版发行研究	2019年第8期
307	人工智能开发的理念、法律以及政策	季卫东	东方法学	2019年第5期
308	医疗人工智能临床应用的法律挑战及应对	刘建利	东方法学	2019年第5期
309	人工智能时代网络诽谤"积量构罪"的教义学分析	刘期湘	东方法学	2019年第5期
310	人工智能非法应用的犯罪风险及其治理	张旭 阮重骏	中国特色社会主义研究	2019年第4期
311	自动驾驶汽车道路测试安全制度分析：中日立法的比较	张韬略	科技与法律	2019年第4期
312	论人工智能生成物的可专利性	刘瑛 何丹曦	科技与法律	2019年第4期
313	科技进步与制度创新的融合——基于人工智能创作物著作权问题的视角	王敏虹	科技管理研究	2019年第15期
314	人工智能生成技术方案的专利法规制——理论争议、实践难题与法律对策	刘鑫	法律科学（西北政法大学学报）	2019年第5期
315	智能技术驱动下的诉讼服务问题及其应对之策	周佑勇	东方法学	2019年第5期

序号	文章名称	作者	期刊	期次
316	自动驾驶汽车道路测试的法律规制	王霁霞 符大卿	行政管理改革	2019 年第 8 期
317	民用无人机社会风险防控与法律监管	刘明远	行政管理改革	2019 年第 8 期
318	人工智能辅助地方立法的应用与规制	姜素红 张 可	湖南大学学报（社会科学版）	2019 年第 4 期
319	无人驾驶汽车侵权责任的链式分配机制——以算法应用为切入点	袁 曾	东方法学	2019 年第 5 期
320	人工智能是适格的刑事责任主体吗？	叶良芳	环球法律评论	2019 年第 4 期
321	论人工智能的法学分析方法——以著作权为例	李 琛	知识产权	2019 年第 7 期
322	人工智能生成物的智力财产属性辨析	曹 博	比较法研究	2019 年第 4 期
323	人工智能时代的刑事责任体系不必重构	冀 洋	比较法研究	2019 年第 4 期
324	涉人工智能犯罪中研发者主观罪过的认定	刘宪权	比较法研究	2019 年第 4 期
325	人工智能法律主体地位新论	彭中礼	甘肃社会科学	2019 年第 4 期
326	人工智能"电子人"权利能力的法构造	郭少飞	甘肃社会科学	2019 年第 4 期
327	弱人工智能的刑事责任问题研究	王利宾	湖南社会科学	2019 年第 4 期
328	司法舆情监测评估的人工智能路径研究	康兰平	兰州学刊	2019 年第 8 期
329	人工智能场景下消费者保护理路反思与重构	陈 兵	上海财经大学学报	2019 年第 4 期
330	仿人机器人的法律风险及其规制——兼评《民法典人格权编（草案二次审议稿）》第 799 条第一款	朱体正	福建师范大学学报（哲学社会科学版）	2019 年第 4 期
331	人工智能生成技术方案的可专利性及权利归属	刘友华 魏远山	湘潭大学学报（哲学社会科学版）	2019 年第 4 期
332	人工智能法律主体资格的否定及其法律规制构想	刘洪华	北方法学	2019 年第 4 期

序号	文章名称	作者	期刊	期次
333	人工智能时代下刑事风险与刑法应对的"是"与"非"	张 旭 杨丰一	辽宁大学学报（哲学社会科学版）	2019年第4期
334	论人工智能体的刑法定位	孙 杰	辽宁大学学报（哲学社会科学版）	2019年第4期
335	法律位格、法律主体与人工智能的法律地位	张绍欣	现代法学	2019年第4期
336	智能洗稿法律规制研究	周 勇	当代传播	2019年第4期
337	区块链下智能合约的合同法思考	柴振国	广东社会科学	2019年第4期
338	面对人工智能时代的法律史研究	刘顺峰	济南大学学报（社会科学版）	2019年第4期
339	从"特殊性"到"去特殊性"——人工智能法律规制路径审视	彭中礼 刘世杰	济南大学学报（社会科学版）	2019年第4期
340	论人工智能深度学习中著作权的合理使用	徐小奔 杨依楠	交大法学	2019年第3期
341	平台视角中的人工智能法律责任	胡 凌	交大法学	2019年第3期
342	人工智能法律人格赋予之必要性辨析	郭明龙 王 菁	交大法学	2019年第3期
343	"智能+"模式下裁判形成的过程分析	谢 慧	济南大学学报（社会科学版）	2019年第4期
344	个案正义视角下司法人工智能的功能与限度	沈 寨	济南大学学报（社会科学版）	2019年第4期
345	人工智能武器对国际人道法的新挑战	张卫华	政法论坛	2019年第4期
346	人工智能和未来法律制度：从本质到目的	任 虎	中国政法大学学报	2019年第4期
347	智能新闻著作权问题探究	王 军 杨美杰	青年记者	2019年第19期
348	人工智能时代生物信息应纳入人格权保护	乔新生	青年记者	2019年第19期
349	新过失论与人工智能过失刑事风险的规制	姚万勤	法治研究	2019年第4期
350	人工智能时代机器人异化与刑事责任	刘宪权 张俊英	法治研究	2019年第4期

序号	文章名称	作者	期刊	期次
351	人工智能时代的中国司法	高学强	浙江大学学报（人文社会科学版）	2019 年第 4 期
352	人工智能生成发明的专利法之问	吴汉东	当代法学	2019 年第 4 期
353	表达型人工智能版权合理使用制度研究	卢炳宏	现代出版	2019 年第 4 期
354	论人工智能生成内容的著作权法保护	李　俊	甘肃政法学院学报	2019 年第 4 期
355	制度创新如何面对自动驾驶——基于道路测试制度的观察与反思	刘　骏	中国科技论坛	2019 年第 7 期
356	人工智能的著作权主体性探析	史永竞	吉林大学社会科学学报	2019 年第 4 期
357	自动驾驶汽车的刑事法律适用	王军明	吉林大学社会科学学报	2019 年第 4 期
358	无人船碰撞相关的责任	王国华 孙誉清	上海海事大学学报	2019 年第 2 期
359	认识论视域下人工智能著作权主体适格性分析	郭壬癸	北京理工大学学报（社会科学版）	2019 年第 4 期
360	人工智能法律规制的价值取向与逻辑前提——在替代人类与增强人类之间	于海防	法学	2019 年第 6 期
361	人工智能创作物的著作权保护	马忠法 肖宇露	电子知识产权	2019 年第 6 期
362	人工智能技术能否应用于律师行业？——基于情感、效率和执业监督维度的分析视角	李　丹	东南大学学报（哲学社会科学版）	2019 年第 1 期
363	人工智能致第三方损害的责任承担：法经济学的视角	吴维锭 张潇剑	广东财经大学学报	2019 年第 3 期
364	人工智能时代学生数据隐私保护的动因与策略	侯浩翔	现代教育技术	2019 年第 6 期
365	智能司法的发展与法学教育的未来	周江洪	中国大学教学	2019 年第 6 期
366	人工智能算法中的法律主体性危机	陈姿含	法律科学（西北政法大学学报）	2019 年第 4 期
367	人工智能生成物著作权归属问题研究——谁有资格放弃《阳光失了玻璃窗》的版权？	张怀印 甘竞圆	科技与法律	2019 年第 3 期

序号	文章名称	作者	期刊	期次
368	人工智能体法律主体地位的法理反思	冯洁	东方法学	2019 年第 4 期
369	反思与证立：强人工智能法律主体性审视	徐昭曦	中共中央党校（国家行政学院）学报	2019 年第 3 期
370	自动驾驶地图有关政策的思考和建议	刘经南 董杨 詹骄 柯夫	中国工程科学	2019 年第 3 期
371	人工智能作品合理使用困境及其解决	张金平	环球法律评论	2019 年第 3 期
372	自动驾驶机动车交通事故责任的规则设计	杨立新	福建师范大学学报（哲学社会科学版）	2019 年第 3 期
373	人工智能生成物的著作权问题探讨	魏丽丽	郑州大学学报（哲学社会科学版）	2019 年第 3 期
374	我国高度自动驾驶汽车侵权责任体系之建构	牛彬彬	西北民族大学学报（哲学社会科学版）	2019 年第 3 期
375	人工智能刑事风险的样态评价与规制理念	熊波	探索与争鸣	2019 年第 5 期
376	作品创造性本质以及人工智能生成物的创造性问题研究	龙文懋 季善豪	电子知识产权	2019 年第 5 期
377	人工智能生成物的著作权保护可行性研究	朱梦云	出版科学	2019 年第 3 期
378	论智能武器法律挑战的伦理应对——"道德准则嵌入"方案的合法性探讨	陈聪	暨南学报（哲学社会科学版）	2019 年第 5 期
379	人工智能技术对取证的影响及应用价值	吴照美 曹艳琼 杨海强	华东理工大学学报（社会科学版）	2019 年第 3 期
380	人工智能法律行为论	李爱君	政法论坛	2019 年第 3 期
381	智能投顾开展的制度去障与法律助推	郭雳	政法论坛	2019 年第 3 期
382	民法典编纂与医疗合同典型化	刘炫麟	法治研究	2019 年第 3 期
383	理性本位视野下智能机器人民事法律地位的认定	叶明 朱静洁	河北法学	2019 年第 6 期
384	日本民事审判的 IT 化和 AI 化	小林学、郝振江	国家检察官学院学报	2019 年第 3 期

序号	文章名称	作者	期刊	期次
385	美国的版权犯罪刑罚制度及对我国的启示——兼论人工智能时代我国的量刑规范化改革	张燕龙	中国政法大学学报	2019 年第 3 期
386	对通过新增罪名应对人工智能风险的质疑	姚万勤	当代法学	2019 年第 3 期
387	智能风险与人工智能刑事责任之构建	李 婕	当代法学	2019 年第 3 期
388	论无人驾驶汽车交通肇事的刑法规制	陈结森 王康辉	安徽大学学报（哲学社会科学版）	2019 年第 3 期
389	我国刑事司法智能化的知识解构与应对逻辑	孙道萃	当代法学	2019 年第 3 期
390	人工智能创作物版权保护的刑法分析	吴 涛	中国出版	2019 年第 9 期
391	拟制作者规则下人工智能生成物的著作权困境解决	谢 琳 陈 薇	法律适用	2019 年第 9 期
392	人工智能推算技术中的平等权问题之探讨	徐 琳	法学评论	2019 年第 3 期
393	人工智能生成物所涉著作权问题研究	叶 霖	科技与出版	2019 年第 5 期
394	弱人工智能背景下侵犯著作权罪犯罪对象之扩张	叶良芳 李芳芳	学习与探索	2019 年第 5 期
395	我国民用无人驾驶飞机监管立法的地方经验与制度完善——以深圳等地的 8 个政府规章为分析样本	张婷婷 张玉洁	山东大学学报（哲学社会科学版）	2019 年第 3 期
396	人工智能时代我国司法智慧化的机遇、挑战及发展路径	高鲁嘉	山东大学学报（哲学社会科学版）	2019 年第 3 期
397	智能互联网时代法律变革的中国理路	杨昌宇	湖湘论坛	2019 年第 3 期
398	人工智能数据新闻作品著作权归属问题探析	沈思言 刘 建	中国出版	2019 年第 8 期
399	论智能汽车侵权责任立法——以工具性人格为中心	许中缘	法学	2019 年第 4 期
400	人工智能应用与著作权保护相关基础问题探讨	向 波	南昌大学学报（人文社会科学版）	2019 年第 2 期

续表

序号	文章名称	作者	期刊	期次
401	人工智能对专利保护制度的挑战与应对	邓建志 程智婷	南昌大学学报（人文社会科学版）	2019年第2期
402	知识产权法下人工智能系统的法律地位	曾炜 曾姣玉	南昌大学学报（人文社会科学版）	2019年第2期
403	论人工智能"创作"物的版权保护	邱润根 曹宇卿	南昌大学学报（人文社会科学版）	2019年第2期
404	机器学习所涉数据保护合理边界的厘定	黄武双 谭宇航	南昌大学学报（人文社会科学版）	2019年第2期
405	合理使用制度运用于人工智能创作的两难及出路	华劼	电子知识产权	2019年第4期
406	论人工智能的法律主体性——以人工智能生成物的著作权保护为视角	许春明 袁玉玲	科技与法律	2019年第2期
407	论人工智能编创应适用版权合理使用制度	梅术文 宋歌	中国编辑	2019年第4期
408	人工智能创作内容的作品定性与制度因应	孙松	科技与出版	2019年第4期
409	人工智能视域下的信息规制——基于隐私场景理论的激励与规范	李文姝 刘道前	人民论坛·学术前沿	2019年第6期
410	谁之责任与何种责任：人工智能的责任模式配置慎思	姜涛 柏雪淳	河南社会科学	2019年第4期
411	大数据时代人工智能的法律风险及其防范	姚万勤	内蒙古社会科学（汉文版）	2019年第2期
412	热与冷：中国法律人工智能的再思考	左卫民	环球法律评论	2019年第2期
413	无人货物运输船的法律冲突及协调	王国华 孙誉清	中国航海	2019年第1期
414	人工智能工作物致人损害民事责任探析	环建芬	上海师范大学学报（哲学社会科学版）	2019年第2期
415	机器学习的著作权侵权问题及其解决	刘友华 魏远山	华东政法大学学报	2019年第2期
416	人工智能"法官"的一种实现路径及其理论思考	马皑 宋业臻	江苏行政学院学报	2019年第2期
417	人工智能的法律规制路径：一个框架性讨论	汪庆华	现代法学	2019年第2期

序号	文章名称	作者	期刊	期次
418	人工智能体的刑事风险与应对措施	王燕玲 韩 蓄	学习与实践	2019 年第 3 期
419	自动驾驶事故的侵权责任构造——兼论自动驾驶的三层保险结构	韩旭至	上海大学学报 （社会科学版）	2019 年第 2 期
420	人工智能创作物著作权保护问题研究	程梦瑶	图书馆	2019 年第 3 期
421	司法大数据与人工智能技术应用的风险及伦理规制	王禄生	法商研究	2019 年第 2 期
422	自动驾驶汽车准入制度——正当性、要求及策略	崔俊杰	行政法学研究	2019 年第 2 期
423	自动化行政的法律控制	胡敏洁	行政法学研究	2019 年第 2 期
424	自动驾驶汽车立法问题研究	李 烁	行政法学研究	2019 年第 2 期
425	智能化劳动管理与劳动者隐私权的法律保护	田思路	湖湘论坛	2019 年第 2 期
426	人工智能开发企业社会责任及其法律规制	蒋 洁	湖湘论坛	2019 年第 2 期
427	人工智能背景下刑事错案悖论及消解	马 啸 狄小华	湖湘论坛	2019 年第 2 期
428	智能投顾中投资者适当性制度研究	杨 东 武雨佳	国家检察官学院学报	2019 年第 2 期
429	人工智能背景下数据安全犯罪的刑法规制思路	王倩云	法学论坛	2019 年第 2 期
430	人工智能刑事责任主体问题之初探	陈叙言	社会科学	2019 年第 3 期
431	论人工智能体法律人格的考量要素	彭诚信 陈吉栋	当代法学	2019 年第 2 期
432	独创性视角下人工智能出版图书的署名规则思考	王 熠 陈丽霞	浙江大学学报 （人文社会科学版）	2019 年第 2 期
433	人工智能创作"作品"的著作权保护模式研究	田 原 叶文芳	科技与出版	2019 年第 3 期
434	基于学术出版伦理的 AI 创作物可版权性探讨	邵 松 乔监松	科技与出版	2019 年第 3 期
435	区块链智能合约的合同法分析	郭少飞	东方法学	2019 年第 3 期
436	智能合约的法律构造	陈吉栋	东方法学	2019 年第 3 期

序号	文章名称	作者	期刊	期次
437	区块链智能合同的适用主张	夏庆锋	东方法学	2019 年第 3 期
438	智能合约与私法体系契合问题研究	蔡一博	东方法学	2019 年第 2 期
439	自动驾驶汽车对《道路交通安全法》的挑战及应对	胡元聪 李明康	上海交通大学学报（哲学社会科学版）	2019 年第 1 期
440	论自动驾驶汽车交通肇事的刑事责任	周铭川	上海交通大学学报（哲学社会科学版）	2019 年第 1 期
441	论人工智能生成发明创造的权利归属——立足于推动发明创造的应用	王正中	电子知识产权	2019 年第 2 期
442	人工智能专利技术市场运营的风险与应对	秦　健 刘　鑫	电子知识产权	2019 年第 2 期
443	法律人工智能技术的发展和法学教育的回应	赵　鹏	中国高等教育	2019 年第 1 期
444	人工智能对侵权责任构成要件的挑战及应对	李坤海 徐　来	重庆社会科学	2019 年第 2 期
445	智能合约的构造与风险防治	王延川	法学杂志	2019 年第 2 期
446	民事责任在人工智能发展风险管控中的作用	杨立新	法学杂志	2019 年第 2 期
447	人工智能法律规制的正当性、进路与原则	王　成	江西社会科学	2019 年第 2 期
448	人工智能的法律伦理建构	孙　那	江西社会科学	2019 年第 2 期
449	人工智能时代互联网诱导行为的算法规制	段泽孝	江西社会科学	2019 年第 2 期
450	人工智能生成物被视为作品保护的合理性	黄　汇 黄　杰	江西社会科学	2019 年第 2 期
451	智能机器人民事主体制度构建	姜晓婧 李士林	科技与法律	2019 年第 1 期
452	人工智能时代数据竞争行为的法律边界	李　安	科技与法律	2019 年第 1 期
453	人工智能安全风险挑战与法律应对	袁立科	中国科技论坛	2019 年第 2 期
454	论司法裁判人工智能化的空间及限度	江秋伟	学术交流	2019 年第 2 期
455	中国人工智能立法的科学性探析	金　梦	中共中央党校（国家行政学院）学报	2019 年第 1 期

序号	文章名称	作者	期刊	期次
456	人工智能生成内容保护模式选择研究——兼论我国人工智能生成内容的邻接权保护	许辉猛	西南民族大学学报（人文社科版）	2019 年第 3 期
457	人工智能时代劳动形态的演变与法律选择	田思路 刘兆光	社会科学战线	2019 年第 2 期
458	人工智能的法律主体资格研究	贺栩溪	电子政务	2019 年第 2 期
459	人工智能司法决策的可能与限度	周尚君 伍 茜	华东政法大学学报	2019 年第 1 期
460	无人驾驶汽车规范发展法律路径研究	吴英霞	科技管理研究	2019 年第 2 期
461	人工智能生成发明专利授权之正当性探析	李宗辉	电子知识产权	2019 年第 1 期
462	人工智能诗集的版权归属研究	李伟民	电子知识产权	2019 年第 1 期
463	人工智能时代的刑事责任演变：昨天、今天、明天	刘宪权	法学	2019 年第 1 期
464	智能机器人的刑事责任主体论	朱静洁	电子政务	2019 年第 4 期
465	现实挑战与未来展望：关于人工智能的刑法学思考	赵秉志 詹奇玮	暨南学报（哲学社会科学版）	2019 年第 1 期
466	自动驾驶汽车侵权责任问题研究	张继红 肖剑兰	上海大学学报（社会科学版）	2019 年第 1 期
467	涉人工智能犯罪刑法规制的路径	刘宪权	现代法学	2019 年第 1 期
468	机器人新闻著作权保护研究	周 勇	编辑学刊	2019 年第 1 期
469	大数据时代人工智能辅助量刑的定位、前景及风险防控	张富利 郑海山	广西社会科学	2019 年第 1 期
470	无人驾驶汽车交通事故损害赔偿责任主体认定的挑战及对策	叶 明 张 洁	电子政务	2019 年第 1 期
471	人工智能新闻的独创性问题探析	吴 凯	青年记者	2019 年第 1 期
472	人工智能技术对专利制度的挑战与应对	李彦涛	东方法学	2019 年第 1 期
473	涉人工智能犯罪的前瞻性刑法思考	刘宪权 房慧颖	安徽大学学报（哲学社会科学版）	2019 年第 1 期
474	人工智能时代个人数据共享与隐私保护之间的冲突与平衡	王 岩 叶 明	理论导刊	2019 年第 1 期

序号	文章名称	作者	期刊	期次
475	人工智能新发展对法律知识生成方式与制度体系的影响	高志明	长白学刊	2019 年第 1 期
476	人工智能生成内容的法律保护路径初探	冯　刚	中国出版	2019 年第 1 期
477	应从哲学高度探讨人工智能生成物著作权问题	李　扬	中国出版	2019 年第 1 期
478	人工智能生成内容的可版权性与版权归属	丛立先	中国出版	2019 年第 1 期
479	人工智能的法律调整研究	张守文	政治与法律	2019 年第 1 期
480	论人工智能的法律地位	刘洪华	政治与法律	2019 年第 1 期
481	人工智能时代的刑法问题与应对思路	王燕玲	政治与法律	2019 年第 1 期
482	人工智能产业发展的经济法规制	张守文	政治与法律	2019 年第 1 期
483	人工智能生成物的著作权归属制度设计	朱梦云	山东大学学报（哲学社会科学版）	2019 年第 1 期
484	人工智能时代的隐私保护	郑志峰	法律科学（西北政法大学学报）	2019 年第 2 期
485	类人型人工智能实体的刑事责任主体资格审视	王耀彬	西安交通大学学报（社会科学版）	2019 年第 1 期
486	区块链技术下智能合约的民法分析、应用与启示	倪蕴帷	重庆大学学报（社会科学版）	2019 年第 3 期
487	人工智能在刑事证据判断中的运用问题探析	纵　博	法律科学（西北政法大学学报）	2019 年第 1 期
488	人工智能在纠纷解决领域的应用与发展	龙　飞	法律科学（西北政法大学学报）	2019 年第 1 期
489	人工智能技术发展对"发明人"角色的挑战与应对	贾引狮	科技进步与对策	2019 年第 3 期
490	人工智能时代的劳动法功能调适	翁玉玲	西安交通大学学报（社会科学版）	2019 年第 1 期
491	人工智能在刑事证明标准判断中的运用问题探讨	赵艳红	上海交通大学学报（哲学社会科学版）	2019 年第 1 期

附录2　人工智能学位论文一览

序号	论文题目	作者	导师	学位类型	授予单位	授予时间
1	网络技术与著作权保护之自治性研究	熊　瑛	常立农	硕士	湖南大学	2003
2	计算机软件著作权保护模式的改进	迟海生	张　今	硕士	中国政法大学	2003
3	基于机器学习的计算机辅助量刑初探	高　菲	郑　伟	硕士	华东政法学院	2005
4	无人机袭击造成的国际法挑战	袁　靖	李国安	硕士	厦门大学	2014
5	自主控制无人攻击机对国际人道法的挑战及应对策略	巫　鹏	管建强	硕士	华东政法大学	2015
6	论我国智能语音机器人专利保护	陈天雪	陈宗波	硕士	广西师范大学	2016
7	小i机器人专利无效确权案评析	刘勇军	高　中	硕士	湖南大学	2016
8	人工智能在社会应用中的法律问题研究	娄　斌	韦留柱	硕士	河南师范大学	2017
9	人工智能成果的著作权保护研究	张思敏	马海生	硕士	西南政法大学	2017
10	虚拟现实（VR）企业的专利布局研究	柳　峰	丛立先	硕士	北京外国语大学	2017
11	论人工智能实体的法律主体资格	沈建铭	齐海滨	硕士	华中师范大学	2017
12	人工智能"创作物"的著作权问题研究	高　薇	郑友德	硕士	华中科技大学	2017
13	人工智能定罪与量刑研究	李明捷	李　蕾	硕士	华中科技大学	2017
14	民用无人机立法研究	胡　涛	王立志	硕士	中国民航大学	2017
15	机器人致害损害赔偿问题研究	胡　玥	郝建志 张晓静	硕士	河北大学	2017
16	无人驾驶机动车强制保险问题研究	郑皓元	韩长印	硕士	上海交通大学	2017
17	虚拟现实交互技术专利布局研究	郑柏超	肖冬梅	硕士	湘潭大学	2017

序号	论文题目	作者	导师	学位类型	授予单位	授予时间
18	机器写手生成内容的著作权问题研究	曾初成	陈小珍	硕士	湘潭大学	2017
19	人工智能创作物的版权保护	王晶晶	林秀芹	硕士	厦门大学	2017
20	智能投顾监管研究	郑韵	张钦昱	硕士	中国政法大学	2017
21	无人驾驶汽车交通事故责任主体研究	梁庆	韩立收	硕士	海南大学	2017
22	论对自主性武器系统的国际法规制	胡烨烨	王虎华	硕士	华东政法大学	2018
23	智能投顾中的信义义务	陈伟	曹兴权	硕士	西南政法大学	2018
24	智能投顾监管法律问题研究	杨鹏	王煜宇	硕士	西南政法大学	2018
25	无人驾驶汽车与相关刑法问题超前性研究	王莉玲	李永升	硕士	西南政法大学	2018
26	人工智能创作物的著作权保护研究	刘家会	黄汇	硕士	西南政法大学	2018
27	人工智能生成内容著作权归属研究	黄宁	易健雄	硕士	西南政法大学	2018
28	论人工智能致人损害的民事责任问题	周迁凤	李俊	硕士	西南政法大学	2018
29	智能合约支付联动条款的合同法规制	周洋	曹兴权	硕士	西南政法大学	2018
30	人工智能创作物的著作权保护研究	张超君	郭明瑞	硕士	山东大学	2018
31	无人智能船航行安全法律问题研究	李璞	初北平 冯伟	硕士	大连海事大学	2018
32	人工智能生成内容的著作权问题研究	胡杨	王渊	硕士	兰州大学	2018
33	人工智能生成内容的著作权法保护研究	宁静	杨巧	硕士	西北政法大学	2018
34	人工智能的法律规制	张雪莹	杨建军	硕士	西北政法大学	2018
35	蚁群算法及其在法律援助信息系统中的应用	刘为芷	马传香	硕士	湖北大学	2018

序号	论文题目	作者	导师	学位类型	授予单位	授予时间
36	智能投顾业务的类型化风险剖析及法律优化路径	顾 晗	贾希凌	硕士	华东政法大学	2018
37	我国智能投顾发展中的法律问题与监管应对	葛 平	梁 爽	硕士	华东政法大学	2018
38	智能投顾的法律规制研究	陆玮炜	廖志敏	硕士	华东政法大学	2018
39	人工智能生成物著作权问题研究	崔泽夏	何 敏	硕士	华东政法大学	2018
40	自动驾驶汽车侵权致人损害的民事责任研究	毛宜彪	黄 韬	硕士	上海交通大学	2018
41	人工智能生成物的著作权保护研究	方培思	黄玉烨	硕士	中南财经政法大学	2018
42	人工智能创作内容的法律定性及其保护	谢 媛	王 迁	硕士	华东政法大学	2018
43	人工智能在司法裁判中的应用	周 万	徐亚文	硕士	武汉大学	2018
44	自动驾驶汽车致害的侵权法律规制研究	朱仕杰	丁 文	硕士	华中师范大学	2018
45	无人驾驶汽车侵权责任问题研究	李宗祥	林 一于长浩	硕士	大连海事大学	2018
46	论无人驾驶汽车交通事故的刑事责任	高子涵	饶传平	硕士	华中科技大学	2018
47	人工智能法律地位研究	华伟建	祝 捷	硕士	武汉大学	2018
48	无人驾驶汽车事故责任问题研究	黄雪丹	齐海滨	硕士	华中师范大学	2018
49	人工智能时代整合化个人信息的隐私权保护	张明广	齐海滨	硕士	华中师范大学	2018
50	人工智能创作物的著作权法保护研究	章倩玲	刘 华	硕士	华中师范大学	2018
51	人工智能发展若干民事法律问题研究	张莉荔	蓝 蓝	硕士	天津大学	2018
52	智能驾驶交通事故法律问题研究	付 扬	郭佳宁	硕士	沈阳师范大学	2018
53	人工智能创作物的著作权保护研究	张伟辰	宋慧献梁红继	硕士	河北大学	2018
54	人工智能生成内容在著作权法之下的法律保护问题研究	黎 桥	何怀文	硕士	浙江大学	2018

序号	论文题目	作者	导师	学位类型	授予单位	授予时间
55	人工智能创作物著作权保护的突破及权利归属	王露	郑辉	硕士	西北大学	2018
56	论人工智能对司法实践的影响	王晨杰	张剑源	硕士	云南大学	2018
57	人工智能创作物可版权性研究	张泽天	孟祥娟	硕士	华南理工大学	2018
58	人工智能创作物的著作权保护问题研究	梁旖君	周莳文	硕士	华南理工大学	2018
59	人工智能创作物的著作权认定问题研究	齐凌姜	常廷彬	硕士	广东外语外贸大学	2018
60	人工智能创作物的著作权法保护研究	邢璐	应振芳	硕士	浙江工商大学	2018
61	人工智能创作物著作权问题研究	刘朝	衣庆云	硕士	东北财经大学	2018
62	法律与人工智能的关系思考	田思杰	冯玉军	硕士	中国人民大学	2019
63	人工智能时代人民法院在线调解方式研究——以英国在线法院的发展为视角	曹恩诚	郑维炜	硕士	中国人民大学	2019
64	人工智能的刑事责任问题	蔡旻容	黄京平	硕士	中国人民大学	2019
65	人工智能犯罪风险的刑法应对	冯娇娇	秦冠英	硕士	甘肃政法学院	2019
66	传播视域下人工智能创作物的著作权保护问题研究	邵灵锐	周艳敏	硕士	北京印刷学院	2019
67	人工智能生成专利的主体适格性研究	杜佳音	代水平	硕士	西北大学	2019
68	人工智能生成内容的著作权保护问题研究	文灿	董万程 黄文灿	硕士	海南大学	2019
69	智能投顾的法律规制研究	王婷	薛智胜	硕士	天津工业大学	2019
70	人工智能创作物的可版权性及保护研究	陈源	郑辉	硕士	西北大学	2019
71	我国人工智能投资顾问法律风险研究	尹敏	郑鈜 黄维智	硕士	四川省社会科学院	2019
72	我国人工智能法律规制问题研究	郑雅琪	胡珀	硕士	兰州大学	2019

序号	论文题目	作者	导师	学位类型	授予单位	授予时间
73	无人驾驶汽车风险的法律规制研究	祁晓斐	俞树毅	硕士	兰州大学	2019
74	人工智能致人损害的侵权责任制度研究	张 聪	田韶华	硕士	河北经贸大学	2019
75	轻微型民用无人机侵犯隐私权的法律问题研究	代潇丛	栾 爽	硕士	南京航空航天大学	2019
76	人工智能时代我国司法面临的挑战与应对	刘菲菲	杨金颖	硕士	天津师范大学	2019
77	自动驾驶汽车的侵权责任研究	王 菁	郭明龙	硕士	天津师范大学	2019
78	弱人工智能发展过程中的法律问题探析	龚 琼	谢永江李欲晓	硕士	北京邮电大学	2019
79	人工智能生成物邻接权保护研究	魏启琳	杨小兰	硕士	四川师范大学	2019
80	人工智能法律地位研究	周大鹏	汪习根	硕士	武汉大学	2019
81	人工智能创作物的著作权法保护研究	胡玲玉	高 海	硕士	安徽财经大学	2019
82	人工智能侵权责任问题研究	章镕泽	谭智雄	硕士	广西师范大学	2019
83	人工智能创作物的著作权保护问题研究	李振宇	石文龙	硕士	上海师范大学	2019
84	人工智能创作物的著作权问题研究	李双全	石晶玉	硕士	哈尔滨商业大学	2019
85	自动驾驶汽车事故责任制度之完善	张攀薇	冯乐坤	硕士	甘肃政法学院	2019
86	人工智能创作物的著作权保护研究	张 豪	李 静	硕士	甘肃政法学院	2019
87	人工智能时代的律师工作	姜 波	许春清	硕士	甘肃政法学院	2019
88	自动驾驶汽车侵权责任研究	沈慧慧	李 静	硕士	甘肃政法学院	2019
89	赋予智能机器人人格权之必要性研究	任子晨	赵云芬	硕士	西南大学	2019
90	自动驾驶汽车交通事故侵权责任研究	王心钰	张长青	硕士	北京交通大学	2019

序号	论文题目	作者	导师	学位类型	授予单位	授予时间
91	人工智能民法地位及相关问题研究	崔红丽	戴新毅	硕士	宁夏大学	2019
92	论人工智能的法律困境突破	黄 莹	魏敦友	硕士	广西大学	2019
93	自动驾驶汽车侵权责任问题探究	曲湘铭	姚 旭	硕士	辽宁大学	2019
94	人工智能发明的可专利性及其权利归属研究	王圣利	刘 华	硕士	华中师范大学	2019
95	人工智能创作物可版权性研究	魏云龙	胡潇潇	硕士	中南林业科技大学	2019
96	人工智能创作物著作权保护的研究	任延武	吴椒军 王 晖	硕士	合肥工业大学	2019
97	自动驾驶汽车道路交通事故社会救助基金法律问题研究	罗继红	饶传平	硕士	华中科技大学	2019
98	论自动驾驶汽车的法律规制	莫 超	李秋高	硕士	广州大学	2019
99	自主性武器适用的国际法问题研究	薛抗抗	张丽娟	硕士	甘肃政法学院	2019
100	我国人工智能司法应用研究	柴浩瑜	葛少芸	硕士	西北民族大学	2019
101	论人工智能创作物的权利归属	刘 娜	张秀玲	硕士	甘肃政法学院	2019
102	无人驾驶汽车交通事故责任主体研究	刘国梅	王丽丽	硕士	甘肃政法学院	2019
103	人工智能汽车侵权责任研究	孙凯利	王旭霞	硕士	甘肃政法学院	2019
104	智能合约的法律属性及其规制	王方方	齐爱民	硕士	广西民族大学	2019
105	人工智能软件知识产权的规定	Alexander Ilin	朱伟一	硕士	中国政法大学	2019
106	论司法人工智能对法官自由裁量的影响及其应对	杨驭颢	齐海滨	硕士	华中师范大学	2019
107	自动驾驶汽车交通事故侵权责任问题研究	杨振阳	田 海	硕士	西北大学	2019
108	"作品"内涵的哲学演进与法律界定	杨文东	龙井瑢	硕士	西北大学	2019
109	论智能机器人致人损害的民事责任	胡 杰	魏 森	硕士	华中师范大学	2019

序号	论文题目	作者	导师	学位类型	授予单位	授予时间
110	自主武器的国际人道法地位分析	刘瑞琪	何志鹏	硕士	吉林大学	2019
111	论人工智能在我国法院办案系统中的应用实践问题	崔馨予	侯学宾	硕士	吉林大学	2019
112	司法智能化问题研究	王 丹	黄文艺	硕士	吉林大学	2019
113	自动驾驶汽车道路交通致害犯罪的刑事责任研究	高 昕	张 旭	硕士	吉林大学	2019
114	自动驾驶汽车交通事故的侵权责任问题研究	韩非彤	杜宴林	硕士	吉林大学	2019
115	人工智能生成内容的著作权保护研究	孙晓含	刘红臻	硕士	吉林大学	2019
116	论机器人的法律主体资格	高诗宇	成素梅	硕士	上海社会科学院	2019
117	自动驾驶汽车监管制度研究	赵 亮	于立深	硕士	吉林大学	2019
118	人工智能背景下的智慧法院建设研究	何 金	李永伟	硕士	武汉科技大学	2019
119	人工智能的安全风险及其法律规制	卢德利	廖 奕	硕士	武汉大学	2019
120	计算机软件的著作权保护研究	段志秀	刘斌斌	硕士	兰州大学	2019
121	人工智能生成物的著作权保护研究	宋振业	刘春霖	硕士	河北经贸大学	2019
122	智能合约的合同法规制研究	胡志龙	邓 杰	硕士	上海师范大学	2019
123	人工智能生成物的著作权归属研究	高圆圆	张德芬	硕士	郑州大学	2019
124	人工智能载体侵权责任研究	孙 涛	艾围利	硕士	上海师范大学	2019
125	基于机器学习的司法案例筛选系统设计与实现	秦泽民	刘 嘉 何铁科	硕士	南京大学	2019
126	人工智能创作物的版权保护问题研究	程宏涛	杨文彬	硕士	安徽大学	2019
127	自动驾驶模式下交通事故侵权责任研究	沈 阳	马英娟	硕士	上海师范大学	2019
128	智能证券投资顾问的监管制度研究	李虹瑶	李有星	硕士	浙江大学	2019

序号	论文题目	作者	导师	学位类型	授予单位	授予时间
129	人工智能生成物在著作权法上的定性及权利归属	侯金铭	刘晋叶	硕士	山西财经大学	2019
130	智能投顾的监管问题研究	应梦琦	李有星	硕士	浙江大学	2019
131	论人工智能武器的国际法规制	孟雍杰	赵骏	硕士	浙江大学	2019
132	论人工智能生成物的著作权认定	何娟	胡充寒	硕士	广东外语外贸大学	2019
133	无人机侵权责任法律问题研究	陶宇	向明华赵东升	硕士	广东外语外贸大学	2019
134	论人工智能生成物之著作权法保护	刘玮	张其山	硕士	山东大学	2019
135	无人驾驶汽车交通事故侵权责任问题研究	吴桂珍	王永起满洪杰	硕士	山东大学	2019
136	人工智能应用的法律问题研究	刘姗姗	张式军	硕士	山东大学	2019
137	自动驾驶汽车所涉的刑法风险及其应对	范宇琛	张志勋胡祥福	硕士	南昌大学	2019
138	人工智能侵权责任研究	王圆圆	王晓峰	硕士	新疆大学	2019
139	人工智能产品发展风险制度问题研究	张远宝	叶小兰吴美满	硕士	华侨大学	2019
140	人工智能时代下算法歧视的法理分析和法律规制	张帆	宋尧玺	硕士	广州大学	2019
141	人工智能在司法裁判中的应用研究	管洪广	郭雪慧	硕士	河北经贸大学	2019
142	人工智能对审判实践的影响与对策	颜荣	任广浩	硕士	河北师范大学	2019
143	人工智能时代隐私权保护的法理学分析	苏晓露	任广浩	硕士	河北师范大学	2019
144	人工智能体的法律主体地位研究	王征	贾志民	硕士	河北师范大学	2019
145	人工智能时代下的隐私权保护问题研究	赵昱	张国安陈明聪	硕士	华侨大学	2019
146	人工智能产品的侵权责任研究	叶美琪	朱晔	硕士	广东外语外贸大学	2019
147	人工智能生成内容著作权保护研究	周丽	杨静	硕士	云南财经大学	2019
148	人工智能生成技术方案对专利制度的挑战与应对	陈聪	祁建伟	硕士	湘潭大学	2019

序号	论文题目	作者	导师	学位类型	授予单位	授予时间
149	智能机器人法律主体资格问题辨析	曹　烊	宋尧玺	硕士	广州大学	2019
150	人工智能创作物的版权保护	梁朝钦	王　伟	硕士	哈尔滨工业大学	2019
151	区块链智能合约立法路径的考察	李贤智	郭　丹	硕士	哈尔滨工业大学	2019
152	我国人工智能辅助性裁判的法理分析	彭江楠	任瑞兴	硕士	河南大学	2019
153	无人驾驶汽车法律监管制度研究	张栋华	蒋　超	硕士	广西大学	2019
154	人工智能创作物著作权保护问题研究	周　倩	柳福东	硕士	广西大学	2019
155	人工智能生成发明的专利法保护研究	胡佳尧	柳福东	硕士	广西大学	2019
156	自动驾驶汽车侵权民事责任研究	黄小飞	熊进光	硕士	江西财经大学	2019
157	人工智能创作物的著作权问题研究	陈超浪	袁明圣	硕士	江西财经大学	2019
158	无人驾驶汽车交通事故责任承担制度研究	崔爱民	郑　翔	硕士	北京交通大学	2019
159	论人工智能生成物的著作权法保护	姚振华	黄晓燕李原生	硕士	山西大学	2019
160	自动驾驶汽车交通事故责任主体研究	李一君	毛瑞兆张福平	硕士	山西大学	2019
161	智能汽车监管法律制度研究	李亚龙	温树英陈明华	硕士	山西大学	2019
162	人工智能生成物的著作权保护问题研究	秦慧芳	邓建志	硕士	湖南师范大学	2019
163	人工智能法律人格问题研究	胡明星	姜淑明	硕士	湖南师范大学	2019
164	人工智能创作物著作权保护问题研究	崔　咏	姚鹤徽	硕士	湖南师范大学	2019
165	论智能机器人致损的侵权责任	高伽怡	杨丽珍	硕士	西北大学	2019
166	智能机器人法律主体资格探析	康小莲	杨丽珍	硕士	西北大学	2019
167	人工智能生成内容的著作权保护研究	张朝霞	尉　琳	硕士	西北大学	2019

续表

序号	论文题目	作者	导师	学位类型	授予单位	授予时间
168	无人驾驶汽车交通事故侵权责任承担机制研究	胡兵	胡卫	硕士	贵州大学	2019
169	自动驾驶汽车使用者替代责任研究	秘燕霞	孙大伟	硕士	上海社会科学院	2019
170	我国无人驾驶汽车的地方实践与法律规制	李亚男	刘慧萍张志民	硕士	东北农业大学	2019
171	人工智能的法律风险和对策研究	宋育辉	王祖书	硕士	辽宁师范大学	2019
172	人工智能生成物邻接权模式保护研究	王智慧	郑勇	硕士	广西师范大学	2019
173	人工智能在司法审判运用研究	刘春梅	蒋传光	硕士	上海师范大学	2019
174	论人工智能生成物的著作权法保护	韩雨萌	袁海英	硕士	河北大学	2019
175	人工智能应用中个人信息保护研究	宋平	王昆江刘娟	硕士	河北大学	2019
176	自动驾驶汽车交通事故侵权责任研究	王瑞琳	苏艳英宋振江	硕士	河北大学	2019
177	我国自动驾驶汽车事故侵权责任研究	陈陆	王志勤	硕士	上海师范大学	2019
178	无人驾驶汽车交通事故责任研究	严俊生	杜仲霞	硕士	安徽财经大学	2019
179	自动驾驶汽车的法律制度初探	李嘉宁	谢永江	硕士	北京邮电大学	2019
180	人工智能生成物的著作权法保护	朱凯	赵文经	硕士	烟台大学	2019
181	自动驾驶汽车致人损害责任问题研究	周新新	张玉东	硕士	烟台大学	2019
182	人工智能生成物著作权保护研究	梁娅文	王吉法	硕士	烟台大学	2019
183	论自动驾驶汽车侵权责任的分配	张涛	于海防	硕士	烟台大学	2019
184	无人驾驶汽车致人损害的侵权责任研究	冷芳雅	彭熙海	硕士	湘潭大学	2019
185	从"人工智能"演进中看赋予"智能机器"法律地位研究	安锦程	李欲晓谢永江	硕士	北京邮电大学	2019

序号	论文题目	作者	导师	学位类型	授予单位	授予时间
186	自动驾驶汽车法律监管研究	徐金旭	李巍涛	硕士	北京交通大学	2019
187	人工智能生成物的著作权认定问题研究	徐 俊	方旭辉	硕士	南昌大学	2019
188	人工智能创作物的版权问题研究	李 辉	邱润根	硕士	南昌大学	2019
189	人工智能民事法律地位问题研究	王 赵	黄娅琴	硕士	南昌大学	2019
190	个人信息行政法保护研究	方天宇	杜社会	硕士	贵州民族大学	2019
191	无人驾驶汽车侵权责任问题研究	许 俊	杨 峰	硕士	南昌大学	2019
192	人工智能生成物著作权保护问题探究	张 宇	关永红	硕士	华南理工大学	2019
193	人工智能生成物的著作权保护研究	陆春云	蔡镇疆	硕士	新疆大学	2019
194	自动驾驶汽车交通事故侵权责任研究	叶颖韬	蒋新苗	硕士	湖南师范大学	2019

说明：本附录按学位授予时间排序。

附录3　人工智能学术著作一览

序号	书 名	作者	出版社	出版时间
1	人工智能的法律未来	乔 路 白 雪	知识产权出版社	2018
2	人工智能：刑法的时代挑战	刘宪权	上海人民出版社	2018
3	机器人是人吗？	［美］约翰·弗兰克·韦弗	上海人民出版社	2018
4	谁为机器人的行为负责？	［意］乌戈·帕加罗	上海人民出版社	2018
5	人工智能与法律的对话	［美］瑞恩·卡洛 ［美］迈克尔·弗兰金 ［加拿大］伊恩·克尔	上海人民出版社	2018

序号	书 名	作者	出版社	出版时间
6	人工智能与大数据技术导论	杨正洪 郭良越 刘玮	清华大学出版社	2018
7	云计算法律	［英］克里斯托弗·米勒德	法律出版社	2019
8	让法律人读懂人工智能	华宇元典法律 人工智能研究院	法律出版社	2019
9	人工智能+法律实务的思考：北大法律信息网文粹（2017—2018）	北大法律信息网	北京大学出版社	2019
10	人工智能与司法现代化——"以审判为中心的诉讼制度改革：上海刑事案件智能辅助办案系统"的实践与思考	崔亚东	上海人民出版社	2019
11	机器人法：构建人类未来新秩序	杨延超	法律出版社	2019
12	大数据战争：人工智能时代不能不说的事	何渊	北京大学出版社	2019
13	人工智能时代的刑法观	刘宪权	上海人民出版社	2019
14	审判机器人	［以色列］加布里埃尔·哈列维	上海人民出版社	2019
15	互联网即时通信工具规制法律问题研究	吴太轩 叶明	法律出版社	2019
16	人工智能的刑法规制及其相关法律问题	彭文华	中国政法大学出版社	2019
17	人工智能领域的专利申请及保护	张政权	复旦大学出版社	2019
18	人工智能法学简论	孙建伟 袁曾 袁苇鸣	知识产权出版社	2019
19	人工智能与互联网前沿法律问题研究	孙占利 孙志伟	法律出版社	2019
20	人工智能与大数据伦理	李伦	科学出版社	2019

附录4　人工智能法学皮书一览

序号	作者	书名/篇名	发布/出版时间	来源	备注
1	指导单位：国家标准化管理委员会工业二部 编写单位：中国电子技术标准化研究院	人工智能标准化白皮书（2018）	2018年	中国国家标准化委员会颁布，国家人工智能标准化总体组、专家咨询组成立大会首次完整发布	
2	杨延超	人工智能与知识产权法律变革	2018年	《中国法治发展报告No.16（2018）》，社会科学文献出版社2018年版	
3	亿欧智库	2018年人工智能助力法律服务研究报告	2018年	亿欧智库首发	
4	崔亚东	"人工智能"让司法更加公正高效权威——"人工智能"在司法领域应用的理论分析与实践探索	2018年	《上海法治发展报告（2018）》，社会科学文献出版社2018年版	
5	最高人民检察院检察技术信息研究中心、电子政务理事会	2017年最高人民检察院电子政务发展概况	2018年	《中国电子政务年鉴（2017）》，社会科学文献出版社2018年版	2017年，最高人民检察院认真贯彻落实中央政法工作会议和全国检察长会议工作部署，科学谋划、统筹推进，以服务检察业务为核心，以提升司法公信力为目标，以推进智慧检务为引领，深化"科技强检"战略，全面推进电子检务工程，不断推进大数据、云计算、人工智能等信息技术和检察工作深度融合，推动"智慧检务"建设，为全面履行检察职责、全面深化检察改革和全面推进依法治国奠定坚实基础

续表

序号	作者	书名/篇名	发布/出版时间	来源	备注
6	王岚生、电子政务理事会	2017年智慧法院建设综述	2018年	《中国电子政务年鉴（2017）》，社会科学文献出版社2018年版	
7	山东省泰安市人民检察院、电子政务理事会	突出"实战、实用、实效"打造智慧检务升级版	2018年	《中国电子政务年鉴（2017）》，社会科学文献出版社2018年版	
8	电子政务理事会	赵志刚——最高人民检察院检察技术信息研究中心主任	2018年	《中国电子政务年鉴（2017）》，社会科学文献出版社2018年版	
9	贵州省高级人民法院、陈昌恒、穆桦桦、电子政务理事会	贵州高院智慧法院大数据助推司法责任制改革	2018年	《中国电子政务年鉴（2017）》，社会科学文献出版社2018年版	
10	天津市高级人民法院行装处信息化办、张兴、电子政务理事会	天津法院以电子签章系统建设助力提升司法质效	2018年	《中国电子政务年鉴（2017）》，社会科学文献出版社2018年版	
11	广州知识产权法院、电子政务理事会	广州知识产权法院新时代"智慧法院"的建设探索	2018年	《中国电子政务年鉴（2017）》，社会科学文献出版社2018年版	
12	苏州市人民检察院、电子政务理事会	苏州市检察院以智慧检务建设为引领、推进检察工作转型升级	2018年	《中国电子政务年鉴（2017）》，社会科学文献出版社2018年版	

序号	作者	书名/篇名	发布/出版时间	来源	备注
13	张峰、傅巧灵、韩莉、肖文东	我国金融科技法治问题研究（2014～2020）	2018 年	《中国金融法治建设年度报告（2016～2017）》，社会科学文献出版社 2018 年版	金融科技（Fin-Tech）即金融与科技的融合。根据应用领域的不同，将金融科技分为四大类别，分别为人工智能、区块链、云计算和大数据
14	金璇、郑洁	大数据时代的互联网生态治理	2018 年	《中国网络法治发展报告（2018）》，社会科学文献出版社 2018 年版	
15	支振锋、刘晶晶	中国网络法治发展现状与趋势（2017～2018）	2018 年	《中国网络法治发展报告（2018）》，社会科学文献出版社 2018 年版	2017 年在中国网络法治发展进程中具有里程碑意义，《中华人民共和国网络安全法》正式实施，全国人大常委会还迅速开展了执法检查。围绕《网络安全法》，一系列配套规章和规范性文件或者颁布实施，或者公开征求意见，我国网络法治的"四梁八柱"逐渐搭建并走向细化
16	李伟民	人工智能智力成果在著作权法的正确定性——与王迁教授商榷	2018 年	《科技创新与法治保障》，社会科学文献出版社 2018 年版	
17	张凌寒	商业自动化决策的算法解释权研究	2018 年	《科技创新与法治保障》，社会科学文献出版社 2018 年版	

续表

序号	作者	书名/篇名	发布/出版时间	来源	备注
18	中国社会科学院法学研究所法治指数创新工程项目组	中国法院"智慧审判"第三方评估报告（2018）	2019 年	《中国法院信息化发展报告No. 3（2019）》，社会科学文献出版社2019年版	
19	宋华琳、孟李冕	行政治理中人工智能的引入及法律控制之道（2014～2018）	2019 年	《中国法治政府发展报告（2018）》，社会科学文献出版社2019年版	
20	上海市法学会、浙江清华长三角研究院	世界人工智能法治蓝皮书（2019）	2019 年	2019 世界人工智能大会法治论坛首次发布	
21	张平、刘露	人工智能监管与法律规制	2019 年	《中国信息化形势分析与预测（2018～2019）》，社会科学文献出版社2019年版	

附录5　中国人工智能法学学术会议一览

序号	会议名称	会议时间和地点	主办（承办）单位	会议主题
1	"2017 人工智能：技术、伦理与法律"研讨会	2017 年北京	中国科学院科技战略咨询研究院和腾讯研究院共同主办	解读了人工智能领域前沿的技术水平、伦理问题和法律现状，剖析了人工智能领域面对的技术、伦理和法律挑战，探讨了人工智能的技术瓶颈、伦理困境和法律滞后的解决对策

序号	会议名称	会议时间和地点	主办（承办）单位	会议主题
2	"人工智能＋法律"：法律信息智能化应用现状和前景研讨会	2017 年北京	北京市法学会法律图书馆与法律信息研究会、北京大学法制信息中心主办，北大法宝、北大法律信息网、北大英华科技有限公司承办	法律信息智能化应用现状和前景
3	互联网与人工智能：刑法科学的新时代研讨会	2017 年北京	中国社会科学院国际法研究所国际刑法研究中心	互联网与人工智能的新时代条件下，刑法科学面对的挑战和发展问题
4	"人工智能与未来法治"学术报告会	2017 年徐州	江苏师范大学法学院	人工智能与未来法治
5	人工智能与财富管理学术研讨会举行暨国内首个《现金贷行业发展及监管建议报告》发布	2017 年北京	中国人民大学法学院未来法治研究院、中国人民大学高礼研究院、中国人民大学－日内瓦大学种子基金项目主办，中国人工智能 30 人论坛、中国个人信息保护与数据治理 30 人论坛承办	基础理论和具体实践，就如何让人工智能帮助人们更好地管理财富等问题进行讨论
6	《人工智能》新书发布会暨人工智能法律研讨会	2017 年北京	中国信息通信研究院互联网法律研究中心、腾讯研究院、中国人民大学出版社、中国人工智能产业发展联盟政策法规工作组、北京通信法制研究会	总结国内外人工智能发展经验，探讨构建适应我国人工智能发展的政策法规保障体系，展望人工智能未来发展面临的挑战

序号	会议名称	会议时间和地点	主办（承办）单位	会议主题
7	2017人工智能与法律的未来高峰论坛	2017年深圳	深圳市法学会和福田区人民政府主办	人工智能发展和法律未来创新
8	首届人工智能与法律高峰论坛	2017年重庆	西南政法大学主办，西南政大学高等研究院、人工智能法律研究院、重庆市网络安全法治研究中心承办	人工智能与法律的深度融合
9	"互联网、大数据、人工智能＋法律"学术研讨会	2017年淄博	山东省法理论研究会主办，山东理工大学法学院承办	"互联网、大数据、人工智能＋"时代的司法、权利保障、社会治理、法律方法、地方立法及其资源
10	首届"人大—北理"两校科技＋法律高端论坛	2017年北京	中国人民大学法学院、北京理工大学法学院联合主办，中国人民大学法学院未来法治研究院承办	智能机器人应用中的法律问题
11	北京大学法律人工智能实验室、北京大学法律人工智能研究中心成立仪式暨第一届北京大学法律与人工智能论坛	2017年北京	北京大学法律人工智能实验室、北京大学法律人工智能研究中心	"人工智能的发展现状与前沿问题""法律人工智能的当下与未来""法律人工智能技术的发展""人工智能的法律与政策"
12	2018天津大学"新一代人工智能与法律规制"国际会议暨"中国智慧法治研究院"成立仪式会议	2018年天津	天津大学与天津市亚太经济贸易研究促进会	新一代人工智能与法律规制

序号	会议名称	会议时间和地点	主办（承办）单位	会议主题
13	2018 中山大学法律人工智能工作坊	2018 年广州	教育部人文社科重点研究基地中山大学逻辑与认知研究所与中山大学哲学系联合主办	法律与人工智能
14	国家人工智能标准化总体组专题组启动会暨第一次专题组工作会议	2018 年北京	国家人工智能标准化总体组	成立了三个专题组：《国家人工智能标准体系建设指南》编制专题组、人工智能标准化与开源研究专题组、人工智能与社会伦理道德标准化研究专题组
15	ISO/IEC JTC 1/SC 42 人工智能分技术委员会第一次全会	2018 年北京	国家标准化管理委员会主办，中国电子技术标准化研究院承办	人工智能的社会关切和伦理问题、安全问题和隐私问题等
16	人工智能与未来法治论坛	2018 年北京	中国人民大学法学院、中国电子技术标准化研究院主办，中国人民大学法学院未来法治研究院、中国人民大学民商事法律科学中心承办	人工智能与法律规制、人工智能的主体性问题、人工智能与伦理挑战、人工智能与金融商品交易等
17	"人工智能对民商法的影响"学术研讨会	2018 年北京	首都经济贸易大学商法研究中心和《法学杂志》共同主办	人工智能对民商法的影响
18	人工智能与中国法律新时代研讨会	2018 年北京	北京大学法律人工智能实验室/研究中心、法律出版社·《中国法律评论》、北京华宇软件股份有限公司、北大英华科技有限公司	科技与伦理的法学思考、人工智能对知识产权法律保护的挑战、大数据和人工智能的司法实践、人工智能新业态和新产品的法律规制等
19	人工智能法的起源与发展学术研讨会	2018 年上海	上海大学法学院	人工智能法的起源与发展

序号	会议名称	会议时间和地点	主办（承办）单位	会议主题
20	西北工大翱翔法学首届人工智能与大数据法治论坛	2018年西安	西北工业大学人文经济法学院和学校无人系统技术研究院及地方法治政府研究所承办	"人工智能基础法律问题""人工智能应用法律问题""大数据法律问题"及"无人驾驶法律问题"四个议题
21	"人工智慧与未来法治"学术研讨会	2018年上海	中国法学会法理学研究会、西北政法大学和山东大学法学院联合发起主办，《华东政法大学学报》编辑部、华东政法大学法理学科和华东政法大学公民社会与法治发展比较研究中心共同承办	人工智慧与未来法治
22	2018世界人工智能大会（WAIC）——人工智能法律及知识产权保护峰会	2018年上海	华诚知识产权代理有限公司	人工智能领域和数据合规领域的Senior Legal Counsel、CIO、CISO、ISO、BISO、CDO、Compliance Officer、Finance等
23	2018世界人工智能大会"人工智能与法治"高端研讨会	2018年上海	上海市经济和信息化委员会、上海市法学会、上海人民出版社、上海市科学技术协会、上海市科学学研究所、科大讯飞六家单位联合主办	人工智能与未来法治构建的理念框架、促进规范保障人工智能发展的法治路径、加强人工智能法律领域的教育研究与实践、推动人工智能未来法治的国际交流与合作等四个方面
24	首届人工智能法学教育论坛	2018年重庆	《中国高等教育》、西南政法大学主办，西南政法大学人工智能法学院、西南政法大学最高人民法院应用法学研究基地承办	人工智能法学教育

序号	会议名称	会议时间和地点	主办（承办）单位	会议主题
25	中国法学会网络与信息法学研究会首个研究基地成立仪式暨"人工智能与法律"学术研讨会	2018年 上海	中国法学会网络与信息法学研究会、同济大学法学院主办	人工智能对法律带来的影响与冲突、人工智能的聪明程度与使用方式等
26	第二届人工智能与法律论坛	2018年 重庆	西南政法大学主办，西南政法大学高等研究院、人工智能法律研究院承办	互联网、大数据、人工智能与实体经济深度融合的法律问题
27	"大数据、人工智能与法律"学术研讨会	2018年 北京	北京市金融服务法学研究会、《财经法学》编辑部、中央财经大学法学院、中央财经大学数字经济与法治研究中心	大数据、人工智能与法律
28	"大数据、人工智能与法律"学术研讨会	2018年 北京	中央财经大学	人工智能与法律、人工智能创作成果的著作权法保护等
29	"人工智能相关法律问题"研讨会	2018年 北京	北京大学法学院和北京大学科技法研究中心	人工智能及其侵权责任问题、人工智能和法律发展情况、人工智能法律人格的理解等
30	第三届新兴法律服务业博览会暨 Legal + 高峰论坛	2018年 上海	上海市法学会、华东政法大学、上海百事通信息技术股份有限公司、律新社主办	"科技发展推动法律服务精准普惠""信任之链——区块链与法律服务创新""律师业的科技赋能与服务模式创新""企业智慧风控与争议解决""数字环境下的知识产权维权之道""纠纷解决的技术应用和组织创新""法律科技资本论"等主题

序号	会议名称	会议时间和地点	主办（承办）单位	会议主题
31	"中国法律人工智能的兴起"讲座	2018年天津	天津财经大学法学院主办，由法学院科协分会、法学院学生会科研部承办	中国法律人工智能的兴起
32	人工智能·大数据与法学实证研究国际学术研讨会	2018年长沙	湖南大学法学院、湖南大学数理–计量法学研究中心主办	"大数据运用的热点与前沿""实证研究的原点与坐标""新技术时代的法治与刑事""科技智能的当下与历史"
33	人工智能·大数据与法学实证研究国际学术研讨会暨第五届数量法学论坛	2018年长沙	湖南大学法学院、湖南大学数理–计量法学研究中心主办	大数据运用的热点与前沿
34	浙江大学学科会聚系列论坛之"双脑计划"——人工智能与法学论坛	2018年杭州	浙江大学、北京大学、浙江省人民检察院、阿里巴巴集团、蚂蚁金服集团	"人工智能＋法学"相关前沿热点问题
35	首届"数字经济与未来法治"高峰论坛	2018年北京	中国人民大学和京东集团主办，中国人民大学未来法治研究院和京东法律研究院承办	"互联网技术、商业及生态治理""数字经济中的知识产权保护与竞争法律规制""大数据、人工智能与数字经济治理"
36	2018年计算机信息科学与人工智能国际学术会议（CISAI 2018）	2018年广州	AEIC学术交流资讯中心主办	"计算机信息科学"和"人工智能"的最新研究领域
37	大数据与人工智能技术及其法律问题研讨会	2018年上海	华东政法大学主办，刑事司法学院承办，江苏网进科技股份有限公司、上海日盈律师事务所和上海弘连网络科技有限公司协办	人工智能时代刑事责任的演变、人工智能时代应如何面对并处理机器人的犯罪和责任转移等问题

序号	会议名称	会议时间和地点	主办（承办）单位	会议主题
38	首届计算法学论坛暨清华大学智能法治研究院成立仪式	2018 年北京	清华大学法学院	计算法学的时代背景、内涵外延、发展路径、焦点问题等
39	智慧检务创新研究院智能语音与人工智能联合实验室（安徽）2018 年度总结暨成果发布会	2019 年合肥	智慧检务创新研究院智能语音与人工智能联合实验室（安徽）	致力于智能语音技术在检察业务中的应用研究，以及"AI 智慧检务"的研究，重点任务是围绕检察官出庭示证的核心目标，研究人工智能技术在阅卷、示证等业务场景中的深度应用，打造面向检察办案全流程的检察信息化产品，助力检察工作提质增效
40	"人工智能与法治"学术研讨会	2019 年上海	上海司法研究所、上合组织国际司法交流合作培训基地、上海政法学院经济法学院、市法学会"一带一路"法律研究会、市法学会海洋法治研究会、绿色发展制度研究院承办	人工智能与法治
41	"人工智能时代刑事立法与司法实务进路"主题学术研讨会	2019 年合肥	安徽大学法学院	人工智能时代刑事立法与司法实务进路
42	大湾区智能法治创新论坛	2019 年广州	中国法学会法治文化研究会和广东省法学会指导，华南理工大学法学院主办，粤港澳大湾区智能法治研究中心和深圳市湾区法治比较研究中心承办	大湾区智能法治创新、智能法学学科建设与人才培养、智能法治中的法律人工智能建模、人工智能的法律控制、智慧法院与司法公正、智能法律服务新业态

序号	会议名称	会议时间和地点	主办（承办）单位	会议主题
43	"欧盟与中国的互联网规制范式"研究成果发布会暨学术研讨会	2019 年北京	中国人民大学法学院、慕尼黑大学法学院主办	互联网、大数据、人工智能在全球范围内对传统法律体系和规制范式提出了挑战。主要围绕下列问题展开讨论：互联网共享经济的数据财产化、网约车规制、互联网内容规制、互联网平台责任、网络服务提供者的刑事责任、个人数据和隐私权保护、网络安全规制等
44	"创新与冲突：人工智能的法律挑战与司法应对"研讨会	2019 年北京	北京互联网法院	"人工智能产业战略及行业应用现状""人工智能带来的立法及司法挑战""人工智能给著作权保护带来的挑战及司法应对"
45	法律与人工智能研究前沿问题学术研讨会	2019 年长沙	主办单位：中国人工智能学会、中南大学 承办单位：中南大学法学院、中南大学自动化学院、中南大学知识产权研究院、中南大学 - 深兰科技人工智能联合研究院	包括但不限于人工智能发展与法律互动问题、司法裁判过程中人工智能应用问题、人工智能发展知识产权问题、人工智能在法律中应用的其他问题、与人工智能发展相关的其他法律问题
46	第二届法律人工智能春季工作坊	2019 年长沙	中国人工智能学会和中南大学共同主办，中南大学法学院、湖南省高级人民法院 - 中南大学司法人工智能研究中心、中南大学自动化学院、中南大学知识产权研究院和中南大学 - 深兰科技人工智能联合研究院联合承办	法律人工智能的前世今生、AI 领域中的抽象论辩理论、"人工智能 +"及相关产业的分析等

序号	会议名称	会议时间和地点	主办（承办）单位	会议主题
47	国家人工智能标准化总体组第二次全体会议	2019 年北京	国家人工智能标准化总体组	总结了总体组成立一年来的工作，研讨了主题研究成果，审阅了下一步工作计划
48	浙江大学学科会聚系列论坛之"双脑计划"——人工智能与法学论坛	2019 年杭州	浙江大学光华法学院"人工智能与法学"创新团队	人工智能与法学
49	"人工智能：科学与法学的对话"研讨会	2019 年重庆	中国知识产权法学研究会、西南政法大学主办，西南政法大学知识产权学院、重庆知识产权保护协同创新中心、北京阳光知识产权与法律发展基金会承办	"人工智能的主体性与侵权责任""人工智能与知识产权""人工智能产业发展与个人信息保护""人工智能与法律伦理"
50	网络与人工智能法学学术沙龙第一期活动	2019 年南京	南京航空航天大学人文与社会科学学院	"人工智能知识产权侵权的法律规制研究""人工智能视域下中国法学实验教学的非适应性及改进策略"
51	人工智能生成内容的法律问题研讨会	2019 年北京	北京师范大学法学院网络与智慧社会法治研究中心	围绕"菲林律所诉百度案"及人工智能相关法律问题展开，讨论人工智能及其生成物的法律地位、权利归属和保护等相关问题
52	"智能裁判和社会法治建设"学术研讨会	2019 年温州	浙江省法学会社会法学研究会、东南学术杂志社主办，温州大学法政学院、人工智能＋司法改革研究基地承办	智能裁判和社会法治建设

序号	会议名称	会议时间和地点	主办（承办）单位	会议主题
53	"生物技术与人工智能的伦理问题"国际研讨会	2019 年香港	香港城市大学人文与社会科学院全球中国研究项目	人类基因编辑、涉及婴儿的法律与伦理问题，医学人工智能诊断的伦理法律问题，可穿戴设备的伦理法律问题等前沿内容
54	第五届智慧法院论坛（庭审公开与司法辅助服务创新）	2019 年昆明	东南大学法律大数据与人工智能实验室、新浪互联网法律研究院主办，江苏新视云科技股份有限公司承办，昆明市西山区人民法院协办	对过去智慧法院信息化建设的总结和分析，对未来发展的积极探索和展望。展示东南大学法律大数据与人工智能实验室深耕法律大数据与人工智能发展的科研成果
55	2019 大数据与人工智能的数学理论和方法研讨会	2019 年青岛	山东大学数学与交叉科学研究中心、山东大学数学学院、山东大学数据科学研究院、中科院国家数学与交叉科学中心联合主办	"人工智能与数学：融通共进"等
56	"科技与法律：人工智能的法律思考"学术研讨会	2019 年北京	中国政法大学比较法学研究院主办，《比较法研究》编辑部承办	科技与法律：人工智能的法律思考
57	第四届"网络法治 30 人论坛"暨第二届"人工智能法学教育高端论坛"	2019 年重庆	西南政法大学人工智能法学院、智能司法研究重庆市2011 协同创新中心、最高人民法院应用法学研究基地以及西南政法大学教务处承办	人工智能司法应用及法治建设
58	第二届"人工智能法学教育论坛"	2019 年重庆	西南政法大学	人工智能司法应用及法治建设

序号	会议名称	会议时间和地点	主办（承办）单位	会议主题
59	人工智能时代的法律挑战学术研讨会	2019 年上海	同济大学上海国际知识产权学院	人工智能时代的法律挑战
60	人工智能法治研究会成立大会暨法律人工智能与社会治理研讨会	2019 年上海	上海市法学会人工智能法治研究会	人工智能时代的社会治理法治化路径选择、法律人工智能的科技应用等
61	第四届"全国大数据与社会计算学术会议"	2019 年上海	上海大学	在大数据、云计算和人工智能的背景下，社会发展与公共管理应该实现什么样的创新和转型
62	2019 世界人工智能大会法治论坛	2019 年上海	世界人工智能大会组委会主办，上海市法学会、中国司法大数据研究院承办	共建未来法治，共享智能福祉
63	2019 世界人工智能大会法治青年论坛	2019 年上海	上海市法学会、上海政法学院主办，上海政法学院人工智能法学院、中国–上海合作组织国际司法交流合作培训基地承办	人工智能时代的青年责任
64	人工智能军事应用法律问题学术研讨会	2019 年北京	军事科学院军事法制研究院	人工智能军事应用法律问题
65	人工智能法律问题系列研讨会（二）	2019 年上海	同济大学上海国际知识产权学院	"企业数据保护"和"人工智能法律地位"
66	"人工智能政策与法律——算法治理"国际研讨会	2019 年杭州	中国社会科学院法学研究所主办、《环球法律评论》编辑部承办	人工智能政策与法律——算法治理

续表

序号	会议名称	会议时间和地点	主办（承办）单位	会议主题
67	"第二届环法论坛：人工智能政策与法律——算法治理"国际研讨会	2019年杭州	中国社会科学院法学研究所主办、《环球法律评论》编辑部承办	人工智能政策与法律——算法治理
68	人工智能和机器人的法律问题简介（智能法律服务专题系列讲座之五）	2019年重庆	西南政法大学人工智能法学院	人工智能和机器人的法律问题
69	社会变迁与刑法学发展——庆祝新中国成立70周年学术研讨会	2019年北京	中国社会科学院法学研究所	"大数据、人工智能与刑法""刑事一体化与立体刑法学""民刑交叉与行刑衔接问题"等
70	"互联网＋与人工智能时代的法律危机"国际学术会议	2019年北京	中国政法大学中欧法学院	"人工智能的法律挑战""人工智能时代的知识产权、智能合约和平台监管""公共和个人治理结构中的人工智能"等
71	第一届网络与人工智能法治	2019年北京	北京师范大学法学院主办，北京师范大学网络与智慧社会法治研究中心承办	司法人工智能的话语冲突与规范、人工智能生成内容的版权认定及法律规制等
72	第二届自动驾驶技术与法律国际高端论坛	2019年北京	主办单位：中国人民大学未来法治研究院 协办机构：德国国际合作机构（GIZ）中德法律合作项目、德国维尔茨堡大学"机器人法"研究中心、德国奥迪汽车股份公司	探讨自动驾驶车用无线通信技术标准、高精地图和测绘等技术基础，美国、德国自动驾驶法律框架、责任范式、数据隐私安全等问题，以期搭建跨国、跨学科、跨部门的自动驾驶技术与法律交流平台，在借鉴国际经验的基础上推动国内自动驾驶立法框架构建，探索自动驾驶规制的中国方案

序号	会议名称	会议时间和地点	主办（承办）单位	会议主题
73	第二届"数字经济与未来法治"高峰论坛	2019 年北京	中国人民大学和京东集团主办，中国人民大学未来法治研究院和京东法律研究院承办	"互联网竞争与消费者保护""网络平台与治理现代化""网络安全与个人信息保护""数字经济发展与未来法治展望"等
74	第三届中国人工智能法律与伦理论坛	2019 年重庆	中国人工智能学会、西南政法大学主办，中国人工智能学会 AI 伦理专委会、西南政法大学高等研究院、西南政法大学人工智能法律研究院、西南政法大学人工智能法学院、西南政法大学国家安全学院承办	法学视角下的网络安全问题、人工智能时代的科技创新与安全理论、人工智能安全问题、大数据应用中的隐私和公平性问题共四个议题
75	2019 年年会暨人工智能创新发展的法律问题研讨会	2019 年北京	北京市法学会科技法学研究会	"机械公敌的第零法则：人类文明的主权之争""人工智能法律分析的方法问题""生物识别技术应用安全的法律规制""运用人工智能完善生态法治""中国互联网法院的源起与流变"等
76	上海司法研究所成立三十周年座谈会暨"人工智能与司法现代化"学术研讨会	2019 年上海	上海司法研究所	"司法信息化中的人工智能：历史、挑战和初步实践"、法律科技的"能"与"不能"——人工智能对法律服务等

附录6 人工智能法学研究项目一览

附录6.1 国家自然科学基金项目立项一览

序号	项目批准号	项目类别	项目名称	批准年度	项目负责人	工作单位
1	71871165	面上项目	基于人工智能建模的危险驾驶行为识别和风险评估	2018	陆　键	同济大学
2	71872094	面上项目	基于人工智能的承包商履约信用风险预测方法研究	2018	邓晓梅	清华大学

说明：本附录信息来源于国家自然科学基金网站（http://www.nsfc.gov.cn/）。

附录6.2 国家社会科学基金研究课题立项一览

序号	项目编号	项目类别	项目名称	立项日期	项目负责人	工作单位
1	17CFX034	青年项目	人工智能的知识产权问题研究	2017 – 06 – 30	刘　媛	重庆大学
2	17BFX012	一般项目	人工智能知识产权法律问题研究	2017 – 06 – 30	何炼红	中南大学
3	18BFX008	一般项目	司法裁判过程中的人工智能应用研究	2018 – 06 – 21	彭中礼	中南大学
4	18BFX010	一般项目	人工智能与法律论证理论的融合研究	2018 – 06 – 21	牛奔玉	西南政法大学
5	18BFX079	一般项目	人工智能在刑事证据判断中的运用及其界限研究	2018 – 06 – 21	纵　博	安徽财经大学
6	18BFX083	一般项目	网络强国战略下人工智能数据的证据法问题研究	2018 – 06 – 21	高　波	集美大学

序号	项目编号	项目类别	项目名称	立项日期	项目负责人	工作单位
7	18BFX113	一般项目	人工智能的主体性及其私法规制研究	2018－06－21	王春梅	天津师范大学
8	18BFX165	一般项目	人工智能时代专利法面临的挑战及其应对研究	2018－06－21	刘友华	湘潭大学
9	18BFX204	一般项目	人工智能的国际法问题研究	2018－06－21	曹　阳	上海政法学院
10	18XFX009	西部项目	人工智能时代责任保险公共职能的理论再建构研究	2018－06－21	罗　璨	西南政法大学
11	18CFX041	青年项目	人工智能时代的刑法前瞻与应对研究	2018－06－21	孙道萃	北京师范大学
12	18CFX046	青年项目	风险社会视阈下人工智能产品责任研究	2018－06－21	贺　琛	安徽大学
13	19CFX006	青年项目	人工智能法律规制的类型化路径研究	2019－07－15	吴雨辉	暨南大学
14	19BFX016	一般项目	人工智能语境下宪法财产权制度创新研究	2019－07－15	罗亚海	临沂大学
15	19CFX066	青年项目	人工智能语境下算法共谋的反垄断问题研究	2019－07－15	刘　佳	山东理工大学
16	19BFX178	一般项目	人工智能对劳动法的挑战及其应对研究	2019－07－15	侯玲玲	深圳大学
17	19BFX209	一般项目	人工智能背景下自主武器系统相关国际法问题研究	2019－07－15	冷新宇	中国政法大学
18	19BFX193	一般项目	人工智能对劳动就业的影响及法律对策研究	2019－07－15	吴锦宇	浙江工商大学

说明：本附录信息来源于国家社会科学基金项目数据库网站（http：//fz. people. com. cn/ skygb/sk/index. php/Index/seach）。

附录6.3　最高人民法院实证项目研究课题

年份	题目	中标课题组
2019 年	大数据、区块链、人工智能在司法审判领域的融合应用问题研究	中标课题组一：天津大学法学院院长、教授 孙佑海 天津市高级人民法院副院长 蔡志萍 中标课题组二：河南省驻马店市中级人民法院院长 张社军 中国人民公安大学侦查与反恐怖学院教研室主任、教授 刘涛 北京理工大学国际法研究所所长、教授 杨成铭 中标课题组三：广西壮族自治区桂林市中级人民法院院长 陈敏 广西壮族自治区高级人民法院研究室主任 陈影 广西师范大学法学院院长、教授 陈宗波 中标课题组四：腾讯集团法务副总裁 江波 北京大学法学院副院长、教授 郭雳

说明：本附录信息来源于中华人民共和国最高人民法院网站（https：//courtapp. china-court. org／）。

附录6.4　教育部人文社会科学研究项目

序号	立项年份	项目名称	立项人所在单位	立项人
1	2004	基于人工智能的论文抄袭甄别系统	南京经济学院	晏维龙
2	2004	基于人工智能技术的资信评估系统研发	安徽理工大学	杨 力
3	2004	基于人工智能	长沙交通学院	钟 平

说明：本附录信息来源于中国高校人文社会科学信息网（https：//www. sinoss. net/index. htm）。

附录6.5　司法部国家法治与法学理论互联网法院研究项目课题立项一览

序号	年份	课题编号	课题名称	项目类别	主持人	主持人所在单位	成果形式
1	2018	18SFB2010	人工智能时代算法治理的法律制度建构	一般课题	张凌寒	东北师范大学	论文
2	2018	18SFB2039	人工智能产品法律责任研究	一般课题	尹志强	中国政法大学	论文

序号	年份	课题编号	课题名称	项目类别	主持人	主持人所在单位	成果形式
3	2018	18SFB2040	人工智能的法律规制研究	一般课题	冷传莉	贵州大学	专著
4	2018	18SFB2049	人工智能的法律规制研究	一般课题	张永亮	浙江农林大学	专著
5	2018	18SFB5009	人工智能司法应用现状调查与对策研究：以四川实践为素材	专项任务	肖仕卫	电子科技大学	研究报告
6	2018	18SFB3001	极限与基线：人工智能的司法应用之路	中青年课题	陈敏光	中国应用法学研究所	专著
7	2019	19SFB2001	人工智能社会风险的法律规制研究	一般课题	杨志琼	东南大学	论文
8	2019	19SFB2004	人工智能背景下类案检索的困境与突破	一般课题	曹　磊	山东师范大学	论文
9	2019	19SFB2017	人工智能时代环境风险规制的行政程序再造	一般课题	冯子轩	西南政法大学	研究报告
10	2019	19SFB3003	法律人工智能的案件事实论证模型研究	中青年课题	黄泽敏	中南财经政法大学	论文
11	2019	19SFB3033	人工智能时代新型财产保护的权利路径研究	中青年课题	赵自轩	西南政法大学	论文

说明：本附录信息来源于中华人民共和国司法部网站（www. moj. gov. cn/government_publi）。

附录6.6　中国法学会项目研究课题立项一览

序号	年份	课题编号	课题名称	主持人	所在单位、职务/职称	项目种类
1	2016	CLS（2016）C12	人工智能风险治理的法治化问题及我国的对策研究	朱体正	上海海事大学法学院讲师	一般课题

序号	年份	课题编号	课题名称	主持人	所在单位、职务/职称	项目种类
2	2017	CLS（2017）Y02	人工智能的民法挑战与应对研究	郑志峰	西南政法大学民商法学院讲师	青年调研项目
3	2017	CLS（2017）Y18	人工智能技术风险的责任保险制度应对	王家骏	上海交通大学凯原法学院在读博士生	青年调研项目
4	2017	CLS（2017）D38	人工智能科技的法律规制研究	吴杰	海南政法职业学院院长	自选课题
5	2017	CLS（2017）D86	汽车人工智能控制系统缺陷的产品侵权责任研究	杨洁	东南大学法学院讲师	自选课题
6	2017	CLS（2017）D148	人工智能技术的专利法规制研究	李晓秋	重庆大学法学院教授	自选课题
7	2017	CLS（2017）D156	"人工智能"技术法律实务应用实证研究	胡光	河南师范大学法学院副教授	自选课题
8	2018	CLS（2018）D110	司法人工智能的价值认同研究	罗维鹏	西南财经大学法学院讲师	自选课题
9	2018	CLS（2018）B06	人工智能在司法体制改革中的应用研究	谭宗泽	西南政法大学行政法学院教授	重点课题
10	2018	CLS（2018）C29	人工智能法律风险防控的实证研究：以智能制造产业为视角	魏斌	西南政法大学行政法学院副教授	一般课题
11	2018	CLS（2018）C45	人工智能产品责任之发展风险抗辩制度研究	胡元聪	西南政法大学经济法学院教授	一般课题
12	2018	CLS（2018）D13	人工智能法律责任配置研究	张猛	沈阳师范大学法学院讲师	自选课题

序号	年份	课题编号	课题名称	主持人	所在单位、职务/职称	项目种类
13	2018	CLS（2018）D108	人工智能裁判的预测分析与法律监督	陈德强	华东政法大学讲师	自选课题
14	2018	CLS（2018）D117	智慧法院人工智能的法律规制研究	方旭辉	南昌大学法学院讲师	自选课题
15	2019	CLS（2019）Y02	人工智能立法研究	熊　波	西南政法大学法学院博士研究生	青年调研项目

说明：本附录信息来源于中国法学会网站（https：//www.chinalaw.org.cn）。

后 记

本书是"中国新技术法治发展报告系列"第一本,主要关注中国人工智能法治的制度建设、司法实践、理论研究和法学教育发展历程。希望通过本书,向读者展示中国人工智能法治发展的历史脉络;读者通过阅读本书,可以迅速、全面地掌握中国人工智能法学研究的学术动向和热点,洞悉其存在的不足和空白之处。

本书的撰写分工如下:

郑飞,北京交通大学法学院副教授,负责第一篇第一部分人工智能立法进展综述和第三部分人工智能应用监管综述及第三篇的撰写,同时负责全书的最后统校。

郑应伟,北京市两高律师事务所律师,负责第一篇第二部分人工智能司法实践综述的撰写。

陆洋,德国弗莱堡大学法理学专业博士研究生,负责第二篇第一部分人工智能法学的基本原理的撰写。

曹佳,中国司法大数据研究院法律顾问,负责第二篇第二部分大数据、算法与人工智能的法律规制的撰写。

陈晓慧,澳门大学法学院刑法学专业硕士研究生,负责第二篇第三部分人工智能对刑法的挑战的撰写。

郑卓奇,中国政法大学民商法学专业硕士研究生,负责第二篇第四部分人工智能对民法的挑战和第八部分人工智能与知识产权保护,以及第九部分人工智能应用监管研究中智能投资顾问的法律问题的撰写。

马国洋,中国政法大学司法文明专业博士研究生,负责第二篇第六部分人工智能立法问题研究和第七部分人工智能司法应用研究的撰写,以及全书的第一次统校。

聂真璇子，北京市环球律师事务所实习律师，负责第二篇第九部分人工智能应用监管研究中无人驾驶汽车和无人机的撰写。

李思言，北京交通大学法学院本科生，负责附录1、附录2和附录3的资料搜集和整理，以及全书的校对。

钱玉仙，北京交通大学法学院本科生，负责附录4、附录5和附录6的资料搜集和整理。

郭嘉豪，华盛顿圣路易斯分校 J. S. D. （知识产权方向），负责英文书名的翻译以及部分校对工作。

最后必须要说明的是，编写本书，是想尽最大努力向读者展示中国人工智能法治发展的全景图（不含港澳台），但因时间仓促，难免有疏漏之处。欢迎各位专家批评指正，我们将在下一次年度报告的撰写中予以改进。

郑飞

2020 年 6 月 25 日于北京